# Querwelteinreise

BoD™
BOOKS on DEMAND

## Über das Buch

Wie fühlt es sich an, den Alltag hinter sich zu lassen und mit dem Bulli durch Nordamerika zu fahren? In einem Ashram in Kalifornien zu leben? Durch den Himalaya zu wandern oder in einem nepalesischen Kloster zu meditieren? Wie fühlt es sich wohl an, einfach mal das zu machen, worauf man Lust hat? Tammy und Leslie machen sich auf den Weg, *querweltein*, um genau dies herauszufinden. Eine einjährige Reise um die Welt, nur ausgestattet mit einem Rucksack, einem Bulli und der Lust auf Abenteuer. Von Nepal führt sie ihr Weg nach Südostasien, Australien, Südamerika bis nach Kanada. Ob nächtliche Rattenbesuche im Himalaya, abenteuerliche Fahrten zum Polarkreis oder ein Motorschaden im Outback Australiens - mit viel Humor und Sarkasmus erzählt die Autorin von außergewöhnlichen Begegnungen und faszinierenden Erlebnissen. Eine Möglichkeit, hinter die Kulissen einer Weltreise zu blicken und eine Einladung dazu, die Welt zu sehen, wie sie wirklich ist: wunderschön und herausfordernd, doch vor allem überraschend.

## Über die Autorin

Tammy Ries, Jahrgang 1986, wurde schon früh vom Reisefieber gepackt und kaufte bereits als Zehnjährige von ihrem Taschengeld die ersten Reisereportagen auf VHS-Kassette. Nach ihrem Studium der Soziologie hat sie zunächst als Wissenschaftlerin gearbeitet und in diesem Zusammenhang erste Texte veröffentlicht. 2014 kündigte sie ihren Job und ging zusammen mit ihrem Freund auf Weltreise. *Querwelteinreise: Mit Rucksack und Bulli um die Welt* ist ihr erstes Buch. Die Autorin lebt in Bielefeld.

# Querwelteinreise

## Mit Bulli und Rucksack um die Welt

Von Tammy Ries

Bibliografische Information der Deutschen Nationalbibliothek:
Die Deutsche Nationalbibliothek verzeichnet diese Publikation
in der Deutschen Nationalbibliografie; detaillierte bibliografische Daten sind im Internet über http://dnb.dnb.de abrufbar.

Umschlaggestaltung: Rolf Brocke
Fotos: Leslie Leimkühler, Tammy Ries
Kartengestaltung: Leslie Leimkühler

Dieses Buch ist auch als eBook erhältlich.

Herstellung und Verlag: BoD – Books on Demand, Norderstedt

**ISBN: 978-3-7460-9746-6**

*„Die Reise gleicht einem Spiel; es ist immer Gewinn und Verlust dabei und meist von der unerwarteten Seite."*
**Johann Wolfgang von Goethe**

*„Erst die Fremde lehrt uns, was wir an der Heimat haben."*
**Theodor Fontane**

*„Toren bereisen in fremden Ländern die Museen. Weise gehen in die Tavernen."*
**Erich Kästner**

Deutschland
Kanada
VEA Nepal
Thailand
Vietnam
Malaysia
USA
Kambodscha
Singapur
Indonesien
Australien
Peru
Chile

# PROLOG

Es ist warm. Ich blicke aus dem Fenster und sehe Häuserdächer, dunkelbraune Dachziegel und Bäume, deren letzte Blätter bald dem ersten Schnee weichen werden. Die Wolken hängen tief, die Welt ist grau. Das ist sie hier irgendwie immer. Wir sind zurück in unserer Heimat, in Bielefeld (ja, Bielefeld gibt's wirklich!). Während der stadteigene Petrus sich anstrengt, zum Start des Weihnachtsmarktes ein möglichst unangenehmes Wetter zu produzieren, sitze ich im warmen Wohnzimmer und tippe die letzten Zeilen, um dieses Buch, dieses Projekt, abzuschließen: das Projekt Weltreise. Mit dem Rucksack und unserem VW-Bulli sind mein Freund Leslie und ich um die Welt gereist, 12 Monate, 13 Länder, unzählige Erfahrungen.

Dabei sind wir nicht barfuß über die Alpen spaziert. Wir sind auch nicht mit dem Fahrrad von Ostwestfalen nach Indien gefahren oder mit dem selbstgebastelten Papierschiff den Yukon River entlanggesegelt. Ebenso wenig haben wir 65 Länder in 56 Stunden bereist. Für sowas sind wir zu alt. Wir begaben uns vielmehr auf eine ganz herkömmliche und superlativ-reduzierte Weltreise. Keine, die ohne Geld, ohne Transportmittel oder ohne Kohlenhydrate auskommen musste. Daher können wir nicht darüber berichten, wie grandios es ist, ohne Geld um die Welt zu reisen oder welch atemberaubende Erfahrung einen erwartet, wenn man barfuß durch Indien oder *low carb* über den Mount Everest wandert.

Doch was *können* wir denn nun eigentlich erzählen? Wir können einen Blick hinter die Kulissen einer Weltreise werfen, die keine außergewöhnlich todbringenden Erfahrungen generierte, die aber so einzigartig war, wie jede Reise um unseren außergewöhnlichen Planeten. Denn letztlich ist es – anders als der Titel einer der 1.001 James Bond-Filme suggeriert – so: Die Welt *ist* genug. Sie ist spannend und vielseitig genug, um jedem, der es wagt, seine Siebensachen zu packen und sich auf den Weg zu machen, so viele unglaublich unterschiedliche Erfahrungen zu bieten, dass es für ein ganzes Leben reicht. Und das geht bestimmt auch ohne Geld, ohne Auto, ohne Plan und vielleicht sogar in zwei Tagen. Aber gemütlicher ist es mit ein bisschen Geld, ein bisschen Auto, ein bisschen Plan und mit etwas mehr Zeit.

Dieses Buch erzählt von den Abenteuern und Herausforderungen, die einem Reisenden, und insbesondere einem vom Pleitegeier verfolgten Langzeitreisenden, im Alltäglichen begegnen. Es erzählt von den Begegnungen mit anderen Kulturen, Religionen und Lebenswirklichkeiten. Von dem 65-jährigen Amerikaner, der nach traumatischen Erlebnissen im Vietnamkrieg die Lösung seiner Probleme in Alkohol und Drogen suchte, sie tatsächlich jedoch im Bioladen fand und mithilfe von Bananen seinen Frieden mit Vietnam machte. Es schildert die Begegnung mit einer fünfköpfigen Familie aus Australien, die ein Jahr Pause vom Alltag macht: Jobs gekündigt, Haus verkauft, Kinder aus der Schule genommen und los geht's, mit dem Wohnwagen durch Australien und Indonesien. Es erzählt von den Tagen im buddhistischen Kloster hoch über dem Kathmandutal in Nepal. Von der Sprachlosigkeit, die wir beim Anblick der Polarlichter in tiefster Dunkelheit mitten in Alaska empfanden und von der Zeit in einem kalifornischen Ashram, die mir zeigte, dass all die Vorurteile über meditierende, esoterische Yogis nicht gänzlich aus der Luft gegriffen sind.

Doch was manch ambitionierter Langzeitreisender bei der Niederschrift seiner Reiseerfahrungen (in Form des erhofften nächsten *SPIEGEL*-Bestsellertitels) oft vergisst: Es ist nicht alles Gold, was glänzt. Und so ist Reisen eben auch nicht nur schön. Jeder kennt diese Leute, die tagtäglich all die hübschen Fotos von ihren (Welt-)Reisen in den sozialen Medien veröffentlichen: in der Hängematte vor dem thailändischen Strandbungalow oder das Grinse-Selfie vor den Ruinen Machu Picchus. Klar, da muss man im kalten, chronisch regnerischen, dunklen Deutschland, auf seinem Bürostuhl sitzend, seinen Neid herunterschlucken und die typischen (selten ernst gemeinten) Kommentare posten, um den Eindruck zu erwecken, dass man das ja alles ganz toll finde und wie sehr man sich doch für den anderen freue. Das entspricht natürlich selten der Wahrheit. Doch ebenso unrealistisch wie die vor geheuchelter Mitfreude triefenden Facebook-Kommentare der Daheimgebliebenen ist manchmal auch das Reisewundermärchenland, das durch moderne Kommunikationskanäle ins deutsche Wohnzimmer geschickt wird. Denn was man auf diesen Fotos nicht sieht, ist der Schwarm monströser Mücken, die knapp außerhalb des Bildfokus' ihren Angriff vorbereiten. Oder die Busladungen von Touristen, die soeben auf die Ruinen Machu Picchus zustürmen und dafür sorgen werden, dass man auch mit den ehrgeizigsten Bemühungen kein einziges Foto mehr hinbekommen wird, auf dem nicht gerade 23 Asiaten mit Selfie-Kamerastöcken versuchen, das perfekte Bild zu knipsen.

Diese Dinge gehören jedoch genauso zum Reisealltag wie die faszinierenden Momente, die einem verdeutlichen, wie einfach das Leben sein kann und wie wenig man dafür braucht. Reisen ist schön, aufregend, horizonterweiternd. Reisen ist manchmal aber auch anstrengend und auf unangenehme Weise herausfordernd. Das Ansinnen dieses Buches ist es, ein realistisches Bild einer Weltreise, unserer Weltreise, zu zeichnen. Denn so unglaublich und wunderschön diese Reise war, so wurde uns auch immer wieder aufs Neue gezeigt, welche Schwierigkeiten und Probleme es in vielen Teilen der Welt gibt. Wir haben in deutschen Gefilden hingegen selten mit wirklichen Problemen, wie täglichem Überlebenskampf, Unfreiheit oder Korruption zu kämpfen. Denn das einzig wirklich Schlechte in Deutschland ist das Wetter.

Werft also einen Blick hinter die Kulissen einer Reise durch Asien, Australien, Süd- und Nordamerika. Wir beginnen mit winterlichem Wandern im Himalaya, kämpfen ums Überleben in Vietnams Straßenverkehr, schippern den Mekong entlang zu den Killing Fields nach Kambodscha, fahren in vollgepackten Nachtzügen nach Thailand, Malaysia und Singapur, lassen uns auf ein dreiwöchiges Roller-Abenteuer auf Bali ein und durchqueren Australien von Süd nach Nord mit einem alten und vor Ort zum Camper ausgebauten Transporter. Wir lassen uns in Chile bestehlen, wandern durch den Amazonas-Regenwald in Peru und fahren mit unserem eigenen VW-Bulli, der zu diesem Zweck die Reise über den großen Teich auf sich nehmen musste, quer durch Kanada und die USA bis hinauf zum Polarkreis. Lasset die Spiele beginnen!

## DIE VORBEREITUNGEN:
## IMPFPLÄNE UND ANDERE NERVEREIEN

Am Anfang steht die Frage: Wie ist es eigentlich zu all dem gekommen? Nach dem Ende meines Studiums 2012 unternahmen wir die erste Reise, die den zeitlichen Rahmen eines normalen Urlaubs sprengte. Drei Monate waren wir in Thailand, Neuseeland und Australien unterwegs. Eine tolle Reise und wir hatten Blut geleckt! Der Ernst des Lebens, wie man so unschön sagt, hatte zu diesem Zeitpunkt noch nicht begonnen.

Nach dieser dreimonatigen Reise konnte ich mich aufgrund finanzieller Notwendigkeiten keiner weiteren Prokrastination mehr anheimgeben und startete relativ motiviert ins Berufsleben. Trotz meines prinzipiell zum Taxifahrer ausbildenden Soziologiestudiums, fand ich meine berufliche Selbstverwirklichung wider Erwarten *nicht* als Personenbeförderin, sondern als Wissenschaftlerin. Schnell stellte sich jedoch heraus, dass Jobs zwar toll klingen können, es aber trotzdem nicht zwangsläufig sein müssen. Nach einem Jahr des Schwankens zwischen *„Ich streng mich nicht genug an"*, *„Wozu habe ich eigentlich studiert?"* und dem überaus pathetischen, allseits beliebten Klassiker *„Und was, verdammt, ist eigentlich der Sinn des Lebens?"*, verfestigte sich mehr und mehr der Gedanke an eine längere Reise, eine Auszeit von diesem Ernst des Lebens, der so gar nicht unseren studentisch-naiven Vorstellungen vom Berufsleben entsprach. Gänzlich Angehörige der Generation Y schien das Aufgeben unserer Träume für einen angesehenen Job, eine Karriere und zum Anhäufen von Geld, um Dinge zu kaufen, die wir nicht brauchten, immer sinnloser.

Fremde Welten erleben, sich Situationen aussetzen, denen man im gemütlichen deutschen Lande nicht mal im Traum begegnet, die Welt sehen, wie sie wirklich ist: Das war es, was uns antrieb. Und das alles wollten wir nicht nur in einem dreiwöchigen Urlaub verwirklichen, sondern für einen längeren Zeitraum, weitgehend abgeschottet von jenen Normalitäten, in deren Rahmen wir in der westlichen Welt sozialisiert werden. Ein Jahr lang selbstbestimmt leben, fremde Länder sehen, fremde Sprachen hören, fremde Dinge essen und fremde Kulturen kennenlernen. Und jeden Tag aufs Neue entscheiden können, wo wir schlafen, wohin wir gehen und was wir machen. Das klang in unseren Ohren nach purem Abenteuer. Anfang 2014 trafen wir schließlich die Entscheidung: Wir gehen auf Weltreise!

Es folgte ein Jahr der Vorfreude, der Planungen und vor allem: der Entscheidungen. Wohin soll es gehen? Welche Länder wollen wir bereisen? Was machen wir mit unserer Wohnung? Wie wollen wir reisen? Was müssen wir mitnehmen? Welche Versicherungen brauchen wir und welche können wir kündigen? Allein die Planung der Impfungen brachte uns um den Verstand. Ja, richtig, wir hatten einen *Impfplan*. Nach der Erstberatung im Tropeninstitut wurde in einem langwierigen Gespräch ein höchst komplexer Impfplan entwickelt, der uns an vielen Nachmittagen der folgenden Monate beschäftigt hielt. Bei anderen Menschen (so auch bei Leslie) entspricht eine Impfung in der Regel einer fünfminütigen Angelegenheit, die man mal gerade zwischen Feierabend und dem dazugehörigen Feierabendbier einschiebt. Für mich hingegen stellte jede Impfung eine Tagesveranstaltung dar, da mein ausufernder Respekt vor Nadeln jeglicher Couleur mit erstaunlicher Regelmäßigkeit in diversen Kreislaufzusammenbrüchen und Halb-Ohnmachten mündete. Stand also eine Impfung an, war mein Tag mehr oder weniger gelaufen.

Neben angsteinflößenden Impfaktionen gab es dann noch all die anderen Dinge, die getan oder bedacht werden mussten. Was stellen wir während unserer Abwesenheit beispielsweise mit unserer Wohnung an? Nach anfänglicher Skepsis entschieden wir uns aufgrund diverser Kostenkalkulationen letztlich dafür, unsere Wohnung zu vermieten. Natürlich hatten wir auch daran gedacht, die Wohnung zu kündigen und unsere Sachen bei unseren Eltern zwischenzuparken. Doch fanden wir den Gedanken, nach einem Jahr Weltreise und grenzenloser Freiheit wieder im ehemaligen Kinderzimmer einzuziehen, irgendwie befremdlich. So schien eine Untervermietung die beste Lösung zu sein. Natürlich hatten wir anfangs noch ein ungutes Gefühl bei der Vorstellung, dass fremde Menschen in unseren Bettchen schlafen, aus unseren Becherchen trinken und auf unser Klöchen gehen würden. Doch wir trösteten uns mit dem Plan, persönliche und uns wirklich wichtige Dinge zu evakuieren und in der Wohnung nur jene Dinge zurückzulassen, deren Verlust wir notfalls verschmerzen konnten. Nun klingt es so, als handele es sich hierbei um zwei Umzugskartons mit persönlichen Briefen, wichtigen Dokumenten und einem teuren Kleid, das man zu einer besonderen Gelegenheit getragen hatte. Das war in etwa auch unsere Vorstellung gewesen.

Letztendlich waren die Wohnungen unserer Eltern dann aber bis zur Decke mit Krempel vollgestopft, den wir damals als so wichtig empfanden, dass wir ihn nicht mit Fremden in unserer Wohnung allein lassen wollten. Dazu gehörten auch Lampen. Und Stühle. Sogar die Bilder hatten wir sicherheitshalber von den Wänden genommen. So hatten wir nach dem Aussortieren all dieser Dinge letztlich eine Wohnung hinterlassen, die dem persönlichen Charme einer kargen Ferienwohnung entsprach. Nach mehrwöchigem Suchen und interessanten Bewerbern – beispielsweise ein Paar aus München, das interessiert nachfragte, ob wir denn rechtlich eine Chance hätten, unsere Wohnung jemals wieder zu betreten, sollten sie während unserer Abwesenheit die Schlösser austauschen – fanden wir schließlich ein sympathisches (anderes!) Untermieterpaar und konnten ruhigen Gewissens die weitere Planung in Angriff nehmen.

Etwas gibt es jedoch, dass man bei der Entscheidung für eine Weltreise häufig vergisst, das man nicht planen kann, womit man sich aber zwangsläufig auseinandersetzen muss und das einem wirklich schwer zu schaffen machen kann: die Reaktionen des Umfeldes. Hat man um sich herum ausschließlich reisewütige Freunde und Familie, wird man bei der Darlegung seiner Weltreisepläne Applaus und grenzenlose Zustimmung erfahren. Das hatten wir aber nicht und so gab es anfangs reichlich Gegenwind und Gegengerede. Wie, zum Teufel, man denn so bescheuert sein könne, alles, was man sich aufgebaut habe, für so ein bisschen Urlaub aufs Spiel zu setzen? Und das in der heutigen Zeit, vor dem Hintergrund der Vielzahl unsicherer Beschäftigungsverhältnisse. Anfangs empfanden wir häufig eine Art Rechtfertigungsdruck gegenüber Freunden und Familie. Wir begannen, unseren Reisewunsch mit sachlichen Argumenten zu legitimieren. Doch irgendwann wurde uns bewusst, dass einige sowieso bei ihrer vorgefertigten Meinung, eine Weltreise sei eine kindische und Lebenslauf ruinierende Spinnerei, bleiben würden. So hörten wir auf, stets neue Argumente vorzubringen und ließen das Thema manchen Menschen gegenüber einfach ruhen. Doch ist es nicht einfach, in einer solchen Situation plötzlich merken zu müssen, wer einem unterstützend zur Seite steht und wer nicht. Das kann zuweilen für manch unangenehme Überraschung sorgen.

Oft wird gesagt, die Erstellung der Reiseroute sei der schönste Teil der Planung. Und das stimmt auch, irgendwie. Doch kann man sich auch des Eindrucks nicht erwehren, ständigen Verzicht zu üben. *Nein, Neuseeland können wir nicht mehr mit reinnehmen, die Zeit reicht nicht. Nein, Afrika müssen wir weglassen, das Geld reicht nicht. Nein, Brasilien müssen wir auslassen, unsere Selbstverteidigungskünste reichen nicht.* Und so hatten wir wirklich die Qual der Wahl. Es klingt nach einem absoluten Luxusproblem, aber: Wenn dir die ganze Welt als potenzielles Reiseziel zu Füßen liegt, wo willst du hin? Wir hatten nur zwei Ziele, die von Anfang an feststanden: Nepal und Nordamerika. In Nordamerika wollten wir einen großen Teil unserer Reise verbringen. Wir sind schon einige Male in den USA und in Kanada gewesen und fanden die Zeit immer viel zu kurz, um in diesen riesigen Ländern wirklich etwas sehen zu können. Knapp fünf Monate wollten wir uns diesmal Zeit für diesen wundervollen Teil der Erde nehmen. Nun stellte sich noch die Frage des *Wie*? Nordamerika ist groß – zu Fuß war also keine Option. Fahrrad? Auch wenn wir das tolle Buch von Joey Kelly gelesen hatten, in dem er eine solche Reise beschreibt, hatte das für uns nicht wirklich Nachahmungspotenzial. Langstreckenbusse gibt es zwar auch, aber das war nicht die Reise, die wir machen wollten. Unsere Intention war es, auch hier die Freiheit und das selbstbestimmte Reisen genießen zu können, die Möglichkeit, immer und überall spontan entscheiden zu können, wohin es gehen soll. Diese Möglichkeit hat man nur mit dem Auto, besser noch mit einem Wohnmobil. Da es in Nordamerika jedoch kaum bezahlbar ist, ein Wohnmobil für eine derart lange Zeit zu mieten, lag die Lösung auf der Hand: Wir würden unseren VW T5, den wir ohnehin bereits in Eigenregie zum Campingmobil ausgebaut hatten, über den großen Teich nach Kanada verschiffen. Mit dem eigenen Bulli durch Nordamerika – das klang nach Abenteuer!

Ganz unberücksichtigt lassen sollte man bei der Reiserouten-Planung auch die Jahreszeiten nicht. Denn Alaska im Winter, Australien im Sommer und Indonesien zur Regenzeit können die Schönheit der Länder stark beeinträchtigen und das Reisen zum Unvergnügen werden lassen. So stellten wir also zunächst eine Liste mit unseren bevorzugten Reiseländern auf und recherchierten uns anschließend besinnungslos, um herauszufinden, welche Reiseroute am besten wäre. Die gut recherchierte Antwort lautete: keine! Die perfekte Route gibt es nicht und so mussten wir lernen, Abstriche zu machen: Südaustralien im nassen Herbst, Bali zur Regenzeit und Alaska zum Winteranfang. Dafür Kanada im Hochsommer (dies entspricht etwa der dritten Woche im Juli – länger dauern die Sommer in Kanada in der Regel nicht an) und Südostasien zur perfekten Reisezeit im Februar und März.

So kamen wir schließlich zu folgender Reiseroute: Nach Nepal sollte unser erster Flug gehen, mit einem mehrstündigen Zwischenstopp in Abu Dhabi, den wir für eine kurze Besichtigung nutzen wollten. An Nepal sollte sich Südostasien (Vietnam, Kambodscha, Thailand, Malaysia, Singapur und Indonesien) anschließen. Im Frühling wollten wir weiterreisen nach Australien, anschließend nach Südamerika (Chile und Peru) und die letzten Monate der Weltreise planten wir in Nordamerika (Kanada und USA) zu verbringen.

Mitte Dezember 2014 war es schließlich soweit. Die Kündigungen waren verschickt, der Untermietvertrag unterschrieben, wir gegen alles bisher Bekannte geimpft, der Rucksack gepackt (ja, das haben wir aus lauter Vorfreude bereits Wochen vor der Abreise getan), die ersten Flüge gebucht und der Termin für die Abschiedsfeier bekanntgegeben. Die letzten Tage verbrachten wir damit, unsere persönlichen Sachen in die Wohnungen unserer Eltern zu schleppen und mit all den Dingen, von denen Freunde und Familie behaupteten: *„Das müssen wir unbedingt noch machen, bevor ihr weg seid"*.

## WELTREISE: UND LOS!

Tränenreiche Abschiedsszenen am Flughafen wollten wir vermeiden, daher lassen wir uns nur von Leslies Vater dorthin bringen. Von allen anderen hatten wir uns in den vergangenen Tagen bereits gründlich verabschiedet. Als wir uns mitten in der Nacht von einem fragwürdigen Schlaf (denn es war im Grunde keiner) erheben, um uns für die Abfahrt zum Flughafen zu präparieren, schauen wir aus dem Fenster in die dunkle Nacht hinaus und erschrecken: Es hat geschneit! Der erste richtige Schnee dieses Winters und der kommt, wie könnte es anders sein, ausgerechnet heute. Da wir mit einem zeitlichen Puffer von knapp drei Stunden kalkuliert haben erreichen wir trotz der widrigen Umstände pünktlich den Flughafen.

Doch bereits bei der Gepäckaufgabe kommt es zum nächsten unplanmäßigen Vorfall. Nachdem wir der Dame am Schalter unserer Tickets überreichen und sie einen kurzen Blick auf den Monitor geworfen hat, teilt sie uns freundlich lächelnd mit, die Maschine sei überbucht. Ich bin in diesem Moment nur einen tiefen Atemzug davon entfernt, komplett auszurasten, wild um mich zu schlagen und derweil das gesamte Flughafen- und Airline-Personal angesichts dieser völligen Unfähigkeit gekonnt zu beleidigen. Denn so eine Weltreise und insbesondere die Zeit unmittelbar vor dem Losfahren, ist eine enorme emotionale Herausforderung. Da braucht es wenig, um das Fass zum Überlaufen zu bringen. Jedenfalls bei uns, heute, an diesem winterlich verschneiten Abreisetag. Wie die Dame jedoch kurz danach erläutert, ist es nicht so, dass wir jetzt zuhause bleiben müssen. Vielmehr haben wir stattdessen die Wahl zwischen einer Umbuchung auf einen anderen Flug am Abend (wodurch unser Abu Dhabi-Zwischenstopp ins Wasser fallen würde) und 500 Euro pro Person als Entschädigung für die Umstände oder aber einem Platz in der Businessklasse auf unserem gebuchten Flug. Den Zwischenstopp in Abu Dhabi wollen wir wirklich gerne machen. Andererseits: Ist er uns 1.000 Euro wert?

Wir entscheiden, dass man sich Abu Dhabi auch noch ein anderes Mal anschauen kann und teilen der Mitarbeiterin nach 10 Minuten Bedenkzeit mit, dass wir gerne den Abendflug sowie die 1.000 Euro Entschädigungsprämie nehmen möchten. Leider ist diese Option aber inzwischen bereits hinfällig, da viele Fluggäste nicht erschienen sind und es daher nun doch genügend Platz auf unserem gebuchten Flug gibt. Als Dankeschön für unsere Hilfsbereitschaft bietet man uns aber immerhin Plätze in der Businessklasse an, so dass wir unverschämt entspannt und vollgefuttert am frühen Abend in Abu Dhabi landen. Nach einer wohltuenden Dusche im VIP-Bereich der Airline starten wir nun in unser erstes Abenteuer: *Abu Dhabi, wir kommen!*

## ABU DHABI:
### *Wo sind die Scheiche? (29.12.2014 - 30.12.2014)*

Abu Dhabi ist die Hauptstadt des Emirats Abu Dhabi, das zu den Vereinten Arabischen Emiraten gehört. Die Stadt wächst rasant und gehört zu den modernsten Städten der Welt. Dabei versucht Abu Dhabi, anders als der Nachbar Dubai, sich weniger stark dem Lifestyle-Tourismus zu verschreiben, sondern vielmehr die kulturellen Eigenheiten der Stadt zu betonen. Dabei fördert die Stadt sowohl Eigenheimprojekte für Einheimische als auch große Tourismusprojekte wie Luxushotels oder Resorts, die sich entlang der Mangrovenbuchten erstrecken. Auf diese Weise sollen in Abu Dhabi keine getrennten Quartiere für Touristen auf der einen und für Einheimische auf der anderen Seite entstehen, wie es in Dubai der Fall ist. Der Kern der Stadt Abu Dhabi liegt auf einer etwa 70 km² großen Insel im Persischen Golf und ist somit an allen Seiten von Wasser umgeben. Vor dem Hintergrund dieser Eigenheiten erwarten wir also eine höchst interessante Stadt. Wir begeben uns zur Haltstelle vor dem Flughafengebäude, wo die Busse in Richtung Innenstadt abfahren.

Als wir aus dem Flughafengebäude heraustreten, empfängt uns die angenehme Wärme einer arabischen Nacht. Es ist bereits dunkel, doch es herrschen noch immer angenehme Temperaturen, die sich für uns, die wir vor ein paar Stunden aus dem winterlichen Deutschland geflohen sind, wie purer Luxus anfühlen. Wir atmen die fremdländischen Gerüche ein und erleben unsere ersten offiziellen Minuten auf Weltreise. Genau hier, genau jetzt beginnt das Abenteuer. Ein Jahr Weltreise. Ein Jahr Freiheit. Ein Jahr weit weg vom kalten und nassen Alltags-Deutschland. Kein Arbeiten, keine Verpflichtungen. Jeder Tag ein neues unbeschriebenes Blatt, das wir mit unseren eigenen Ideen und Vorstellungen füllen würden. Wir können es noch immer nicht fassen, dass es nun endlich losgeht. Unser Traum wird Wirklichkeit. Und es fühlt sich irgendwie so… verflucht *normal* an.

Am Automaten kaufen wir uns zwei Bustickets, die umgerechnet etwa einen Euro kosten und warten auf den nächsten Bus. Wir sind nicht die Einzigen. Während wir warten, gesellt sich ein Paar zu uns an die Bushaltestelle. Wir kommen ins Gespräch mit Ilona und Ralf, ein sympathisches Paar mittleren Alters aus Baden-Württemberg, das ebenfalls ein paar Stunden Aufenthalt in Abu Dhabi hat, bevor es für sie mit einem frühen Flug weiter nach Thailand geht. Auch sie wollen die Stunden nutzen, um einen Eindruck von der Hauptstadt der Vereinten Arabischen Emirate zu bekommen. Die beiden starten gerade in einen mehrwöchigen Asienurlaub. Mit Handgepäck. Wir dachten ja schon, wir hätten wenig dabei, aber die beiden reisen jeweils mit einem kleinen Täschchen, gefüllt nur mit dem Allerallernötigsten. Wir entscheiden uns, gemeinsam auf nächtliche Erkundungstour zu gehen. Als wenig später der nächste Bus anhält, steigen wir ein und fahren hinaus ins nächtliche Abu Dhabi.

Es ist inzwischen Mitternacht. Die Stadt aber ist so sicher, dass man als Tourist keine Angst zu haben braucht, sich des Nachts hier herumzutreiben. Frohen Mutes machen wir uns also auf den Weg. Allerdings haben wir im Grunde nicht die leiseste Ahnung, wohin wir müssen. Sowohl wir, als auch Ilona und Ralf, starten die Besichtigung Abu Dhabis also ziemlich planlos, haben weder Stadtplan noch eine Liste mit Sehenswürdigkeiten, die es vielleicht in unserer Nähe zu entdecken gebe, wenn wir überhaupt von ihrer Existenz wüssten. Wir fahren also einfach in die Stadt hinein und hoffen, dass sich dort irgendetwas Interessantes ergeben wird.

Als der Bus nach etwa einer halben Stunde schließlich anhält und wir aussteigen müssen, haben wir allerdings keine Ahnung, wo wir uns befinden, da wir die Namen der Haltstellen nicht verstanden haben und selbst wenn dies der Fall gewesen wäre, nicht mal eine Ahnung haben, welche Haltestelle die richtige gewesen wäre. So steigen wir nun einfach an der Endstation aus, versichern uns beim Busfahrer, dass es auch einen Bus zurück gibt und machen uns planlos auf den Weg. Meine Vorstellungen von dieser arabischen Stadt waren geprägt von Kamelen, Oasen, Scheichen und beeindruckenden Wolkenkratzern. Wer visualisiert denn auch nicht diese Dinge, wenn er an den fernen, geheimnisumwobenen, arabischen Osten denkt? Doch nichts davon können wir nun entdecken. Stattdessen: westlich anmutende Kaufhäuser, Shoppingmalls, keine Scheiche mit weißem Turban und noch viel weniger Kamele. Im Grunde sieht es nicht sehr viel anders aus als Bielefeld. Gut, das ist vielleicht nun doch etwas übertrieben, doch der erhoffte Kulturschock bleibt jedenfalls aus.

Alles in allem ist es also wenig beeindruckend. Da wir aber auch keine Ahnung haben, wo wir hier nun eigentlich gelandet sind, können wir auch kein realitätsgetreues Bild der arabischen Stadt zeichnen. Vermutlich sind wir nicht in der Innenstadt, sondern in irgendeinem wenig aufregenden Vorort gelandet. Das Brackwede Abu Dhabis vielleicht (für diejenigen, denen die Geografie Bielefelds unverständlicherweise nicht geläufig ist: Es handelt sich hierbei um einen eher unansehnlichen Stadtteil im Bielefelder Süden). Nachdem wir uns in einem Burgerladen kulinarisch hochwertig versorgt haben, machen wir uns wieder auf den Rückweg zur Bushaltestelle und fahren schließlich zum Flughafen. Dort suchen wir uns in den mit Neonlicht hell ausgeleuchteten, zugigen Hallen einen mäßig bequemen Schlafplatz und verbringen halb wachend die Stunden bis zu unserem Anschlussflug nach Kathmandu. Erscheint uns letztlich auch nicht weniger aufregend, als durch die Straßen des nächtlichen Abu Dhabi zu stromern. Nur gut, dass wir für diese paar unaufregenden Stunden in Abu Dhabi nicht die 1.000 Euro Entschädigungsprämie der Airline geopfert hätten, hätte diese letztlich noch zur Debatte gestanden. Hätte, hätte, Fahrradkette.

*Resümee Abu Dhabi: keine Übernachtung; keine Scheiche; keine Kamele; kein Charme; vermutlich keine Wiederkehr*

## NEPAL:
### *Kulturschock im Land der 8000er* (30.12.2014 - 19.01.2015)

Nepal. Ein Wort, das Assoziationen weckt. Manche denken an Müllberge in der italienischen Provinz. Nein, das ist *Neapel*. Im Ernst, dieses Missverständnis musste ich bei der Beschreibung unserer Reiseroute im Vorhinein häufiger aus dem Weg räumen. Andere denken an den Mount Everest. Das ist geografisch jedenfalls deutlich korrekter als die Verortung in Italiens Südwesten. Doch viele Nepalreisende werden den berühmtesten Bewohner des Himalaya Gebirges kaum je zu Gesicht bekommen, jedenfalls nicht vom Boden aus. Denn man muss es als gruselig ehrgeiziger Wanderer schon mindestens bis zum Base Camp des Everest-Trecks, auf über 5.000 Meter schaffen, um einen Blick auf den höchsten aller Berge erhaschen zu können. Die meisten Touristen, die wanderungsmäßig eher zart besaitet sind, machen einen so genannten *Mountain Flight*. Eine für nepalesische Verhältnisse relativ vertrauenswürdige Maschine bringt einen in die Höhe und ermöglicht so einen unverstellten Blick auf die schneebedeckten Berge des Himalayas.

Das erste Land auf unserem Weltreiseplan liegt in Südasien, zwischen Indien und Tibet. Seit 2008 ist Nepal kein Königreich mehr, sondern eine Bundesrepublik, die seit dem Jahr 2015 eine weibliche Präsidentin hat. Im Norden und Osten des Landes liegt ein großer Teil des Himalaya Gebirges, so eben auch der mit 8848 m höchste Berg der Erde, der Mount Everest. Nepal ist nach Tibet das höchstgelegenste Land der Welt, 40% der Landmasse befinden sich auf über 3.000 m. Drei Hauptregionen lassen sich unterteilen: das an Indien grenzende, fruchtbare, vom Großteil der Bevölkerung bewohnte Terai im Süden des Landes, die Mittellandregion und die gering bevölkerte Hochgebirgsregion im Norden. Die Bevölkerung Nepals ist ein echter *melting pot*: Über

100 verschiedene Ethnien und mehr als 120 unterschiedliche Sprachen und Dialekte wurden bei der Volkszählung 2001 registriert. Nicht einmal die Hälfte der Bevölkerung sind Muttersprachler der Landessprache Nepali. Andere hier gesprochene Sprachen sind das ursprünglich aus Indien stammende Maithili, Bohjpuri und Tharu. Bezüglich der Religionszugehörigkeit herrscht hingegen weit mehr Homogenität, denn über 80% der Nepalesen bekennen sich zum Hinduismus, ein knappes Zehntel der Bevölkerung sind Buddhisten. Muslime, Christen und andere Glaubensrichtungen sind in der Minderheit. Darüber hinaus glauben viele Nepalesen an Naturgottheiten, die weder dem Hinduismus noch dem Buddhismus zuzuordnen sind und sich in Steinen, Bäumen oder im Wasser manifestieren.

Ähnlich wie im Nachbarland Indien gibt es auch in Nepal Kastensysteme, die sich je nach Ethnie unterschiedlich darstellen und auch unterschiedlich stark gelebt werden. Insgesamt beherbergt Nepal etwa 27 Millionen Menschen, von denen der Großteil ländlich lebt und in der Landwirtschaft tätig ist. Die Urbanisierung ist vergleichsweise gering. Viel Geld lässt sich im Landwirtschaftssektor allerdings nicht verdienen. So leben 40% der Nepalesen von weniger als 20 Euro im Monat und befinden sich unterhalb der Armutsgrenze. Damit zählt Nepal, mit einem durchschnittlichen Jahreseinkommen von 730 US-Dollar pro Person, zu den 20 ärmsten Ländern der Welt.

Abgesehen von der Tatsache, dass in Nepal der höchste Berg der Welt beheimatet ist, haben wir kaum darüber hinausgehende Vorstellungen dieses Landes. Zwar hatten wir uns vorab etwas informiert, doch eine umfassende Reiseplanung ist im Chaos der letzten Weltreisevorbereitungen weitgehend untergegangen. Unser Plan sieht vor, zunächst Kathmandu zu besichtigen und anschließend ein paar Tage in einem buddhistischen Kloster zu verbringen, um dann den Großteil unserer Zeit den Himalaya zu erwandern.

## Hilfe, Kathmandu

*Querwelteinreisetag 2, Kathmandu.* Am späten Nachmittag landen wir auf dem überraschend kleinen, sehr einfachen Flughafen. Dass es sich hierbei um einen internationalen Flughafen in einer Hauptstadt handelt, ist nicht ersichtlich. Er besteht lediglich aus einer kleinen Halle, in der Ankunft, Abflug, Visumsvergabe und alles Weitere in unmittelbarer Nähe zueinander abgewickelt wird. Fortschrittlich sind hingegen die Einreiseformulare und die Gepäckkontrolle.

Bei der Einreise in ein fremdes, nicht-europäisches Land wird man ja in der Regel aufgefordert, ein kleines Formular auszufüllen, in dem zu vermerken ist, wie man heißt, wie man eingereist ist und was man in diesem Land überhaupt will. Bei der Frage nach dem Geschlecht entdecken wir erstmalig auf einem solchen Formular, neben den recht verbreiteten Optionen *weiblich* und *männlich*, nun auch die Option *anderes,* im Englischen *other.* So etwas haben wir in einem vergleichsweise wenig entwickelten Land wie Nepal, mit klar verteilten Geschlechterrollen, nicht erwartet. Allerdings ist Nepal im asiatischen Raum tatsächlich ein Vorreiter in der Anerkennung von Rechten sexueller Minderheiten. So wurde hier eben auch als erstes die dritte Geschlechtskategorie eingeführt – etwas, dass in Deutschland und vielen anderen westlichen Ländern erst später oder noch gar nicht umgesetzt wurde. Umso positiver ist unser erster Eindruck dieses Landes. Auch der Umgang mit den Gepäckstücken der Reisenden fällt uns gleich positiv ins Auge. Nachdem man seinen Koffer dem Gepäckband entwendet hat, um sich damit in Richtung Ausgang zu bewegen, wird vom Sicherheitspersonal umgehend kontrolliert, ob das mitgeführte Gepäckstück auch dem auf dem Flugticket ausgewiesenen entspricht. Erst nach dieser akribisch durchgeführten Kontrolle dürfen wir das Flughafengebäude verlassen.

Wir treten nach draußen und atmen das erste Mal nepalesische Luft ein. Und die riecht wirklich anders. Es ist eine ekelerregende Kombination aus verbranntem Plastik, Kumin und Abgasen, die sich bereits in diesem ersten Moment langfristig in mein Hirn brennt. Ein äußerst individueller Geruch, den ich nirgendwo auf der Welt bisher wahrgenommen habe.

Vor dem Flughafengebäude wartet bereits eine Reihe von Taxifahrern auf die soeben Angereisten. Umgehend sind wir umzingelt von Fahrern, die in kreativem Englisch fragen, wohin wir wollen und vor allem, warum. Die Adresse unseres Hotels ist gänzlich unbekannt, trotzdem will man uns unbedingt fahren. Also quetschen wir unsere Rucksäcke in den kleinen Kofferraum und setzen uns ins Taxi. Es steigt ein Mann hinzu, der als menschgewordenes Navigationssystem fungieren soll, da er laut Angabe des Taxifahrers als angeblich Einziger wisse, wo sich unser Hotel befindet. Oder befinden könnte. Jedenfalls annähernd. Und so beginnt eine abenteuerliche Fahrt durch die Wirren Kathmandus. Die Straßen teilt sich der kleine, rüttelige Taxi-Suzuki mit Fußgängern, Rollerfahrern, Hunden, Pferden und unzählbar vielen weiteren Suzukis. Unser Weg führt mitten durch die schmalen Straßen Thamels, das Touristenzentrum Kathmandus. Ein Laden neben dem anderen, die Straßen voller Menschen und bunter Lichter.

Die Sonne ist inzwischen untergegangen und wir starren, vor dem Hintergrund der vorangegangenen schlaflosen Nächte und angesichts dieses Kulturschocks, sprachlos aus dem Fenster und versuchen, die ersten Eindrücke zu verarbeiten. Es geht nur im Schritttempo voran. Menschen, Tiere und Waren verstopfen die Straßen. Wir verlassen das Zentrum Kathmandus und fahren auf unbefestigter Straße weiter, hinaus in die Dunkelheit, denn Laternen gibt es hier nicht. Nach etwa 45 Minuten Fahrt erreichen wir tatsächlich unser gebuchtes Hotel. Ohne irgendwelche Formalitäten klären zu müssen, werden uns sofort unser Zimmer sowie die Flurduschen gezeigt. Das Zimmer ist klein, beherbergt lediglich ein Bett, einen Schrank und ein kleines Badezimmer, wobei dieser Begriff angesichts des Verschlags, der sich uns hier präsentiert, eine haltlose Übertreibung darstellt. Der Raum besteht aus einer Toilette und einem Waschbecken mit losem Wasserhahn. Immerhin haben wir ein eigenes Klo.

Nach zwei Tagen Reiserei freuen wir uns nun auf eine entspannende Dusche. Wir rüsten uns mit allen dazu benötigten Utensilien und machen uns auf den Weg zu den Flurduschen. Man muss dazu sagen: In Nepal herrscht Winter, Heizungen sind hier aber extrem out. Das heißt, sowohl in unserem Zimmer als auch in den Flurbadezimmern herrschen unmenschliche Temperaturen. Mit gequältem Gesicht reiße ich mir nun schnellstmöglich die Klamotten vom Leib, um flugs unter die warme Dusche zu hüpfen. Ich drehe am Wasserhahn, als mir urplötzlich die unangenehme Erkenntnis in die Haut dringt: Wo keine Heizung, da auch kein warmes Wasser! Nach einem kurzen cholerischen Anfall, bei dem ich beinahe meine Haarbürste zerstört habe (sie ist glücklicherweise jedoch äußerst wurffest), dusche ich kalt, begleitet von hysterischen Anfällen und unschönen Worten, zwischen blauen Lippen qualvoll herausgepresst. Anschließend werfe ich mich wieder in mehrere Schichten Klamotten und stapfe wütend zurück ins Zimmer.

Beim Hotelbesitzer frage ich nach, wo das warme Wasser denn hin sei, das in der Hotelanzeige so ausschweifend angepriesen wurde. Darauf folgen ein mildes Lächeln sowie ein Fingerzeig auf die Eingangstür, an der ein unmissverständlicher Plan darauf hinweist, wann es in dieser Straße planmäßig Strom und somit auch warmes Wasser gibt. Und der heutige Abend – so wie die nächsten fünf – gehören laut Stromplan eben nicht dazu. Ach so. Gehüllt in Mütze, Schal und drei Lagen Fleece gehen wir schließlich ins Bett. Unser Abendessen besteht aus zerkrümelten Flugzeugkeksen und Müsliriegeln, plattgewalzt wie Briefmarken, die wir noch in den Tiefen unserer Taschen finden. Das also war der erste Tag der Weltreise. Kulturschock Nepal!

Bei Toast und Kaffee genießen wir am nächsten Morgen den Blick von der hoteleigenen Dachterrasse und lassen die wärmenden Sonnenstrahlen unsere von der kalten Nacht steif gewordenen Extremitäten auftauen. Auf der Dachterrasse des gegenüber liegenden Hauses, auf das wir von hier aus einen unverstellten Blick haben, wäscht sich eine Nepalesin die langen, dunklen Haare in einem kleinen Kübel. Gärten, Balkone oder Grundstücke, wie wir sie aus Deutschland kennen, sind hier untypisch. Das öffentliche Leben spielt sich daher auf den Straßen, das private zumeist auf den Dächern ab. Denn statt der für Deutschland typischen Spitzdächer, haben nepalesische Häuser Flachdächer, dekoriert mit Stahlstangen, um einen potenziellen Weiterbau des Hauses in die Höhe zu einem späteren Zeitpunkt zu ermöglichen. Sich die Haare in einem Kübel auf einem deutschen Spitzdach zu waschen, wäre schon eine ganz andere Herausforderung.

Nach dem Frühstück machen wir uns durch die schmalen Gassen auf den Weg in die Innenstadt. Befestigt sind in Nepal nur die Hauptstraßen, alle anderen Straßen sind nicht geteert und dementsprechend in teilweise desolatem Zustand. Während des Laufens von der Straße aufzublicken sollte man demnach nicht riskieren, denn schnell ist man auf Nimmerwiedersehen in einem Schlagloch verschwunden. Die Wege sind mit Müll gepflastert – nein, das ist keine Übertreibung! Wo kein Müll liegt, wird selbiger gerade in einem wärmenden Feuerchen verbrannt. Der daraus resultierende Geruch, in Kombination mit dem Smog, der hier sogar den Blick auf den Himalaya verstellt, ergibt eine einzigartige

Atmosphäre. Der Smog wird intensiver, je näher wir der Innenstadt kommen. Es brennt in Augen und Nase und bei jedem vorbeifahrenden Auto greift man automatisch zum Schal, um sich mit diesem galant die Atemwege zu verstopfen und das Gros der Abgase nicht einatmen zu müssen. Die Straßen sind derart eng und voll, dass man stets die Befürchtung hat, umgefahren, angefahren oder zu Tode getrampelt zu werden. Die Geräuschkulisse besteht zum großen Teil aus Hupen und bellenden Hunden. Es gibt enorm viele Straßenhunde, die sich zu kleinen Gangs formieren, um gemeinsam durch Nepals Straßen zu trotten, stets auf der Suche nach Essbarem. Der Sinn des Hupens scheint indes ein anderer zu sein als in heimischen Gefilden. Während in Deutschland eher sparsam und vorsichtig gehupt wird – Eigenschaften, die ja generell dem deutschen Naturell entsprechen – wird dieses Automobilaccessoire in Nepal als Mittel der nonverbalen Kommunikation genutzt. Manchmal scheint es aber auch ein Wettkampf zu sein – es gewinnt, wer am lautesten hupen kann. Vielleicht gewinnt aber auch jener, der hupend und mit geschlossenen Augen über die größten Kreuzungen rast, ohne einen Blick nach links oder rechts zu riskieren. Es wird jedenfalls immer und überall gehupt: um andere zu verscheuchen, um an schlecht einsehbaren Ecken auf sich aufmerksam zu machen, zum Gruße, aus Wut und stets im Rhythmus der Radiomusik.

Ein weiterer Aspekt, der es zu einer Herausforderung werden lässt, im nepalesischen Straßenverkehr zu überleben, ist die Tatsache, dass in Nepal Linksverkehr herrscht. Auch wenn angesichts des dichten Gedränges und der engen Straßen kaum auffällt, auf welcher Seite die motorisierten Fahrzeuge eigentlich fahren, ist es für diverse Ausweichmanöver nicht irrelevant, ob man im Angesicht eines schnell heranrauschenden Rollers oder Suzukis nach links oder rechts ausweicht. Das kann im entscheidenden Moment dann eben doch den Unterschied machen. Was uns aber trotz des Gedrängels positiv auffällt und einen krassen

Unterschied zum benachbarten Indien oder zum touristischen Bangkok darstellt, ist, dass die Nepalesen respektvoll Abstand halten. Jedenfalls *in persona*, wenn auch nicht in motorisierten Gefährten. Hier wird man nicht an jeder Straßenecke zu einem Handel überredet oder dazu angehalten, irgendwo einzukehren, um Essen und Trinken zu verkosten. Zwar erfährt man aufgrund seines fremdländischen Aussehens durchaus eine gewisse Aufmerksamkeit, doch auch das geschieht in einer eher unaufdringlichen Art und Weise. Direktes, dauerhaftes Anstarren oder eine für uns Europäer als abnorm empfundene Körpernähe, wie man es aus anderen Teilen der Welt kennt, ist hier eher untypisch.

Heute ist Silvester. Unsere Reiseplanung sah vor, diese allseits beliebte Festivität bereits weltreisend zu verbringen, da wir jedenfalls dieses eine Mal den alljährlichen, oft schon im November startenden Diskussionen á la *„Und, was macht ihr an Silvester??"* entgehen wollten. In diesem Jahr wollten wir Silvester nicht in Bielefeld, sondern an einem besonderen Ort feiern. Nun ja, Kathmandu ist definitiv so ein besonderer Ort. Nur ist das Wort „Feiern" für unsere Abendgestaltung eher weniger zutreffend. In Thamel ist durchaus eine gewisse Silvesterstimmung spürbar. Plakate verkünden ein *„Happy New Year"*, Restaurants und Bars bieten Silvester-Specials jeglicher Art an. Da wir aber noch immer geschafft sind von der langen Reise, den stressigen letzten Tagen in der Heimat und außerdem voller Eindrücke von unserem ersten Tag auf Weltreise, wollen wir heute eigentlich nur zurück ins Hotel. Wir besorgen uns eine große Flasche nepalesisches Tuborg, halten die Augen mit Streichhölzern krampfhaft bis Mitternacht geöffnet, prosten uns tiefenerschöpft zu, kleiden uns dann, wie schon gewohnt, in Mütze, Schal und unzählige Lagen Fleece und schlafen um fünf nach zwölf tief und fest. Das war Silvester 2014. Prost.

# Namaste: Klosteraufenthalt im Kathmandutal

*Querwelteinreisetag 4, Kopan Kloster, Kathmandutal.* Neujahr. Während Freunde und Familie in Deutschland ihrem Kater entgegenzuwirken versuchen (das nehmen wir vor dem Hintergrund vergangener Silvestererfahrungen jedenfalls an), machen wir uns auf den Weg ins Kloster. Im Kopan Kloster im Kathmandutal haben wir bereits von Deutschland aus einen dreitägigen Aufenthalt gebucht, mit der Intention, durch die Ruhe des Klosteralltags erst einmal richtig im „Weltreise-Modus" anzukommen. Die etwa einstündige Taxifahrt rauf zum Kloster ist bereits ein Abenteuer! Es geht kreuz und quer durch Kathmandu – wie wir später erfahren, hatte sich der Taxifahrer völlig verfahren – auf Straßen, die nur aus Geröll, Schotter und Schlaglöchern bestehen. Besonders die Straßen entlang des Flusses sind erschreckend: Gigantische Müllberge säumen das Ufer eines Flusses, der sich träge, ölig und düster durch Kathmandu schlängelt und an dem Menschen schlafen, arbeiten, spielen und essen. Je weiter man sich vom Zentrum des Tourismus entfernt, desto offensichtlicher und bedrückender wird die Realität. Die Armut in Nepal ist spätestens jetzt nicht mehr zu übersehen.

Einst das Zuhause des Astrologen des nepalesischen Königs, befindet sich auf einem Hügel hoch über dem Kathmandutal seit 1969 das buddhistische Kopan Kloster. Es gehört der *Gelug* Tradition an und lebt den *Mahayana Buddhismus*, dessen Ursprung in Tibet liegt. 360 zumeist aus Nepal und Tibet stammende Mönche, Lamas (Lehrer des Buddhismus) und Arbeiter leben hier. Klösterliche Gemeinschaften, wie sie im Kopan Kloster zu finden sind, sind mit etwa 3.000 Jahren so alt wie die buddhistische Religion selbst. Mönche und Nonnen geben das „normale" Leben auf, um sich ganz der buddhistischen Lehre, dem Dharma zu widmen. Ihr Leben ist fokussiert auf das Lernen und Umsetzen buddhistischer Leitlinien, Meditation sowie auf das Ziel, ein gutes und moralisches Leben zu führen. Dazu gehört in erster Linie der

Dienst an Anderen. Der Sinn allen Handelns liegt somit stets in der Intention, anderen Menschen zu helfen, sie glücklich zu machen und ihr Leid zu vermeiden. Es geht darum, ein einfaches, auf diese Werte fokussiertes Leben zu führen, nicht aber um Askese und völlige Entbehrung – im Gegenteil, die Mönche haben modernere Handys als ich.

Das Zölibat ist ebenfalls eine Grundvoraussetzung klösterlichen Lebens und unterscheidet Mönche und Nonnen von anderen Buddhisten. Ähnlich wie im Christentum, soll der Verzicht auf körperliche Liebe sie dazu befähigen, sich einzig und allein auf die eigene spirituelle Entwicklung zu konzentrieren. Auch Bildung ist ein wichtiger Aspekt im Buddhismus, so auch im Kopan Kloster. Kinder, die bereits im jungen Alter ins Kloster kommen – oft werden sie von ihren in Armut lebenden Eltern hierher geschickt, um ein sicheres Leben mit einem Dach über dem Kopf und geregelten Mahlzeiten führen zu können – besuchen bis zur zehnten Klasse die klösterliche Schule. Das Ziel der Klostergründer war es in den 70er Jahren, die einzigartige Kultur und Religion Tibets zu bewahren und gleichermaßen eine moderne Bildung zu gewährleisten.

Im Kloster angekommen, begeben wir uns zur ausgeschilderten Anmeldung, wo wir die Schlüssel zu unseren beiden Zimmern überreicht bekommen. Männer und Frauen müssen hier getrennt schlafen, so eine der Grundregeln des Klosters. Ein Mönch macht uns mit den wesentlichen Strukturen der Klosteranlage vertraut. Von dem Gebäude, in dem die Anmeldung sowie die Bibliothek untergebracht sind, folgen wir ihm über einen großen Platz, lassen die Unterkünfte der jungen Mönche hinter uns, und passieren eine überdimensionierte Gebetsmühle: ein Rad mit aufgedruckten Gebeten bzw. Mantras. Dem buddhistischen Glauben nach dient das Drehen der Gebetsmühle dazu, die körperliche Aktivität des Drehens mit spirituellen Gedanken zu verbinden, um auf diese Weise gutes Karma anzuhäufen. Während des Drehens soll man sich vorstellen, wie die Mantras Licht an alle leidenden Wesen auf der Erde ausstrahlen, wodurch deren Leid beseitigt und schlechtes Karma aufgelöst werde.

Rechts des Weges geht es zum Speisesaal mit zwei Etagen. In der unteren sitzen die Mönche und oben die westlichen Zuflucht-suchenden, deutlich voneinander getrennt. Frühstück, Mittages-sen, Nachmittagstee sowie Abendessen werden zu festen Uhrzei-ten hier serviert. In orangefarbene Gewänder gekleidete Mönche sitzen in einem kleinen Café, trinken heiße Zitrone und zeigen sich gegenseitig die neuesten YouTube Videos auf ihren Smart-phones. Der voranschreitenden Digitalisierung kann man offen-sichtlich nicht einmal in einem buddhistischen Kloster auf einem Hügel in Nepal entgehen.

Wir überqueren einen Hof mit Tempeln und betreten schließlich den Bereich mit den Unterkünften. Bei der Reservie-rung konnte man im Vorhinein zwischen verschiedenen Unter-bringungsmöglichkeiten auswählen. Wir entschieden uns – wie üblich – für eine der günstigeren. Eine Luxusunterkunft hätte aber auch irgendwie nicht zur Idee eines asketischen Kloster-aufenthalts gepasst. Dementsprechend spärlich sind die Zimmer eingerichtet: Ein Einzelbett, ein kleiner Schreibtisch und ein Schrank, alles in dunklem Holz gehalten, füllen das kleine Zim-mer komplett aus. Die Bäder befinden sich draußen, einige Meter entfernt und stehen allen Bewohnern zur Verfügung. Immerhin gibt es Strom und viele Decken, denn eine Heizung suchen wir auch hier vergeblich.

Gespannt eilen wir am Abend zum Essenssaal, wo ein kleines Buffet aufgebaut ist. Wir schnappen uns eine Blechschüssel und einen Blechlöffel, die wir wie alle anderen kurz mit einem Baum-wolltuch abputzen (der Sinn dessen ist mir schleierhaft) und bedienen uns an einem großen Topf mit einer Art Kohlsuppe. Dazu gibt es *Chapati*, typisch nepalesische dünne Teigfladen. Die Suppe schmeckt nicht schlecht. Gut allerdings auch nicht. Während des Abendessens begutachten wir die anderen Westler, die sich ebenfalls ins nepalesische Kloster verirrt haben und es kostet uns einige Anstrengung, dabei gedanklich nicht mit Stereotypen um uns zu werfen. Denn irgendwie hat es durchaus den Anschein, als käme nur eine bestimmte Sorte Mensch auf die Idee, ihren Urlaub im Kloster zu verbringen. Die Sorte Mensch nämlich, die weite Hosen trägt, Haare waschen für eine verrückte Erfindung der Neuzeit hält, mit einem stetigen Lächeln auf den Lippen geduldig auf die nächste Meditation wartet und das gesamte Abendland gerne in eine Zeitmaschine mit dem Ziel „Vorindustrielle Zeit" stecken würde. Später werden wir allerdings noch merken, warum Haare waschen hier nicht das einfachste Unterfangen darstellt (denn warmes Wasser ist hier eine Seltenheit), dass weite Hosen besser vor der nepalesischen Kälte schützen als enge, Meditation irgendwann bestimmt auch ganz nett ist und die Wiederauffrischung einiger vorindustrieller Werte dem Abendland sicherlich nicht schaden würden.

Nach einer extrem kalten Nacht, in der die einzige Heizquelle zwei träge brennende Teelichte darstellten, schlendern wir zum Frühstück. Angeblich gibt es *Porridge*, also Haferbrei. Sicher, es ist Brei. Und möglicherweise beinhaltet dieser auch eine Spur Hafer oder eine ähnliche Getreidesorte. Geschmacklich erinnert das Frühstücksexperiment allerdings eher an frittierte Kohlsuppe, verfeinert mit von gestern übriggebliebenem Gewürztee. Der Brei ist salzig, wodurch er für unseren süßen, deutschen Frühstücksgaumen einfach nur gänzlich und vollumfänglich grässlich schmeckt! Dementsprechend noch immer hungrig begeben wir uns anschließend in den Meditationsraum zum *Daily Dharma Talk*, eine morgendlich stattfindende Diskussionsrunde, wobei eigentlich nur der Lama über die Lehren des Buddhismus spricht und der Rest der Gruppe, bewegungslos im Lotussitz verharrend, seinen Worten lauscht. Unterbrochen wird der Vortrag durch kurze Meditationsübungen. Das heutige Vortragsthema ist Glück. Der Lama weist darauf hin, Glück bzw. Zufriedenheit könne stets nur von innen herauskommen, nie durch äußere Umstände zu erreichen sein. Der Kauf eines Autos, Hauses oder anderer materieller Dinge verschaffe zwar kurzfristige Befriedigung. Diese sei aber nicht von Dauer und der angeschaffte Besitz trage im Nachhinein eine Last mit sich, die wiederum das Potenzial besitze, für Unzufriedenheit zu sorgen. So muss man sich um ein Haus oder Auto kümmern, wenn etwas kaputtgeht, was Geld, Zeit und Nerven kostet. Wahres Glück, wirkliche Zufriedenheit könne nur unabhängig von jeglichen äußeren Umständen im Inneren entstehen. Wichtig sei demnach nicht, wie die Welt *ist*, sondern wie wir sie *sehen*. Wennagleich der Vortrag durchaus interessant ist, stellen die Meditationsphasen zwischen den Diskussionselementen für mich die größte Herausforderung dar. Bei 5 °C Außentemperatur in einem unbeheizten Raum eineinhalb Stunden lang im Schneidersitz hochphilosophischen Gedankengängen in gebrochenem Englisch zu folgen, um dann gelegentlich innezuhalten und in völliger Stille zu meditieren – meine innere Zufriedenheit kann ich in diesem Moment nicht finden, so akribisch ich auch danach suche.

Bevor wir nach drei Tagen entspannendem klösterlichen Aufenthalt abreisen, muss ich noch die Bücher über tibetischen Buddhismus zurückbringen, die ich mir in der klostereigenen Bibliothek ausgeliehen hatte. Als ich die Klosterbibliothek betrete, natürlich nachdem ich mir zuvor nach nepalesischer Art die Schuhe ausgezogen habe, und dem hier arbeitenden Mönch die Bücher auf den Tresen lege, fragt er mich: „*Ndfeuewhf living?*" Jedenfalls ist es das, was ich verstehe. Ich habe verständlicherweise Verständnisschwierigkeiten und bin mir in diesem Moment nicht sicher, ob er sich erkundigen möchte, 1. *wie* ich lebe oder 2.

*ob* ich lebe. Beide Fragen erscheinen mir in diesem Moment doch äußerst unpassend. Ich antworte, wie stets in verwirrenden Situationen, mit einem Lächeln und einem dahin gehauchten, unverbindlichen „*Yeah*". Scheint die richtige Antwort gewesen zu sein, da keine weiteren Nachfragen oder entsetzte Blicke seitens des Mönches folgen. Nach Abschluss des Bücherrückgabeprozesses gibt er mir noch mit auf den Weg, ich solle wegen Johnny aufpassen. Wie bitte??? Also 1. geht ihn das mal gar nichts an, wie sicher oder unsicher ich mit Johnny verkehre und 2. – und das ist viel wichtiger – kenne ich gar keinen Johnny! Außer natürlich den aus *Dirty Dancing*. Und den wird er wohl nicht meinen, da der hübsche Hauptdarsteller des tollen Tanzfilms zu meiner tiefen Verzweiflung schon vor einigen Jahren das Zeitliche segnete. Ich frage mehrmals nach, um die Bedeutung seiner Worte zu entschlüsseln. Das dritte Nachfragen bringt schließlich die Erkenntnis: „*Safe journey*", eine sichere Reise, hat er mir gewünscht. Dann soll er das doch bitte auch sagen! Mit einem mitleidigen Blick seinerseits und der begleitenden Feststellung, ich spräche wohl kein so gutes Englisch, obwohl ich doch aus Deutschland käme, verlasse ich hohen Blutdrucks die Bibliothek und begebe mich nach draußen, wo Leslie bereits ein Taxi ergattert hat. Mit einem typischen Taxi-Suzuki, der optisch an einen Fiat Cinquecento erinnert, ruckeln wir gemeinsam mit zwei sich bereits im Auto befindenden wohlgeformten Frauen mittleren Alters zurück nach Kathmandu. Die Entspannung, die wir uns in den letzten Tagen klösterlicher Abgeschiedenheit so mühevoll aufgebaut hatten, ist angesichts der Aufregungen um Johnny sowie der taxiinternen Quetschbemühungen schnell wieder dahin.

Auch Hotelübernachtungen können in Kathmandu schnell zum Auslöser spontaner Gewaltausbrüche werden. Als wir am Nachmittag in unserem reservierten Hotel ankommen, sind wir zunächst von seinem Äußeren, insbesondere jedoch von seinem Inneren, überrascht. Ich werde den Regisseur von *SAW* ausfindig machen müssen, da ich soeben den idealen Drehort für die millionste Fortsetzung des Horrorstreifens entdeckt habe. Denn das Hotel gleicht eher einem Verlies als einer Unterkunft für zahlende Gäste. An der Rezeption weise ich darauf hin, dass wir reserviert haben (was auch immer ich mir dabei gedacht habe). Keine Reaktion. *Über Booking.com.* Keine Reaktion. Gegenseitiges Anstarren. Wer wohl zuerst wegguckt? Irgendwann dann die Reaktion der Angestellten: *„What is your room number?"*, wie unsere Zimmernummer laute. Ich weise darauf hin, dass wir ihr diese, bei aller Liebe, leider nicht nennen können, da wir ja gerade erst angekommen sind und dementsprechend noch kein Zimmer und – völlig verrückt – folglich auch keine Zimmernummer haben. Gefühlte Stunden blödsinniger Diskussionen und Fragerunden später werden wir endlich zu den Zimmern gebracht. Nachdem uns zunächst eines angeboten wird, in dem noch jemand wohnt und das wir daher charmant ablehnen, bringt man uns zu einem anderen Zimmer. Wir haben inzwischen ja schon einiges in Nepal gesehen, doch dieser Raum ist das absolut Trostloseste, das ich in meiner bisherigen Hotelkarriere zu Gesicht bekommen habe. Das Badezimmer ist seit Monaten nicht mehr geputzt worden. Fließendes Wasser gibt es nur 12 Stunden am Tag. Das gilt übrigens auch für die Toilettenspülung. Schön wäre es folglich gewesen, diese Information *vor* dem ersten Gang zur Toilette gehabt zu haben. Dem war allerdings nicht so. An Warmwasser ist gar nicht erst zu denken. Um uns für diese gewöhnungsbedürftigen Umstände zu entschädigen, gönnen wir uns am Abend in einem netten Restaurant ein tibetisches heißes Bier. Pfui!! Es hat geschmacklich nicht im Entferntesten etwas mit Bier zu tun. Hat eher was von frittierter Hühnersuppe.

## Heizungen werden überbewertet: Wandern im Himalaya

*Querwelteinreisetag 8, Kathmandu.* Wir wollen nun nach Pokhara weiterreisen, die Ausgangsbasis für alle Trekkingtouren, die das Annapurna-Gebiet, ein Teilgebiet im Himalaya, zum Ziel haben.

Um 6 Uhr morgens brechen wir auf, um rechtzeitig am Busbahnhof zu sein. Wider Erwarten ist die halbe Stadt bereits auf den Beinen, kleine Geschäfte bringen ihre Waren an den Mann und die Frau, Taxis schieben sich durch die engen Straßen, Hunde lecken sich die in nächtlichen Kämpfen zugezogenen Wunden. Ein solches Tohuwabohu haben wir um diese Tageszeit noch in keiner deutschen Stadt erlebt. Im Vorhinein hatten wir diverse Gruselgeschichten ob der Unzuverlässigkeit und technischen Fragwürdigkeit hiesiger Busse gehört, die sich ratternd Berg hoch und Berg runter quälen, stets nur wenige Zentimeter vom Absturz in den Abgrund entfernt. Die Horrorgeschichten bewahrheiten sich nicht. Auf der Fahrt nach Pokhara gibt es nur wenige besorgniserregende Abhänge, keine geplatzten Reifen und auch keine, ob der holprigen Straßen, gebrochenen Achsen. Es gibt nur unendlich viele Pausen und aufgrund der schlechten Straßenzustände kommen wir nur sehr laaaangsaaaam voran. Schlafen können wir nicht, denn es ist immer wieder zu interessant zu beobachten, wie sich in Nepal das gesamte Leben außerhalb der Wohnungen und Häuser, auf der Straße abspielt. An den Brunnen werden Hühner gerupft und gewaschen, es wird gegessen und gespielt. Letzteres tun hier nur Kinder und Männer. Ein anderes Bild, das immer wieder am Straßenrand zu beobachten ist: Frauen, die sich gegenseitig die langen, dunklen Haare waschen, kämmen und frisieren.

Da jeden Tag eine ganze Schar Busse zwischen Kathmandu und Pokhara verkehren und alle etwa zur gleichen Zeit abfahren und nur sehr langsam vorankommen, macht es den Anschein einer Karawane, die sich über die Holperstraßen ans Ziel schlängelt. Es gibt feste touristische Zwischenstationen, an denen stets mehrere Busse anhalten und wo man sich bei Bedarf mit Essen und Toiletten versorgen kann. Die Toiletten sind typisch nepalesisch: im Boden eingelassene Löcher, über die man sich hockend drapiert und nach Beendigung des Geschäfts jenes mit Wasser aus einem danebenstehenden Eimer so gut wie möglich wegspült.

Oft befindet sich in dem Eimer auch ein Becher, den man zum Wasserschöpfen benutzt. Dabei muss man allerdings bedenken, dass dieses mal mehr, mal weniger klare Wasser sowohl zum Geschäftnachspülen als auch zur persönlichen Hygiene benutzt wird, denn Toilettenpapier gibt es nicht – das Eimerwasser wird als Toilettenpapierersatz benutzt. Endlich, nach 200 km und 7 (!!) Stunden Fahrt erreichen wir am Nachmittag die touristische Stadt Pokhara.

*Querwelteinreisetag 9, Pokhara.* In Pokhara gibt es nicht viel zu sehen. Hier deckt man sich mit Proviant und anderen Ausrüstungsgegenständen ein und registriert sich für Wanderungen im Annapurna-Gebiet. Denn um im Himalaya wandern zu können, jedenfalls wenn es sich dabei um die beliebteren Strecken in den Mount Everest- oder Annapurna-Gebieten handelt, bedarf es einer Registrierung, die vor Beginn der Wanderung vorgenommen werden muss. Nachdem wir uns für 40 US-Dollar pro Person (die Preise für touristische Unternehmungen dieser Art, für die sich kein Nepalese interessiert, werden stets in der Währung US-Dollar angegeben) offiziell als Wanderer im Himalaya registriert haben, bekommen wir zur Belohnung personalisierte Wanderausweise mit gewöhnungsbedürftigem Foto und sind nun auch ermächtigt, zusätzlich die Eintrittsgebühr in die Annapurna Conservation Area zu bezahlen, die ebenfalls 40 US-Dollar pro Person beträgt. Wie schön. Die Formalitäten sind damit erledigt. Nun müssen wir uns noch um die Ausrüstung kümmern.

Wie ich bereits erwähnte, sind die Nächte kalt und Heizungen eine irre Wahnvorstellung, einem frierenden, schizophrenen Geist entsprungen. Daher brauchen wir warme Schlafsäcke, die wir nicht kaufen – was sollten wir in einigen Wochen, im 30 °C warmen Vietnam, damit anstellen – sondern mieten. So ein gemieteter, vor unserem Mietverhältnis freilich auch schon von anderen, ähnlich mäßig gewaschenen Wanderern genutzter Schlafsack, hat etwas durchaus Ekelerregendes. Angeblich werden die Schlafsäcke vor jeder Weitervermietung gereinigt. Ja, genau. Außerdem besorgen wir uns noch eine Gasflasche für unseren kleinen Gaskocher, Proviant in Form von verschiedensten Kekssorten und ein paar Tütensuppen sowie das wichtigste: Toilettenpapier! Das sollte man laut Reiseführer in den Unterkünften im Himalaya nämlich nicht erwarten – schließlich hat man ja Fingernägel.

Nachdem wir in Pokhara zwei Tage lang alles besorgt haben, was wir für unseren Trek als nötig erachten, ausreichend genervt sind von den an jeder Straßenecke lauernden Frisören, die Leslie unentwegt Rasur und Haarschnitt verkaufen wollen (zugegeben, er nimmt allmählich ein Yeti-ähnliches Erscheinungsbild an), uns von unzähligen Tassen „Kaffee" (eine Prise in heißes Wasser eingerührtes Nescafé-Instantpulver) und diversen stets ganz hervorragend aussehenden und ganz unhervorragend schmeckenden Gebäckstücken ernährt haben, fahren wir mit lokalen Bussen nach Phedi, dem Ausgangspunkt für den Annapurna Sanctuary Trek.

Viele Trekker fahren von Pokhara aus mit dem Taxi nach Phedi und starten den Trek von dort aus ganz entspannt. Wir überlegen uns hingegen, dass es eine gute Idee wäre, mit einem lokalen Bus zu fahren. Ja, ab und an ereilt uns eine derartige Schnapsidee. In Pokhara muss man dazu zunächst nach nepalesischer Art durch Winken am Straßenrand den Citybus auf sich aufmerksam machen, der einen dann zum Buspark fährt. Dort angekommen kostet es einige Mühe, herauszufinden, welcher Bus weiter nach Phedi fährt. Etwa 10 Nepalesen, die sich schnell um uns versammeln, sind jedoch sehr bemüht, uns dahingehend weiterzuhelfen – auch wenn jeder eine andere Meinung dazu hat, welchen Bus wir nehmen sollten und wo besagter Bus abfährt. Natürlich sprechen alle nur mit Leslie. Als Frau ist man bei solch wichtigen, kognitiv schwer nachvollziehbaren, äußerst komplexen Gesprächen über nepalesische Busverbindungen außen vor. Nach langem Hin und Her, vielen Fragen und noch mehr Antworten, finden wir schließlich den richtigen Bus. Die Abfahrt verzögert sich um eine halbe Stunde, da ein Musikvideo in und vor unserem Bus gedreht wird. Sollte uns also demnächst jemand in einem nepalesischen Musikvideo entdecken – dies ist die Erklärung dafür.

Doch wer jetzt annehmen sollte, ein nepalesischer Bus fahre, wenn er endlich losgefahren ist, direkt und ohne Unterbrechungen zum Ziel, der irrt. Denn die Fahrt wird noch einige Male unterbrochen, sei es, um einen am Straßenrand wartenden Sack mit unbekanntem Inhalt aufzusammeln und im Bus zu verstauen oder aber um einen Käfig voller Hühner abzuholen und auf dem Dach des Busses unterzubringen. Für die Unterbringung besagten Hühnerkäfigs werden die unterschiedlichsten Techniken verwendet. Zunächst wird versucht, den Käfig per Flaschenzug auf das Dach zu befördern. Funktioniert nicht. Dann wird versucht, ihn hochzustemmen. Nur wartet oben leider niemand, der den Käfig annehmen könnte. Als man dieses Versäumnis registriert, beeilt sich der Busfahrershelfer, die offenen Busfenster als Leiter nutzend, auf das Dach des Busses zu gelangen, um den Hühnerkäfig dort anzunehmen. Auch dieses Unterfangen scheitert, da der Abstand zwischen Käfig und Busfahrerhelfershand noch immer zu groß ist. Aus den umliegenden Geschäften strömen immer mehr Menschen, die sich wild gestikulierend in die Unterhaltung einmischen und ein jeder hat mindestens eine bahnbrechende Idee zur Käfigbeförderung, die ausprobiert werden muss. Nach einer halben Stunde lautstarker Diskussionen, rätselnder Verzweiflung und unzähligen vergeblichen Versuchen, ist der Käfig irgendwann auf dem Busdach angekommen, festgezurrt und wir können unseren Weg fortsetzen. Ich würde an dieser Stelle gerne des Rätsels Lösung anbieten und den Trick verraten, mit dem das Unterfangen schließlich gelang. Jedoch war ich in der Zwischenzeit eingeschlafen. Auf der Weiterfahrt müssen

wohl noch einige Menschen und Säcke am Wegesrand eingesammelt und im, auf oder vor dem Bus verstaut worden sein.
Denn als ich wieder aufwache, gibt es keinen Fluchtweg mehr –
der Gang sowie alle Sitzplätze sind von Säcken in unterschiedlichsten Formen und Farben und mir unbekanntem Inhalt belegt.
Wären wir mit dem Taxi gefahren, wäre uns heute einiges entgan-
gen.

Der Annapurna Sanctuary Trek startet unspektakulär hinter
einem Blechschild. Gleich dahinter geht es über unzählige Stein-
treppen immer weiter nach oben. Es ist steil und heiß. Und steil.
*Sehr* steil. Wir mühen uns mit unserem schweren Gepäck ab,
während die meisten Menschen, denen wir auf dem Weg begegnen, nur einen Tagesrucksack mit Getränken und Verpflegung
auf dem Rücken tragen. Ein meist einige Meter hinter ihnen lau-
fender Sherpa (so der Name des primär in Nepals Gebirgsregionen beheimateten Volkes, deren Angehörige oft im Bergtouris-
mus tätig sind) trägt das Hauptgepäck der Touristen zur nächsten
Etappe. Diese nepalesischen Träger, zumeist unterwegs in Sanda-
len oder Flip-Flops, transportieren bis zu 35 kg Gepäck in einem
Korb, der in ein Band geschlagen um die Stirn gebunden wird.
Wir finden die Vorstellung, jemanden unser Gepäck tragen zu
lassen, irgendwie befremdlich und verzichten aus diesem Grund
darauf.

Nach dreieinhalb Stunden Wandern sind wir fix und fertig,
der Himmel zieht sich zunehmend zu und ist inzwischen von
vielen dunklen Wolken gesäumt. Wir entscheiden, in Dhampus
zu bleiben und es für den ersten Trekkingtag gut sein zu lassen.
Für umgerechnet 4,50 Euro finden wir ein Zimmer in einer
Lodge und haben sogar ein eigenes Bad. Der Begriff „Lodge"
klingt jetzt luxuriös. Stimmt aber nicht. Bei diesen Lodges, in
denen man während des Wanderns im Himalaya übernachtet,
handelt es sich um Steinbauten einfachster Art, in denen zumeist

lediglich ein Bett, und wenn es hochkommt, eventuell noch ein Tisch steht. Mehr nicht. Manchmal hat man ein eigenes Bad, manchmal nicht. Die Wände sind weder tapeziert noch gestrichen, der rohe weiße Putz ist die einzige Wanddekoration. Es gibt keinen Teppich oder einen anderen Fußbodenbelag. Die Böden bestehen aus Stroh, Steinen, Beton – je nachdem, was während der Bauphase eben gerade zur Verfügung stand. Da das Wasser einzig durch Solaranlagen erhitzt wird, gibt es das nur bei schönem Wetter und nur tagsüber. Sobald es dämmert, traut man sich aufgrund der Außen- sowie der Wassertemperaturen eine Dusche nicht mehr zu. Das Abendessen gibt es heute im angegliederten kleinen Restaurant, wo wir uns ein Curry mit Reis bestellen. Eine halbe Stunde nach unserer Ankunft im Guesthouse wird uns klar, welch kluge Entscheidung wir getroffen haben, indem wir heute nicht weitergelaufen sind. Ein lautes Gewitter, begleitet von Hagelstürmen, prasselt auf den Ort nieder. Wir beobachten das Szenario aus dem Fenster unseres kleinen Zimmerchens mit einer heißen Tasse Tee in der Hand.

*Querwelteinreisetag 16, Himalaya.* Hin und wieder gibt es dann aber auch Erfahrungen, auf die man hätte verzichten können. So beispielsweise am fünften Tag der Wanderung. Am späten Nachmittag erreichen wir eine Lodge, in der wir wie üblich einen kleinen, kahlen, kalten Raum beziehen, in dem ein Bett, ein kleiner Mülleimer und sonst nichts steht. Die Decke ist eine Holzplatte, der Fußboden aus Lehm. Die Tür wird von innen mit einem kleinen Holzriegel verschlossen, der in etwa so robust ist wie ein Streifen Tesafilm. Die „Wand" zum Nebenzimmer ist ebenfalls eine Holzplatte – Lärmschutz ist demnach nicht angesagt. Alles in allem also eine typische Unterkunft auf dem Annapurna Sanctuary Trek. Kurz nach dem Einschlafen werden wir von dem Geräusch raschelnden Plastiks geweckt. Ich greife zur Taschenlampe, die sich irgendwo auf dem Boden neben dem Bett befinden müsste. Da meine Hände nahezu gefroren sind, fällt es mir schwer, auf dem kalten Lehmboden etwas zu ertasten. Schließlich erfühlen meine Finger einen länglichen, kalten Gegenstand. Wie wild drücke ich auf diesem herum, um ihm – in der Hoffnung, es handele sich um besagte Taschenlampe – den Grund seiner Daseinsberechtigung zu entlocken. Ich richte den Lichtstrahl in die Ecke, in der ich die Ursache für das merkwürdige Geräusch vermute. Und tatsächlich: Der Grund für die Geräuschkulisse ist die nächtliche Nahrungssuche eines kleinen Nagetiers. Wir haben in dieser Nacht das Vergnügen, unser Zimmer mit einer Ratte zu teilen. Ja, das ist Nepal! Den gewöhnungsbedürftigen Geräuschen des sich an unserem Mülleimer vergreifenden Nagers lauschend, fallen wir erst nach einiger Zeit in einen unruhigen, angeekelten Schlaf.

Immer wieder gelangen wir während der Tage im Himalaya an einen Punkt, an dem wir uns fragen: *Warum – zur Hölle – tun wir uns das eigentlich an*?? Warum Tag für Tag früh aufstehen, um nach einem schnellen Frühstück wieder den ganzen Tag zu wandern – mit einem Viertel unseres Körpergewichts zusätzlich auf dem Rücken? Warum abends in spartanischen Unterkünften ohne Duschen (oder allenfalls mit kalten Rinnsalen, die von der Decke tröpfeln) und mit „Toiletten", die aus einem Loch im Boden bestehen, frieren, da es keine Heizungen gibt und die Temperaturen nachts kaum über 0 °C klettern? Die Antwort auf diese Frage ist simpel: Ich habe absolut keine Ahnung! Manchmal hätte ich wirklich nichts dagegen, einfach sitzen zu bleiben und stattdessen eine Tafel Schokolade zu essen. Oder zwei. Doch nichtsdestotrotz ist die Wanderung im Himalaya eine erstaunliche Erfahrung.

10 Tage wandern wir insgesamt in dieser traumhaften Landschaft, laufen auf schmalen Pfaden durch Reis- und Mais-Terrassen, durch kleine Häuseransammlungen, passieren schmale, uralte Hängebrücken, die über reißende Flüsse führen. Wir teilen

uns Bäder mit 30 weiteren Personen, übernachten bei der wegen ihres Schokokuchens sogar im *Time Magazine* erwähnten *Sugar Mama*, betreiben Körperpflege hinter Bretterverschlägen, wo wir uns mit Wasser waschen, das eigens für uns auf der familieneigenen offenen Feuerstelle im Wohnzimmer gekocht wird, und durchqueren die gewaltige Modi Khola Schlucht. Im Hintergrund leuchten weißlich die schneebedeckten Berge des Himalaya. Es ist unglaublich anstrengend, anstrengender, als wir es uns vorgestellt haben, aber auch absolut beeindruckend. Die Landschaft, die Menschen und ihre Art zu leben sowie die Erfahrung, sich jeden Tag wieder den Rucksack auf den Rücken zu schwingen und immer weiterzulaufen, obwohl man denkt, man sei bereits an der körperlichen Belastungsgrenze angekommen, haben tiefe Eindrücke bei uns hinterlassen. Die Einfachheit der Unterkünfte zeigt, wie wenig man zum Leben braucht. Sie zeigt aber auch, wie schön eigentlich die Dinge sind, die man zuhause für vollkommen alltäglich hält: heiße Duschen, Toiletten, Heizungen.

Wir verlassen Nepal mit eineinhalb lachenden und einem halben weinenden Auge. Für uns war es eine sehr anstrengende Zeit. Das ist zum einen darauf zurückzuführen, dass es unser erstes Mal Asien war (abgesehen von ein paar Tagen Bangkok vor einigen Jahren), zum anderen ist insbesondere Kathmandu eine Herausforderung. Die Stadt ist unglaublich voll und dadurch sehr laut. Den Smog empfanden wir als echte Belastung, hinzu kommt die extreme Armut, von der man überall umgeben ist. Eine einschneidende Erfahrung, die wir aufgrund ihrer Intensität aber trotzdem nicht missen möchten. Und was wir hier gelernt haben?! Frag niemals: „*Warum... ist das so?*" oder „*Warum... machen die das so??*" Du wirst keine befriedigende Antwort erhalten. Und auch wenn man in einer beliebigen Situation denken mag: „*Das kann doch nicht funktionieren!!*" – Nepal hat uns gezeigt: Irgendwie geht alles.

*Resümee Nepal: 20 Tage; 12 Unterkünfte; 0 Heizkörper; 2 zerschla-
gene Wanderstöcke aufgrund spontan aufgetretener Wutanfälle angesichts der
Schwierigkeit des Wanderwegs; 1 nächtlicher Rattenbesuch; 1 Besuch des
Drehorts für Fortsetzung der SAW-Reihe*

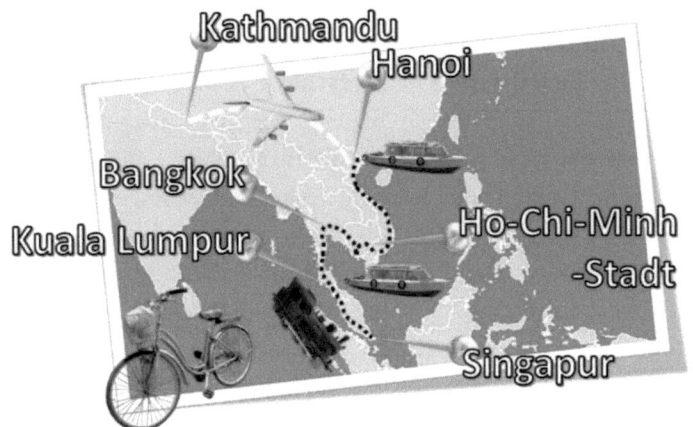

## VIETNAM:
## Land der Mopedmania (20.01.2015 - 07.02.2015)

Eingebettet zwischen Laos, Kambodscha und China erstreckt sich der schmale Küstenstaat in Südostasien auf einer Gesamtstrecke von 1650 km in Nord-Süd-Länge. An seiner schmalsten Stelle, in Mittelvietnam, ist das Land gerade einmal 50 km breit. Die Gesamtfläche entspricht etwa jener Deutschlands, während die Einwohnerzahl mit 90 Millionen etwas höher liegt. Landschaftlich ist in Vietnam alles zu finden: Gebirgsregionen im Hinterland, die gesamte östliche Küste Südostasiens, ein traditioneller Landesteil im Norden und ein eher touristischer Teil im Süden des Landes. Die Landessprache ist Vietnamesisch, wobei die Fremdsprache, mit der man hier am ehesten zurechtkommt und die auch am häufigsten an den Schulen gelehrt wird, Französisch ist. Dies ist auf die Geschichte Vietnams als französische Kolonie zurückzuführen. Anfang der 90 er Jahre öffnete Vietnam sich dem Tourismus, der nun eine wichtige Einnahmequelle für das fleißige Land am Mekong darstellt. In den letzten 25 Jahren hat sich Vietnam Schritt für Schritt bereits dem Ziel angenähert, das es 2020 zu erreichen sucht: den Status eines Industrielandes zu erhalten. Gleichwohl herrscht eine große Ungleichheit zwischen der Stadt- und der Landbevölkerung. So leben 60% der Bevölkerung auf dem Land, erwirtschaften jedoch nur 20% des Volkseinkommens. Der Export von Mobiltelefonen, Computern und Bekleidung stellt, neben dem Tourismus, den wichtigsten Faktor der vietnamesischen Wirtschaft dar.

### Die inoffizielle Hauptstadt Hanoi und Ha Long Bay

*Querwelteinreisetag 23, Hanoi.* Unsere Zeit in dem sozialistischen Land am Mekong Delta beginnt mit der Ankunft in der Hauptstadt Hanoi am frühen Mittag. Nun stellt sich wieder die

Frage, die mich beim Reisen immer am meisten nervt: Wie, zum Teufel, kommt man vom Flughafen in die Innenstadt? Fliegt man „normal" in den Urlaub, kann man solche Fragen natürlich vorher klären. Google Maps oder die Anfahrtsbeschreibungen des Hotels sind oft eine große Hilfe. Wir sind jedoch bereits jetzt faul geworden, was diese Art von Vorbereitungen angeht und recherchieren im Vorhinein meist lediglich, ob da überhaupt irgendwo ein Bus fährt oder Taxis die bessere Wahl darstellen. Im Fall der nordvietnamesischen Stadt Hanoi sind wir nach umfanglosen Recherchen zu dem Schluss gekommen, dass hier irgendwo ein Bus in die Innenstadt und damit in die relative Nähe unseres Hotels fahren müsste.

In der Flughafenhalle werden wir kurzfristig zu Millionären, als wir ein paar Dong am Geldautomaten abholen (1 Euro entspricht etwa 25.000 der vietnamesischen Währung *Dong*). Uns ereilt plötzlich das dringende Bedürfnis, eine Badewanne mit den vielen Scheinen zu füllen, um uns lasziv darin zu räkeln. Das Fehlen einer Badewanne in der Flughafenhalle macht die Umsetzung unseres Plans allerdings zu einer wahren Herausforderung, der wir uns, angesichts des hinter uns liegenden langen Fluges, nicht gewachsen fühlen. Daher suchen wir statt einer Badewanne nun den Busterminal, den wir vor dem Flughafengebäude finden. Dort wartet bereits ein Paar, das ähnlich fragend, suchend und westeuropäisch aussieht, wie wir. Geteiltes Leid ist halbes Leid und so tun wir uns zusammen, um gemeinsam Jagd auf den Innenstadtbus zu machen. Sean und Marie sind etwa in unserem Alter, er kommt aus Irland, sie aus Frankreich. Kennengelernt haben sie sich vor einigen Jahren in Australien, während eines Work und Travel-Aufenthalts, erzählen sie uns. Nun arbeiten beide schon seit mehreren Jahren als Englischlehrer in Shanghai. Wir finden diesen Lebenslauf höchst spannend und fragen interessiert nach, wie es denn so sei, in einer Stadt wie Shanghai zu arbeiten. „*It's not different from working anywhere else. It's still* working", antwortet Marie leicht belustigt. Arbeiten in Shanghai ist demnach auch nicht anders, als andernorts. Arbeit ist Arbeit. Wie gut, dass wir das für die nächsten Monate erst einmal sein lassen.

Wir finden schließlich den Bus, der uns für umgerechnet weniger als 40 Cent ins Old Quarter, die Altstadt, bringt. Dort angekommen bahnen wir uns den Weg durch die Straßenmärkte und durch eine nicht mehr zählbare Menge von Rollern zu unserem Hostel, das sich mitten in der Altstadt befindet. Ringsherum florieren die Straßenverkäufe. Es wird geschnippelt, gebrutzelt und lautstark handelnd verkauft. Essensstände finden sich an jeder noch so kleinen Ecke. Meist handelt es sich dabei um kleine Garagen, vor denen einige Blechschalen auf einem mit Gas befeuerten Herd lautstark vor sich hin brutzeln und vor denen Plastiktische und Stühle in Kindergröße für die Kunden bereitstehen. Wir bahnen uns den Weg zwischen Froschschenkeln, Maden und kopflosen Fischen hindurch zur Eingangstür. Im Hostel werden wir freundlich begrüßt. Die Formalitäten und die Klärung der Frage, wer wir sind und wenn ja, wie viele, nimmt viel Zeit in Anspruch. Irgendwann scheinen die Angestellten allerdings aufzugeben und uns einzuchecken, ohne ganz sicher zu sein, was wir hier eigentlich wollen.

Nach einer langen Nacht, in der wir den Schlaf nachholen, der uns im Flugzeug abhandengekommen ist, bekommen wir am Morgen den ersten wirklich guten Kaffee seit Beginn unserer Weltreise serviert. Die schwarze, vollmundige, leicht süßliche, heiße Flüssigkeit rinnt uns die Kehle hinab und erweckt unsere Jetlag-geplagten Lebensgeister. Nach Wochen des „Genusses" nepalesischen Instant-Kaffees, katapultiert uns diese vietnamesische Köstlichkeit ohne Umweg in den siebten Himmel. Wie denn das Geheimrezept laute, fragen wir den Hostelangestellten, ohne eigentlich eine Antwort zu erwarten. Denn Kaffee ist ja Kaffee. Eigentlich. *„We always put some Coke in it"*, lautet die erfreute Antwort. Ach so. Cola im Kaffee. Klingt irgendwie eher nach amerikanischer, als nach vietnamesischer Rezeptur.

Mit reichlich Koffein im Blut stürzen wir uns nun voller Tatendrang in das morgendliche Hanoi. Dabei müssen wir eine Vielzahl von Straßen überqueren. Was für deutsche Verhältnisse nach einem gemütlichen, ampelgepflasterten Spaziergang klingt, ist in Vietnam ein *Rendezvous mit Joe Black*. Falls jemandem dieser Film mit dem anschmachtungswürdigen Brad Pitt unverständlicherweise nicht bekannt sein sollte: Joe Black ist des Sensenmannes Künstlername. Quasi. Jedenfalls stellt das Überqueren einer Straße in Hanoi Touristen vor eine kaum lösbare Aufgabe. Die Straßen sind breit und es gibt kaum Autos, dafür umso mehr Roller. Diese fahren quer durcheinander, überholt wird links, rechts und – so scheint es – auch oben und unten. Ampeln gibt es kaum. Ist man also gewillt, eine Straße zu überqueren, gilt, im wahrsten Sinne: Augen zu und durch. Wir tun es den Einheimischen gleich, schauen weder nach links noch nach rechts, überqueren in normaler Geschwindigkeit die Straße und verhalten uns so, als wären wir allein im Straßenverkehr. Wer schon mal in Frankreich war, bemerkt diesbezüglich schnell die noch immer existierenden Einflüsse aus der französischen Kolonialzeit.

Wir laufen durch die bunten und lauten Straßen, atmen die exotischen Gerüche ein, lauschen dem Stakkato aus donnernden Rollerauspuffen (oder ist der korrekte Plural von Auspuff *Auspüffe?*) und schreienden Händlern, die in dieser in unseren Ohren äußerst amüsant klingenden Sprache ihre Waren anpreisen. Wir kommen zu einem Markt und sind umgeben von Dingen, die wir noch nie gesehen oder erlebt haben. Früchte in den buntesten Farben und Formen, dargeboten auf großen, bunten, auf dem Boden liegenden Tüchern oder in großen Körben, die an Fahrrädern hängen. Daneben Stände mit getrockneten Waren. Mir war bisher nicht klar, was sich offensichtlich alles trocknen lässt. Wir, als Europäer im 21. Jahrhundert, kennen im Prinzip lediglich getrocknetes Obst. Hier in Vietnam kann man darüber hinaus an jeder Ecke getrocknetes Fleisch in allen Variationen sowie getrocknete Algen oder getrockneten Fisch bekommen. Alles, was das Herz begehrt – oder eben nicht. In einem verfallenen Gebäude entdecken wir unzählige Stände, die alle das Gleiche zu verkaufen scheinen. In der ersten Etage gibt es nur Obst und Gemüse zu kaufen. In der zweiten Etage wird mehrheitlich alles angeboten, das die Form hat, um in einen Sack zu passen: Reis, Mais, Gewürze, Mäuse. Wobei Letztere wohl eher unabsichtlich dort hineingelangt sind. Davon gehen wir jedenfalls aus. In der obersten Etage finden sich unzählige Stände, die Kleidung verkaufen. Auch hier offeriert jeder Stand scheinbar exakt identische Kleidungsstücke.

Daneben gibt es aber auch Dinge, die wir lieber nicht gesehen hätten. So kann man hier z. B. frischen Fisch kaufen. Richtig frischen Fisch. Und zwar so frisch, dass man dabei zusehen kann, wie ihm bei lebendigem Leib der Kopf abgehackt wird und wie der hintere Teil des Fisches danach weiterzappelt, während der abgeschlagene Kopf noch eine Zeitlang unkontrolliert das Maul öffnet und schließt. Eine Szenerie, die irgendwie an *The Walking Dead* erinnert. Auch unlängst abgetrennte Froschschenkel, Schildkröten in mikroskopischen Käfigen und andere vermeintliche Leckereien finden sich an jeder Ecke. Generell sind wir kulinarisch ja durchaus experimentierfreudig, sofern es sich nicht gerade um frisch entfernte Körperteile diverser Lebewesen handelt. Einige andere Dinge, bei denen wir uns irgendwie genötigt fühlten, sie zu probieren, haben sich letztlich aber auch eher weniger gelohnt. Dazu gehören die in Vietnam sehr beliebten *Jelly Yoghurts*, die in ihrer Konsistenz an Wackelpudding erinnern und ihrem Geschmack nach aus aromatisiertem Tortenguss bestehen. Angesichts der auf diesem Markt zahlreich präsentierten Ekelhaftigkeiten begnügen wir uns heute also mit dem Kauf einer typisch vietnamesischen Süßigkeit: *Coconut Candy.* Hergestellt aus Kokosnussmilch und angereichert mit verschiedensten Geschmäckern und reichlich Zucker, ist das Ergebnis unverhältnismäßig, nasekräuselnd süß. Aber darauf stehen wir.

Vor dem Marktgebäude sind die Garküchen untergebracht. Die meisten der typisch vietnamesischen Garküchen bieten jeweils nur ein bis zwei Gerichte an. Da unser Vietnamesisch ziemlich rudimentär ist, ist es von Zeit zu Zeit schwierig, herauszufinden, was genau jeweils angeboten wird. Eine Erklärung auf Englisch findet sich im traditionellen Nordvietnam selten. Die Kunst besteht nun darin, zu schauen, was die anderen, vor der Garküche speisenden Kunden auf dem Teller haben, mit dem Finger auf das jeweilig favorisierte Gericht zu zeigen und zu bedeuten, wie viele Portionen man davon haben möchte. Der Garkücheninhaber gestikuliert im Gegenzug, wie viel das Auserwählte kostet und schon hat man etwas zu essen. Allerdings zahlt man dafür in der Regel dreimal so viel, wie der Vietnamese von nebenan. Als Tourist ist man oft, gerade hier in den typischen Tourismuszentren, die Trekkingsandalen und Sonnenschutz tragende Geldkuh. So sind wir hin- und hergerissen zwischen dem Gedanken, dass es hier ja einerseits ums Prinzip geht und wir nicht einsehen, mehr als Einheimische zu bezahlen. Denn dies ist eine Form von Rassismus. Würde man in einem deutschen Supermarkt Touristen für die gleichen Waren mehr Geld abknöpfen als Einheimischen, käme dies einem Skandal gleich und wäre vermutlich wochenlang auf der Titelseite der *BILD* sowie Diskussionsthema Nummer 1 bei Maybrit, Lanz und Co. Auf der anderen Seite geht es bei dieser Diskussion letztlich nur um ein paar Cent. Uns kostet ein Gericht am vietnamesischen Straßenstand umgerechnet etwa 50 Cent. Einen Vietnamesen kostet es hingegen 20 Cent. Es handelt sich folglich um einen Preisunterschied von 30 Cent, für eine frisch gekochte, vollwertige, äußerst schmackhafte Mahlzeit. Für diesen Preis bekommt man in Deutschland nicht einmal eine

Packung Kaugummi. Diese Wahrheiten müssen wir uns nun vor Augen führen und dürfen uns nicht dazu hinreißen lassen, uns über die Ungerechtigkeiten und Abzocken aufzuregen, denen man als Tourist in Asien und anderswo zum Opfer fällt. Schließlich konnten sich die Geldkühe ja auch den teuren Flug hierher leisten, auf ein paar Cent mehr beim Essen kommt es dann ja auch nicht an. Man muss eben alles in Relation setzen.

Wir essen viel in den folgenden Tagen, in dieser nordvietnamesischen Stadt der Köstlichkeiten. Die vietnamesische Küche ist nicht so scharf wie jene Thailands oder Indiens, doch trotzdem würzig. Reis und Reisnudeln sind die Basis von allem, dazu gibt es viel frisches Gemüse. Auf jeder Speisekarte findet man eine Vielzahl unterschiedlicher Nudelsuppen, die Fleisch, Fisch, Gemüse und/oder Eier enthalten und zu jeder Tag- und Nachtzeit gegessen werden, ob als ausgiebiges Frühstück oder als Snack zwischendurch. Der bekannteste Vertreter in der Suppenfraktion ist das landestypische Gericht *Phở*, eine Brühe mit Reisnudeln, Gemüse und wahlweise Rind- oder Hähnchenfleisch. Wir bekommen eine Schale mit der klaren Suppe (und auf Bestellung *ohne* Fleisch) und dazu einen Teller, auf dem sich die Beilagen, also Sprossen, Korianderblätter, Limetten etc. befinden. Nun kann man nach eigenem Gutdünken das Zeug in die Suppe werfen und mit Stäbchen wieder raus manövrieren. Außer den Stäbchen gibt es auch noch einen wenig ergonomisch geformten Blechlöffel, mit dem man lautstark die Suppe auslöffelt. Dazu trinken wir vietnamesisches Bier, ein Muss in Hanoi! Denn hier gibt es das *Bia hoi*, ein lokal gebrautes, leichtes Bier, das in Fässern an die kleinen Lokale zum baldigen Verzehr transportiert wird und dort schnellstmöglich getrunken werden muss, da es nach dem Brauen nur einige Tage haltbar ist. Liebe Deutsche, nun wird es pervers: Das Bier wird hier in einem Glas mit unverfroren vielen Eiswürfeln serviert.

Die Abende verbringen wir in den für Nordvietnam typischen Bierbars, wo wir auf mikroskopisch kleinen Plastikhöckerchen sitzen, die optisch unter meinem Hintern verschwinden, wodurch der Anschein erweckt wird, ich würde in der Luft schweben. Wir sind nicht die einzigen. Hanois Straßen füllen sich abends mit Touristen und Einheimischen, die sich in den Bierbars treffen, um zu essen und zu trinken. Jede Bar sowie jedes kleine Restaurant hat ihre Stühlchen und Tischchen auf dem Fußweg aufgestellt, sodass man als Fußgänger stets auf der Straße laufen muss, da auf den Wegen kein Platz mehr ist. Generell ist es in Vietnam eher untypisch, zuhause zu kochen. Es lohnt auch preislich kaum. Man isst mehrheitlich auswärts, in Garküchen, Restaurants oder holt sich Kleinigkeiten für zwischendurch von den vielen mobilen Essständen. Auch mittags sind die Straßen voll anzugtragender Männer und kostümtragender Frauen, die auf rosa Plastikhockern sitzend ihr Phở verspeisen.

*Querwelteinreisetag 26, Ha Long Bay.* Die berühmte Ha Long Bucht ist ein etwa 1.500 km² großes Gebiet im Norden Vietnams. Knapp 2.000 Kalkfelsen ragen hier zum Teil mehrere hundert Meter aus dem grün-bläulich schimmernden Wasser. In einem kleinen Reisebüro an einer Straßenecke, wie es so typisch für Asien ist, haben wir eine dreitägige Tour hierher gebucht. Die Buchung solcher Ausflüge ist nicht immer ganz einfach, da die Kommunikation – sofern man nicht fließend Vietnamesisch spricht – einigen Interpretationsspielraum lässt. All jene Fragen, die über das übliche *Wann, Wo,* und *Wie viel* hinausgehen, können aufgrund sprachlicher Einschränkungen selten beantwortet werden. So bucht man eben oft mit der Option auf Überraschungen. Ist ja auch schön. Und gehört auch irgendwie dazu, zum Abenteuer Weltreise.

Morgens um 8 Uhr werden wir im Hotel abgeholt und mit 10 weiteren Personen vier Stunden mit dem Bus zum Hafen der Ha

Long Bay gefahren. Zwischendurch gibt es die obligatorischen Touristenpausen. Es wird stündlich an einem Ort angehalten, wo es zwar auch Toiletten, darüber hinaus aber stets mindestens einen Laden gibt, der typisch touristischen Krimskrams zu überteuerten Preisen anbietet. Der Bus parkt auf dem abgelegensten Teil des Parkplatzes und wir werden dazu angehalten, uns durch das Geschäft hindurch zu den Toiletten zu manövrieren – damit die Wahrscheinlichkeit eines Kaufes steigt, selbstverständlich. Am Hafen angekommen, werden wir umgesiedelt auf eine Dschunke, ein kleines hölzernes Boot. Die Dschunke bringt uns nun zu unserem eigentlichen Boot, welches bereits in der Bucht wartet und auf dem wir die nächsten Tage übernachten werden. Es ist diesig heute und die riesigen, aus dem dunkelgrünen Wasser herausragenden, so allein in der Bucht herumstehenden und von Nebelschwaden eingehüllten Kalksteinfelsen, vermitteln ein Gefühl von Einsamkeit.

Nachdem unser Gepäck zunächst auf dem Deck des großen Bootes gelagert wurde, werden wir in der Innenkabine mit einem *Welcome Drink* und frischem Obst begrüßt. Die Innenkabine, in der das Essen serviert wird, ist in dunklem, edlem Holz gehalten. Anschließend schnappen wir unser Gepäck und begeben uns zu der zugewiesenen Kabine, die sich im hinteren Teil des Bootes befindet. Ebenfalls in dunklem Holz gehalten, beherbergt die Kabine ein großes Bett, ein eigenes Badezimmer und ein Fenster mit Blick auf die Bucht. Wir haben nicht viel Zeit zum Verschnaufen, denn der erste Programmpunkt steht bereits an: ein Besuch der kleinen Insel Monkey Island.

Mit kleinen Booten durchqueren wir die Bucht, um zur Insel zu gelangen. Dort angekommen springen wir aus dem Boot auf den goldgelben Sand und bemerken unmittelbar, dass der Name hier Programm zu sein scheint. Denn Monkey Island ist bevölkert von kleinen, niedlichen, leicht penetranten und überaus cholerischen Goldkopfäffchen, die äußerst bemüht sind, die Rucksäcke der Inselbesucher zu öffnen, um an deren Essen zu gelangen. Dies gelingt häufig. Gelingt es nicht, werden die niedlichen Äffchen allerdings zu kratzenden und beißenden, mir äußerst unsympathischen, Mini-Arschlöchern. Unser Guide weist uns vor dem Hintergrund der Geschehnisse darauf hin, auf unsere Sachen aufzupassen und keinesfalls etwas Essbares oder etwas Knisterndes unseren Taschen zu entnehmen. Dies sei ausreichend, um das Temperament und den Futtersuche-Ehrgeiz der cholerischen Äffchen zu befeuern. Natürlich halten sich, wie immer bei solchen Warnungen, maximal 85% der Mitreisenden tatsächlich an diese Empfehlung. Nachdem die Äffchen sich bei den übrigen 15% mit ausreichend Zusammengeklautem versorgt haben und zufrieden ihrer Wege hangeln, treten auch wir die Rückreise an. Auf unserem großen Boot wartet bereits das Abendessen, das reichlich und ausgesprochen lecker ist. Das Boot liegt mitten in der Ha Long Bucht vor Anker. Aus unseren Kabinenfenstern sehen wir die Lichter der anderen Boote, die im Abstand von geschätzten 50 m um uns herum ankern. Mit Einsamkeit hat das nicht viel zu tun, denn die Bucht ist eines der beliebtesten Ziele in Vietnam. Doch trotz der vielen Menschen ist uns etwas gruselig zumute. Denn häufig hörten wir zuvor die Geschichten von gekenterten Touristenbooten, die aufgrund fehlender Wartung und fragwürdiger Reparaturen in der Nacht einfach entzweigebrochen sind und die Schlafenden mit sich in die Tiefen des Meeres rissen.

## Mit *Aqua* in das Reich der Mitte: Zentralvietnam

*Querwelteinreisetag 29, irgendwo in Vietnam.* Mit einem Nachtbus, der einzig aus doppelstöckigen Schlafliegen besteht und keine Sitze beherbergt, fahren wir nach Zentralvietnam. Eine *theoretisch* entspannte Fahrt, wären da nicht die Busfahrer, denen nicht bewusst zu sein scheint, dass sie einen Schlafbus fahren, und die sich die ganze Nacht hindurch ein lustiges Brems-

Beschleunigungs-Brems-Spielchen liefern, dazu lautstark „*I'm a barbie girl*" von der Band *Aqua* hören – und singen. Wie lustig. Nicht. Nach einer endlos scheinenden Nacht erreichen wir morgens um 4:30 Uhr Son Trach, der zentrale Ausgangspunkt für Ausflüge in den umliegenden *Phong Nha Ke Bang Nationalpark*, der zu den zwei größten Kalkstein-Gebieten der Welt gehört und hunderte von Stalagmiten und Stalaktiten umfassende Höhlen beherbergt. In dem von tropischem Wald bedeckten Karstgebiet gibt es unzählige Grotten, unterirdische Flussläufe und Wasserfälle. Bisher wurden erst 20 km dieser Höhlengänge erforscht. Viele hundert Kilometer noch nie betretener Pfade warten noch auf ihre Entdeckung. Der Nationalpark ist ein richtiger Geheimtipp und lange nicht so überlaufen wie viele andere Sehenswürdigkeiten in Vietnam.

Zusammen mit einem Koch aus Österreich, den wir während des Eincheckens im Hotel kennenlernen, leihen wir Mopeds aus und machen eine Tagestour zu den sagenumwobenen Tropfsteinhöhlen. Wir verlassen die Stadt in Richtung Schnellstraße, immer hintereinander her, Markus auf seinem Roller vor uns. Je weiter wir dem Ort entkommen, desto schöner wird die Landschaft. Rechts von uns erstrecken sich die weiten, hellgrünen Reisfelder. Darauf verteilt erkennt man die kleinen, gebückten Gestalten mit dem typisch vietnamesischen geflochtenen Hut, dem *Non La*. Dieses Bild vom Kegelhut tragenden, auf schwammigen Reisfeldern umherwandernden Vietnamesen, das uns Deutschen vermutlich als erstes in den Sinn kommt, sobald wir das südostasiatische Land gedanklich illustrieren, entspricht tatsächlich der Wahrheit. Vietnamesen tragen diese Hüte wirklich, eben auch während der Arbeit auf den Reisfeldern. Wir setzen unseren Weg fort, vorbei an den leuchtenden Reisfeldern in das einsame Hinterland. Die Landschaft wird hügeliger, wilder, dschungel-ähnlicher. Links und rechts der Straße erblicken wir zunehmend dichte Wälder, die undurchdringlich scheinen. Auf der Straße sind wir inzwischen weitgehend allein unterwegs und können so immer wieder anhalten, um Fotos von dieser tollen Szenerie zu machen. Wir fahren, wohin uns der Weg führt, halten an, wann wir wollen und können alles in unserem Tempo machen. Keine *Ein-Foto-und-weiter-geht's-Hektik*, der man bei konventionellen Touri-Touren in der Regel ausgesetzt ist.

Die bekannteste und meist besuchte Höhle ist die *Phong Nha Cave*. Wir haben aber bereits während einiger Gespräche mit anderen Touristen mitbekommen, dass diese Höhle auf der Prioritäten-Liste der Meisten ganz oben steht. Demnach ist dort mit einem ziemlichen Ansturm zu rechnen. Da wir nicht so auf Ansturm stehen und der Meinung sind, dass insbesondere in einer mystischen Höhle unmystische Touristenmassen nicht ganz so cool sind, lassen wir die Phong Nha Cave links liegen und besuchen stattdessen die *Paradise Cave*, eine ebenfalls sehr große, doch (noch) relativ untouristische Höhle. Ein 1 km langer Weg führt durch die atemberaubende, ausgeleuchtete Höhle, in der nach jeder Kurve und jedem Schritt wieder eine völlig andere Landschaft wartet. Meterhohe, aus dem Boden aufragende Tropfstein-Ungetüme stehen neben den von der Decke herabhängenden Stalaktiten. Manche der Gesteinsformationen sind mehr als doppelt so groß wie wir, von ihrem Umfang gar nicht erst zu sprechen. Insgesamt, so haben Forscher herausgefunden, soll diese Höhle eine Länge von 31 km haben. Wir bekommen hier also nur einen Bruchteil dessen zu sehen, was an atemberaubendem Naturspektakel noch völlig unentdeckt in der Tiefe schlummert.

*Querwelteinreisetag 32, Wolkenpass, Zentralvietnam.* Um zu unserem nächsten Ziel, *Hoi An*, zu gelangen, leihen wir uns erneut ein Moped. Über den bekannten Wolkenpass, der eine natürliche Grenze und Wetterscheide zwischen Nord- und Südvietnam darstellt, wollen wir nun in den Süden fahren. Der Weg führt über die Ausläufer der Truon-Son Berge auf eine Höhe von etwa

500 m, um danach wieder auf Meereshöhe abzufallen. Wegen des hohen Verkehrsaufkommens auf dieser Nord-Süd-Achse, wurde 2005 ein Tunnel gegraben, der für Entlastung auf der Passstraße sorgt und somit eine gemütliche Mopedtour ermöglichen soll. Am frühen Morgen starten wir bei sonnigem Wetter in unser Rollerabenteuer. Die Straßen sind gut und schnell finden wir uns zurecht in dem vietnamesischen Verkehrschaos. Die Straße schlängelt sich parallel zur Küste den Berg hinauf. Herrliche Ausblicke lassen uns immer wieder am Straßenrand anhalten und die tolle Aussicht genießen. Gegen Nachmittag erreichen wir unser reserviertes Hotel in Hoi An. Hierher haben wir auch unsere Rucksäcke bringen lassen, da sie zu sperrig sind, um auf dem Roller transportiert werden zu können. Bei unserer Ankunft im Hotel werden wir bereits erwartet und freundlich begrüßt. Wir fragen nach unseren Rucksäcken. „*Which backpacks...?*", welche Rucksäcke, tönt es aus den vietnamesischen Mündern. Uns ereilt kurzfristige Panik, da wir bereits bei der Organisation des ganzen Unterfangens nicht sicher waren, ob unser Vorhaben des Rucksacktransportes wirklich verstanden wurde. Offensichtlich nicht, denn im Hotel herrscht nun allgemeine Ratlosigkeit. Die Hotelmitarbeiter sind jedoch immerhin bemüht, das Mysterium aufzuklären und so fährt eine halbe Stunde später ein Auto vor, das unsere Rucksäcke dabeihat und unseren geliehenen Roller wieder mitnimmt. Beruhigt können wir nun unseren Abend genießen.

Da die Fahrt über den Wolkenpass zwar sehr schön, jedoch auch enorm anstrengend war, sind wir am Abend wenig bestrebt, noch in die etwas weiter entfernte Stadt zu laufen, um etwas Essbares zu finden. Als wir eine Broschüre in unserem Zimmer finden, in der darauf hingewiesen wird, dass ein nahegelegenes Restaurant einen Bestellservice anbietet, klingt das wie Musik in unseren Ohren. Wir fragen den Angestellten an der Rezeption, ob er dort anrufen und für uns etwas zu essen bestellen könne. Fragender Blick. Wir wiederholen unser Anliegen. „*Yes, ok ok*", lautet nun die Antwort, garniert mit einem herzergreifenden Lächeln. Allerdings keine Frage danach, was wir denn zu essen bestellen möchten. Daher fragen wir noch einmal nach, ob er sich denn unsere Bestellung nicht notieren wolle. *„Yes, ok ok, no problem, Sir"*. Für all jene, die gesegnet sind mit einer ausufernden Aufmerksamkeitsspanne: Richtig, wir sprechen zwar *beide* mit dem Hotelangestellten, eine Reaktion auf Gesagtes bekommt allerdings nur *Sir* Leslie. Erneut beobachten wir jetzt ein breites Lächeln, allerdings kein Griff zu Stift und Papier. Wir wiederholen unser Anliegen noch einmal und nun hat der nette Mann an der Rezeption auch verstanden, worum wir ihn bitten. Vermeintlich. Denn er fragt zum besseren Verständnis doch noch einmal nach, wann genau er denn das Essen für uns holen solle. Wir weisen darauf hin, dass es laut des Infoflyers doch irgendwo ein Restaurant geben müsse, das Essen *liefere*. So müsse er doch nicht extra losfahren, um etwas zu essen für uns zu holen. *„Yes yes, ok ok. I drive now?"* Offensichtlich war der Flyer nur Dekoration oder aber das Restaurant hat heute oder auch generell keine Lust mehr zu liefern. Uns ist es irgendwie unangenehm, jemanden loszuschicken, um uns etwas zu essen zu holen. Daher entscheiden wir uns, selbst zu fahren und fragen den Angestellten nach dem Weg zum nächsten Restaurant. *„I know, I know"*, lautet die Antwort. Das ist schön, aber ob er es uns auch erklären könne, damit wir es auch wissen, haken wir nach. *„Yes yes"*, er hole jetzt etwas zu essen, lautet seine euphorisch dargebotene Antwort. Wir realisieren die Hoffnungslosigkeit dieser Konversation, erwidern nur noch *„Ja ja, ok ok"* und weisen darauf hin, dass wir irgendetwas ohne Fleisch wollen. Egal was. Auch das wiederholen wir einige Male und werden dabei automatisch lauter, vermutlich in der unterbewussten und gesellschaftlich weit verbreiteten Annahme, wir würden dann besser verstanden. Je lauter man redet, auch wenn es in einer dem Gegenüber gänzlich unbekannten Sprache ist, desto wahrscheinlicher findet man Gehör. Weiß doch jeder. Wir ziehen uns zurück und packen schon mal die zerkrümelten

Kekse aus, die wir noch in den Tiefen unserer Taschen finden, in der festen Annahme, dass wir heute nichts anderes Essbares mehr zu sehen bekommen werden.

Etwa 45 Minuten später, Leslie steht gerade splitternackt unter der Dusche, bei geöffneter Badezimmertür, klopft es und der Hotelangestellte stürzt mit unserem Essen in der Hand ins Zimmer, um es auf dem kleinen Tisch, der direkt neben der geöffneten Badezimmertür steht, stilvoll anzurichten. Als er den unbekleideten Leslie entdeckt, rast er roten Kopfes aus dem Zimmer und ruft uns aus dem Flur noch einen guten Appetit zu. Das Essen ist lecker, fleischlos und kostet uns 1,25 Euro pro Person. Besser hätte es kaum laufen können und uns wird wieder einmal klar, dass man manchmal einfach etwas Vertrauen in die Fähigkeiten seiner Mitmenschen haben muss.

*Querwelteinreisetag 33, Hoi An.* Nach dem Frühstück, das angesichts des dargebotenen, völlig übersüßten Kaffees erneut die Frage aufwirft, wie lange es wohl noch dauern wird, bis bei einem von uns Diabetes diagnostiziert wird – denn wenn etwas in Vietnam süß ist, dann ist es richtig widerlich, unglaublich, nicht nachvollziehbar, nasekräuselnd, lippenverziehend süß –, geht es am nächsten Morgen zur hinduistischen Tempelanlage *My Son.* Pünktlich um 8:30 Uhr werden wir von einem Bus abgeholt. „Pünktlich" heißt im vietnamesischen Zusammenhang, der Bus kommt lediglich eine halbe Stunde zu spät. Wir nennen diese hier typische halbe Stunde Verspätung, analog zum akademischen Viertel, die *vietnamesische Hälfte.* Laut der Tourbeschreibung ist auch ein „english speaking guide" inklusive – so wurde es uns jedenfalls im Reisebüro angepriesen. Dieser muss allerdings kurzerhand abhandengekommen sein, denn jener Mann, der die Tour heute leitet und jeden Satz mit *„Lady and Gentlemen"* beginnt, ist eher als english-speaking-trying und phallussymbolbesessener Guide zu beschreiben, denn er erklärt uns *alle* dem männlichen

Geschlechtsteil ähnelnden Symbole entlang der hinduistischen Tempelanlage – und sonst nichts. Die Anlage ist Teil des Champa-Reiches, das hier an der Küste Vietnams im zweiten oder dritten Jahrhundert entstand. Die Kultur der Cham war stark durch Indien beeinflusst, so spielten auch die hinduistischen Gottheiten eine große Rolle. Ursprünglich soll es hier einmal um die 70 Tempel gegeben haben, die meisten davon wurden jedoch während des vietnamesischen bzw. *amerikanischen* Krieges, wie man ihn hier nennt, zerstört, so dass nur ein paar mäßig interessante Ruinen übriggeblieben sind.

*Querwelteinreisetag 35, auf dem Weg nach Mui Ne.* Wie schwierig es sich in Asien gestalten kann, einige für uns Deutsche völlig simple Dinge zu bekommen, erfahren wir kurz vor unserer Abfahrt nach Mui Ne, ein Ort, der für seine Sanddünen bekannt ist. Bevor es am Abend losgeht, müssen wir uns noch etwas Proviant für die lange Fahrt besorgen. Wir sind auf der Suche nach etwas ganz Einfachem: Brot und etwas zum Draufschmieren. Wir suchen, zunächst vergeblich, nach einer Bäckerei oder einem Supermarkt, der Brot verkauft. Mehrere Passanten fragen wir danach, erfolglos. Endlich, nach einer Ewigkeit, findet sich schließlich jemand, der uns den Weg zu einer Bäckerei weisen kann. Die erste Herausforderung haben wir also gemeistert: Wir haben in Vietnam ein backwarenverkaufendes Geschäft gefunden. Nun stellt uns das Angebot desselbigen jedoch vor die nächste Herausforderung. Denn in unseren kühnsten, offensichtlich höchst naiven Touri-Träumen, hatten wir uns vorgestellt, Brot zu kaufen. Ich weiß, vollkommen irre. Denn hier gibt es so etwas nicht. Vietnamesische Backwaren sind entweder süß – ja, sogar die mit Fleisch gefüllten – oder es sind mit Fleisch belegte Sandwiches. Wir entscheiden uns also zwangsläufig für süßliche, fleischlose Baguettes und suchen anschließend in einem Supermarkt nach einem Aufstrich oder etwas Ähnlichem. Da wir aber nichts finden, was auch nur ansatzweise als Aufstrich verwendbar wäre, überlegen wir kurz, zertrümmerte Chips als solchen zu verwenden, entscheiden uns aus Vernunftgründen dann aber doch dagegen. In einem kleinen Gemüseladen finden wir dann noch ein paar Tomaten, die wir schließlich als Sandwichbelag mit Alleinstellungscharakter verwenden. Man muss eben flexibel sein.

Mit hart erarbeitetem Proviant geht es am Abend nun also nach Mui Ne. Pünktlich werden wir von einem Mopedfahrer am Hotel abgeholt und es beginnt eine nie dagewesene, einzigartige Odyssee. Ungeduldig winkt er uns vom Hoftor aus zu sich heran. Wir folgen ihm und bleiben auf seine Anweisung hin mitten auf einer belebten Straßenkreuzung stehen. Hier warten wir, so der Trugschluss, auf den gebuchten Bus, der uns an unser Ziel bringen soll. Weit gefehlt! Stattdessen kommt ein Privatauto angefahren, um uns zum Bus zu bringen, in den wir an einer Autobahnauffahrt zusteigen. Von hier aus geht es dann los: 12 Stunden Fahrt im Pipi-Stinkebus. Trotz des unglaublichen Gestanks, der durchaus das Potential hätte, uns in Form eines Narkotikums sanft in den Schlaf zu wiegen, wird es aufgrund des holprigen Busgerüttels eine unruhige, schlafbefreite Nacht. Gegen 5:30 Uhr erreichen wir den Busbahnhof. Auf Anweisung verlassen wir den Bus und stehen daraufhin erst einmal planlos herum. Fragen können wir keinen, da niemand Englisch spricht (ja gut, und wir kein Vietnamesisch).

Ein uns unbekannter Mann winkt uns nun zu sich heran und wir folgen. In Asien lernt man schnell, winkenden Menschen ohne weitere Nachfragen (da dies aufgrund sprachlicher Barrieren ohnehin sinnlos ist) einfach zu folgen – meist hat das seine Richtigkeit. Wir werden in das Innere des Bahnhofes verfrachtet und dazu angehalten, hier eine halbe Stunde auf den nächsten Bus zu warten, der uns schließlich zum Ziel bringen werde. Doch bereits kurze Zeit später tauchen plötzlich zwei Mopedfahrer auf, erklären uns mit vielsagenden Handbewegungen nonverbal, wir sollten mit ihnen mitfahren. Also zwängen wir uns mit unserem großem und einem zusätzlichen kleinen Rucksack auf jeweils ein Moped, krallen uns am Fahrer fest und hoffen, einander am Ende dieser Fahrt durch das vietnamesische Verkehrschaos irgendwo wiederzusehen. Und bloß nicht den übergroßen Helm vergessen, auch wenn der bei jeder Windböe vom Kopf rutscht, da er keinen schließbaren Riemen zur Fixierung mehr besitzt.

Körperlich unversehrt halten wir einige ereignisreiche Minuten später an einem Geschäft an. Mit Handzeichen und ohne Worte erklärt uns einer der Moped-Chauffeure, wir sollten hier etwa eine Stunde, bis 6:45 Uhr warten, dann würde das kleine Geschäft, vor dem wir abgesetzt wurden, öffnen und unsere Fahrt weitergehen. Deutsch, wie wir sind, geben wir uns der naiven Annahme anheim, von hier aus mit dem Bus zum Ziel fahren zu können. Nix da. Als das ominöse Geschäft um 6:45 Uhr tatsächlich seine Pforten öffnet, teilt uns die Angestellte mit, wir sollten warten. Darin sind wir inzwischen besonders geschult. Der Bus käme um 7:30 Uhr. Um 7:45 Uhr kommt statt des erwarteten Busses jedoch ein Taxi, das uns noch einmal durch die halbe Stadt zum nächsten Büro fährt. Hier heißt es, überaus präzise, der Bus käme… *gleich*. Um 8 Uhr sitzen wir schließlich im Bus nach Mui Ne. Jetzt nur noch 6 Stunden Fahrzeit, und tadaaaaa, schon sind wir da, nach nur 20,5 Stunden. Jetzt nur noch ab ins reservierte Hotel und endlich *ankommen*. Doch halt! So einfach ist es dann doch wieder nicht. Erst einmal wird uns in dem von uns reservierten Hotel eröffnet, dieses sei ausgebucht und wir müssten daher in einem anderen Hotel einchecken. Der Vater des Bruders des Cousins von der Schwester (oder so ähnlich) hätte da aber auch noch eine Unterkunft, die nur 100 m entfernt sei und auch viel schöner, da brandneu. Also werden wir mit unseren Backpacks, Tagesrucksäcken und lose sitzenden Helmen auf Mopeds zu besagtem Hotel gefahren. Aus den versprochenen, asiatischen 100 m werden schließlich zwei Kilometer. Schließlich kommen wir aber endlich an und haben auch ein ganz nettes Zimmer, eine Minute vom Strand entfernt. Na, da haben sich doch die insgesamt 21 Stunden Fahrzeit gelohnt. Mui Ne selbst lohnt sich dann aber nicht wirklich. Ein paar Sanddünen und Meer. Kann man auch woanders haben.

## Der touristische Süden: Saigon und Mekong-Delta

*Querwelteinreisetag 36, auf dem Weg nach Saigon.* Busfahren in Asien ist einfach abenteuerlich, so auch der Weg nach Saigon bzw. Ho Chi Minh City. Sechs Stunden dauert die Fahrt, wovon wir eine Stunde auf der Autobahn stehend verbringen. Denn wir werden von der Polizei angehalten. Offenbar hat der Busfahrer eine falsche Spur genommen. Die Polizisten wollen uns nicht weiterfahren lassen, da das Befahren einer falschen Spur hierzulande offensichtlich einem Kapitalverbrechen gleichkommt. Nachdem er am Seitenstreifen wild gestikulierend mit den Polizisten diskutierte, während wir im Bus sitzend mitten auf der Autobahn der weiteren Entwicklungen harren, stürzt unser Fahrer wutschnaubend zurück in den Bus und fordert die Fahrgäste auf, ihn zu unterstützen, indem wir dem Polizisten erklärten, dass wir unsere Flüge in Saigon zu bekommen hätten und der Bus daher nun dringend weiterfahren müsse. Allerdings formuliert der Fahrer seine Bitte ausschließlich auf Vietnamesisch, was auf Seiten der Fahrgäste für verwirrte Gesichter sorgt, da der Bus zu dreiviertel mit Touristen gefüllt ist, die der vietnamesischen Sprache nicht mächtig sind. Durch stille Post und diverse Übersetzungsversuche verschiedener Mitfahrer, dringen auch wir allmählich zum Kern des Pudels vor. Nachdem sich tatsächlich einige Fahrgäste ein Herz nehmen, aus dem Bus aussteigen und den grimmig dreinblickenden Polizisten bequatschen, erhalten wir endlich die Erlaubnis, unseren Weg fortzusetzen.

Mithilfe unseres besten Freundes auf Reisen, Google, trekken wir den Weg nach Saigon offline. Das macht es zum einen einfacher, abzuschätzen, wie lange die Fahrt noch dauern wird und darüber hinaus weiß man auch immer, wo man aussteigen muss. So kann man nicht versehentlich in Kambodscha landen. Wir sind nur wenige Meter von unserem reservierten Hotel entfernt, als der Fahrer anhält, um den Bus vollzutanken. Naiv, wie wir manchmal sind, denken wir uns: *Prima! Dann können wir ja die Gelegenheit des Tankstopps nutzen, aussteigen, und uns direkt von hier aus auf den Weg zum reservierten Hotel machen.* Als wir neben einigen Anderen, die die gleiche glorreiche Idee haben, also mit Sack und Pack aus dem Bus steigen wollen, werden wir unvermittelt auf Vietnamesisch in Grund und Boden geschrien und zurück in den Bus gedrängt. Die Tür wird verschlossen, sodass wir den Bus nicht mehr verlassen können. In gebrochenem und bruchstückhaftem Englisch teilt man uns nun lautstark mit, dass es noch nicht an der Zeit sei, den Bus zu verlassen, schließlich seien wir ja noch nicht am Ziel. Die Bustür bleibt verschlossen, es wird uns trotz heftiger Rufe und ausufernder Überzeugungsarbeit nicht gestattet, das Fahrzeug zu verlassen. So werden wir eine weitere halbe Stunde durch die Stadt gekarrt und erst am offiziellen Ziel der Fahrt wird uns erlaubt, den Bus zu verlassen. Wir laufen eine halbe Stunde zurück zu unserem gebuchten Hostel. Freiheitsberaubung auf Vietnamesisch.

Saigon bzw. Hoh Chi Minh City ist wie alle asiatischen Städte: laut, voll, smogig und… laut! Im Vergleich zu Hanoi und dem Rest Vietnams, den wir bisher gesehen haben, ist es hier allerdings wesentlich westlicher – *Burger King, McDonald's, Subway*, Wolkenkratzer sowie Leuchtreklame diverser Mode- und Kosmetiklabels zieren das Stadtbild. Ein bisschen Heimat also, was nach fünf Wochen Asien auch gar nicht mal so furchtbar ist. Wir wollen uns aber nicht nur in der City aufhalten und steuern eine nahegelegene Sehenswürdigkeit an, die *Chu Chi Tunnel*: ein Tunnelsystem, in dem sich vietnamesische Partisanen im Vietnamkrieg vor den amerikanischen Soldaten versteckt hielten. Insgesamt hat dieses System eine Länge von 200 km, verteilt auf drei unterirdische Ebenen. Die Tunnel sind extrem schmal – die großen, dicken Amerikaner passten im Gegensatz zu den zart gebauten Vietnamesen nicht hindurch. Verstecken mussten sich die Vietnamesen vor allem, da *Agent Orange*, ein Dioxin, mit dem die amerikanischen Soldaten den vietnamesischen Dschungel besprüht haben, dafür sorgte, dass die Bäume das Laub verloren und die Feinde keine Versteckmöglichkeiten mehr in den dichten Wäldern hatten. Dioxin ist hochgiftig und sorgt, bedingt durch die dadurch verursachten von Generation zu Generation weitergetragenen Genmutationen, bis heute für Missbildungen bei Neugeborenen. Heute kann man als Tourist durch das Tunnelsystem laufen, das allerdings für westliche Touristen vergrößert worden ist, da diese sich sonst ebenfalls nicht hindurch quetschen könnten. Trotzdem ist es noch immer sehr beengt und wenn eine ganze Tourigruppe hinter dir in die Tunnel hinuntersteigt und es kein Vor und kein Zurück mehr gibt, kann das schnell äußerst unangenehm werden.

*Querwelteinreisetag 38, Mekong-Delta.* Mit einer dreitägigen Tour durch das Mekong-Delta, inklusive direkter Überfahrt nach Kambodscha am letzten Tourtag, wollen wir unsere Zeit in Vietnam abschließen. Wir schippern mit einem kleinen Boot zunächst in die Ben Thre Provinz, um auf einer kleinen Insel die Herstellung von Vietnams beliebter Süßigkeit, Coconut Candy, gezeigt zu bekommen. Um diese Bonbons herzustellen, werden die Kokosnüsse zunächst von ihrer äußeren, grünlichen Hülle befreit. Anschließend werden sie geknackt und das innenliegende Kokosnussfleisch wird mithilfe von Maschinen so gepresst, dass die Milch herausrinnt. Diese Kokosnussmilch wird dann mit einem Anteil von etwa 30% Karamell vermischt und erhitzt. Nachdem die Masse erkaltet ist, wird sie in schmale, längliche Formen gepresst und entsprechend der gewünschten Bonbongröße zerteilt. Erstaunlich ist, wie wenig hier mit modernen Maschinen gearbeitet wird! Das meiste ist handgemacht oder allenfalls mithilfe höchst vorsintflutlicher technischer Hilfsmittel.

Mit dem zuvor äußerst ausgiebig angepriesenen *Local Taxi* – einem Pferdekarren – geht es anschließend zum Restaurant, wo das Mittagessen serviert werden soll. So wurde es uns jedenfalls zuvor erzählt. Tatsächlich kann ich auf dem riesigen Teller kein Essen entdecken. Möglicherweise halten sich irgendwo auf diesem Teller drei Reiskörner in einer Möhrenscheibe versteckt. Sicher bin ich mir allerdings nicht. An leere Mägen haben wir uns inzwischen jedoch bereits gewöhnt, da die asiatischen Portionen sich alltäglich über unsere europäischen Mägen lustig machen und wir dementsprechend bereits vergessen haben, wie es sich anfühlt, satt zu sein. Nach dem „Mittagessen" haben wir exakt 45 Minuten Zeit, um mit dem Fahrrad die Insel zu erkunden. Das macht wirklich Spaß! Endlich mal wieder Fahrrad fahren und die Möglichkeit haben, sich von der Gruppe zu lösen und sich individuell etwas anzuschauen. Bei einer intimen Gruppengröße von 37 Personen ist das eine schöne Abwechslung. Die Fahrt wird dann jedoch etwas abenteuerlicher als geplant, da auf der Straße unmittelbar vor uns ein Bienenstock ausgeräuchert wird, worüber die Bienen keineswegs allzu erfreut scheinen und sich, cholerisch summend, in einem riesigen Schwarm formieren, um die Straße zu blockieren. Es hilft nichts: Augen (und Mund und Nase) zu und durch.

Nach diesem abenteuerlichen und überraschenderweise unfallfreien Fahrradausflug – ich wäre auch äußerst ungern ein Bienenstichopfer in dieser ländlichen und von medizinischer Infrastruktur unberührten Gegend gewesen – werden wir nun in Dreiergruppen auf schmale Boote verteilt, auf denen am vorderen und hinteren Ende Einheimische sitzen, die uns durch die schmalen Nebenarme des Flusses manövrieren. Diese Seitenarme des Mekong sind stellenweise nur wenige Meter breit, an ihren Ufern wachsen Palmen, die so hoch sind, dass sie ein dichtes Blätterdach über unseren Köpfen bilden. Eigentlich sind diese Wasserwege wirklich schön, doch werden wir nun in Massen, kolonnengleich durch die schmalen Flussarme gepresst, was der eigentlichen Schönheit dieser Landschaft abtrünnig ist. An der Anlegestelle formiert sich bereits ein Stau, daher muss nun genauestens kalkuliert werden, welches Boot zuerst und welches sich zuletzt der Touris entledigen darf. Es gibt kein Vor und kein Zurück mehr und der Bootsausflug verliert allmählich seinen Reiz. Die Tatsache, dass die Ruderer zudem pausenlos, charmant mit den Worten „*You!!!! Money, Money!*", betteln und dabei im wahrsten Sinne die Hand aufhalten, macht es auch nicht unbedingt idyllischer. Ich möchte mich an dieser Stelle nicht zu der Aussage hinreißen lassen, die Einheimischen sollten doch mal bitte das Betteln unterlassen, da mich das in meiner touristischen Erholung störe. So sollte man sich darüber im Klaren sein, dass diese Form des Tourismus' Einheimischen nicht zwangsläufig wirtschaftlich hilft, sondern oftmals auch die Ausnutzung einheimischer Arbeitskräfte unterstützt. Aber es ist auch nicht schön, sich permanent wie die europäische Geldkuh zu fühlen, die an jeder Ecke und bei jeder Gelegenheit zu schröpfen versucht wird. Doch wie so häufig, müssen wir als Reisende mit dieser Ambivalenz umgehen: Einerseits kann Tourismus sich positiv auf die wirtschaftliche Entwicklung eines Landes auswirken und damit generell auch armen Ländern dabei helfen, einen gewissen Wohlstand etablieren zu können. Andererseits zerstört er oft die Umwelt, ist ressourcenverschwendend und trägt dazu bei, dass sich unsere Welt zu einem kulturellen Einerlei entwickelt, in dem Völker ihre Wurzeln vergessen oder ignorieren, um sich der alles übergreifenden westlichen Kultur anzupassen.

Auf einer Tour über den Mekong darf natürlich eines nicht fehlen: *Floating Markets*, die schwimmenden Märkte, wo Händler jeden morgen ab 4 Uhr ihre Waren auf Booten anbieten. Lokal produziertes Obst und Gemüse, Fisch, Fleisch etc. wird hier direkt auf dem Wasser verkauft. Es gibt kleine Cafés und Restaurants auf Booten, wo man sowohl eine Cola als auch eine morgendliche Nudelsuppe ergattern kann. Wir erreichen die Märkte aufgrund diverser Bootsaustauschmanöver und Gruppenumstrukturierungsunterfangen allerdings erst gegen 8:30 Uhr. Viele Händler haben ihr Tagesgeschäft um diese Uhrzeit bereits hinter sich gebracht und sind weitergezogen. Trotzdem befinden sich noch immer etliche bunte Boote auf dem grünlich schimmernden Wasser des Mekong. Die Verkäufer sind damit beschäftigt, ihre Waren loszuwerden, im Schneidersitz auf den kleinen Decks ein Süppchen zu schlürfen oder aber ihre Sachen für den baldigen Aufbruch einzupacken. Nach drei Tagen, zahlreichen Besichtigungen und Eindrücken fahren wir nun die letzten Kilometer auf dem Mekong, verabschieden uns vom schönen, interessanten, doch zu unserer Überraschung touristisch bereits stark geprägten Vietnam und freuen uns auf Weltreiseland Nummer drei: Kambodscha!

*Resümee Vietnam: 18 Tage; 9 Unterkünfte; 2 Nächte im Pipistinkebus; 4-mal prädiabetische Symptome durch ausuferndern Zuckerkonsum*

## KAMBODSCHA:
### Das Tor zum Königreich *(07.02.2015 - 17.02.2015)*

Kambodscha liegt zwischen Thailand, Laos und Vietnam und lebt zu einem großen Teil von der Textilindustrie sowie vom Tourismus. Bekannt ist das Land in erster Linie durch die berühmte Tempelanlage Angkor Wat, die auch uns dazu gebracht hat, Kambodscha auf die Reisezielliste zu setzen. Unser erster Eindruck des südostasiatischen Landes ist allerdings erschreckend! Unglaublich viel Armut, offenbar vernachlässigte, spärlich bekleidete Kinder mit schmutzigen Gesichtern, die barfuß durch die Straßen laufen und viele Obdachlose, die entlang der Wege sitzen und betteln. Wir werden angestarrt, angebettet und permanent angesprochen. Wir fühlen uns unwohl.

*Querwelteinreisetag 42, Phnom Penh.* Mit einem Tuk Tuk, der ursprünglich aus Japan stammenden motorisierten Version einer Rikscha und ein heute in ganz Asien typisches Fortbewegungsmittel, fahren wir zu den *Killing Fields.* Hierbei handelt es sich um etwa 300 Stätten in Kambodscha, an denen zwischen 1975 und 1979 unter dem kommunistischen Regime von Pol Pot insgesamt etwa drei Millionen Menschen durch politisch motivierte Massenmorde von den Roten Khmer hingerichtet wurden. Diese Zahl entspricht einem Drittel der damaligen Bevölkerung. Insbesondere Bürger, die eine Ausbildung hatten, eine Brille trugen oder durch andere Merkmale unter Verdacht gerieten, dem Regime keinen blinden Gehorsam zu leisten, wurden getötet. Die bekannteste dieser Stätten ist Choeung Ek, nahe der Hauptstadt Phnom Penh, wo etwa 17.000 Menschen getötet wurden. Da oft mehr Menschen hierher transportiert wurden, als an einem Tag getötet werden konnten, wurden die Wartenden in einen Raum gesperrt und mit Musik beschallt, damit sie die Schreie der Sterbenden nicht hörten und so auch nicht erfuhren, was auch mit ihnen wenig später passieren würde. Die Anlage wurde auch deswegen Tag und Nacht mit lauter Musik beschallt, damit die Schreie der Opfer nicht nach draußen dringen konnten und die kambodschanische Gesellschaft weiterhin mit der Aussage getäuscht wurde, Choeung Ek sei ein Arbeits- und kein Sterbelager.

Noch heute ragen Knochen und Kleidungsreste der Ermordeten aus der Erde und treten insbesondere nach starken Regenfällen vermehrt an die Oberfläche. Tausende Totenschädel, die mit der Zeit aus den Massengräbern nach oben gespült wurden, sind eingesammelt und in einem Tempel zum Gedächtnis an die Toten untergebracht worden. Heute kann man durch die gläsernen Wände des Tempels die nach ihrer Todesart auf unterschiedlichen Ebenen sortierten Schädel sehen. Tötung durch Erschießen befand man damals als zu teuer, daher wurden die meisten Opfer erschlagen. Ein furchtbarer Abschnitt der kambodschanischen Geschichte.

## Inselträume und Krankheiten: Ko Rong Samloem

*Querwelteinreisetag 45, Sihanoukville.* Wir sitzen im Speedboat, auf dem Weg zur Insel Ko Rong Samloem. Die Fahrt dauert etwa 40 Minuten. Das Bootfahren wird einmal mehr zu einem großen Abenteuer asiatischer Prägung. Eine unzählbare Menge Menschen, drei Boote und geschätzte 30 Besatzungsmitglieder tummeln sich auf dem kleinen Bootssteg. Das absolute Chaos! Mit den üblichen 15 bis 20 Minuten Verspätung starten wir dann aber endlich Richtung Inseltraum. Die aufreibende Fahrt, begleitet von kurzfristiger Übelkeit aufgrund der harten Wellenschläge, lohnt sich. Auf der anderen Seite erwartet uns feiner, strahlend weißer Pudersandstrand, der flach ins glasklare, türkis-blaue Meer abfällt. Die Sonne brennt vom Himmel hinunter. Es gibt keine Straßen, keine Autos, keine Roller und am allerbesten: keine Hupen! Es gibt nur Bungalows (zugegeben: davon viele), Strand und

Dschungel. Das Speedboat setzt uns am Inselsteg ab und die Besatzung gibt uns eine Wegbeschreibung zu unserem Hotel. Diese besteht aus einem laschen Winken, das grob nach rechts zu zeigen scheint. Gut, muss wohl reichen.

Wir verlassen den Steg und laufen rechts den Strand entlang, in der Hoffnung, irgendwann auf unser Hotel zu treffen. Da die Insel klein ist, und sich die Hotels bzw. Bungalows ausnahmslos direkt am Strand befinden, finden schließlich auch wir problemlos unsere Unterkunft. Wir sind früh dran, daher vertröstet man uns an der Rezeption zunächst mit der Bitte, noch etwas zu warten, bis unser Zimmer fertig ist. Wir machen es uns in der Lounge mit Meerblick und einer kalten Cola gemütlich, sind bereits jetzt freudig entspannt, als nach etwa einer halben Stunde der Hotelbesitzer an uns herantritt und uns mitteilt, wir hätten keine Reservierung. Unserem Hinweis, dass wir bereits bei unserer Ankunft vor einer halben Stunde unsere Namen genannt hatten und diese auch in dem Buchungsheft an der Rezeption zu finden waren, wurde nun mit den Worten begegnet, die Buchung sei von unserer Seite bereits vor ein paar Tagen storniert worden. *Ähm, nein! Warum hätten wir das tun sollen?* Wir bestehen darauf, einen Bungalow gebucht zu haben, und zeigen die entsprechende Buchungsbestätigung vor. Der Hotelbesitzer argumentiert weiterhin, die Buchungsbestätigung müsse veraltet sein, da er ja eine aktuelle Stornierungsbestätigung vorliegen hätte. Als wir diese sehen wollen, heißt es lediglich, die Internetverbindung funktioniere heute leider nicht und daher könne er uns die Bestätigung nicht zeigen. Ah ja. Warum wir ihm denn nicht glauben würden, wird nun gefragt. Aus welchem Land wir denn kämen? Als Reaktion auf unsere Antwort „*Germany*" ernten wir ein wissendes „*Aaaahhh*!!", gepaart mit einem süffisanten, leicht überheblichen Lächeln. Lassen sich Angehörige anderer Nationalitäten wohl schneller von inhaltslosen, blödsinnigen Behauptungen einwickeln? Wir, offensichtlich typisch deutsch, tun dies jedenfalls nicht und bestehen weiterhin auf unser Recht. Letztendlich bekommen wir einen Bungalow und die zweite Nacht ist zur Entschädigung gratis. Na, geht doch!

Der uns zugewiesene Bungalow liegt direkt am Strand. Die Terrasse bietet unverstellten Meerblick und hinter dem Haus befindet sich dichter Dschungel. Die Ausstattung ist rudimentär: ein Bett mit Moskitonetz, ein Regal und ein Badezimmer mit Toilette und Kaltwasserdusche. Es ist alles sehr offen gestaltet, ein Dach gibt es nicht, und so muss man sich die Räumlichkeit mit allerlei Getier teilen, z. B. diversen Nagetieren, die sich nachts unserer Lebensmittel bedienen. Erkenntnis des Tages: Mäuse mögen Mangos. Es ist also insgesamt sehr einfach, doch vollkommen ausreichend. Die Lage und der Blick von der Terrasse – und auch vom Bett aus, wenn man das Fenster öffnet – sind ausreichend Entschädigung für ein paar Abstriche beim Komfort. Und für diverse Mangoverluste.

Das klare, flach abfallende, türkis-blaue Wasser vor unserer Terrassentür sieht so einladend aus, dass wir es kaum abwarten können, ins kühle Nass zu tauchen. Wir schmeißen uns in Badeklamotten und hechten ins Wasser. Es hat die ideale Temperatur und ist eine wahre Wohltat nach der langen Bootsfahrt, der sengenden Mittagssonne und den anstrengenden Buchungsnervereien. Nur wenige Sekunden dauert das Bad, als mir plötzlich ein Stechen durch die Glieder fährt! Wie tausend Nadelstiche schießt es zunächst durch meine Beine und anschließend durch den ganzen Körper. Leslie hat das Wasser schon längst verlassen und liegt entspannt am Strand, als ich vor Panik schreiend, wild mit den Armen fuchtelnd und höchst unelegant aus dem Wasser stürze. Die Schmerzen verschwinden in dem Moment, als ich das Wasser verlasse. Schnell untersuchen wir meine Arme und Beine, versuchen den Grund für die plötzlichen Schmerzen zu entdecken. Doch weder an den Extremitäten noch am übrigen Körper ist irgendetwas zu sehen. Keine Bisse, keine Stiche. Habe ich mir das etwa nur eingebildet und es handelte sich lediglich um eine besonders ausgeprägte Version der Volkskrankheit *Gänsehaut*? Mysteriös. Todesmutig begebe ich mich erneut ins Wasser. Vorsichtig setze ich nun einen Schritt vor den anderen in das türkisblaue Wasser. Es dauert nur wenige Sekunden, bis mich erneut dieses Gefühl ereilt und meine Beine in einem Nadelkissen zu stecken scheinen. Gut, das war es dann für mich mit dem Badespaß. Am Strand liegen ist ja auch schön. Der Grund für dieses seltsame Empfinden bleibt ein Rätsel. Vielleicht leide ich unter einer spontanen Inselwasserallergie. Tragisch, sowas!

Während einer unserer Spaziergänge über die Insel lernen wir Mohammed kennen, einen Deutsch-Türken, der nun seit fünf Jahren auf Ko Rong Samloem lebt. Als er vor vielen Jahren das erste Mal hierherkam, so erzählt er uns, sei hier alles noch sehr ursprünglich und rudimentär gewesen. Es habe kaum Touristen und lediglich *eine* Bungalow-Anlage gegeben. Heute sind solche Anlagen bereits entlang der ganzen Insel verteilt. Er baue die Bungalows und Baumhäuser für das Resort, in dem auch wir untergebracht sind, erzählt er weiter. In Kambodscha brauche man keine Baugenehmigungen und es gebe weder Steuern noch Gebühren oder irgendeine Art von Institution, die Bauobjekte abnehme. Man könne bauen, was und wie man wolle, habe alle Freiheiten, erzählt Mohammed begeistert. Seiner Fantasie freien Lauf lassen und im „Inseltempo" leben zu können – dies seien die Gründe, aus denen er hierbleibe. Arbeiten kann er wann und wie er will. Wichtig sei einzig, dass die Aufgaben einigermaßen fristgerecht und in akzeptabler Qualität verrichtet werden – dies seien die einzigen Vorgaben. Was ihn allerdings manchmal störe, so erzählt er lächelnd, ist die mangelnde Disziplin der Kambodschaner. Er, als „*halber Deutscher*", wie er sich selbst bezeichnet, sei da wesentlich zielstrebiger. Wir fragen uns indes, warum unser Leben in Deutschland eigentlich immer so durchorganisiert sein muss. Grillpartys, die auf Monate im Voraus geplant werden. Im Oktober muss man schon wissen, was man Silvester macht, sonst erntet man umfassendes Unverständnis und entsetzte Blicke. Frühbucherrabatte, Early-Bird-Angebote, Weihnachtsfeierkonstellationen-Planung im Dezember des Vorjahres („… *nächstes Jahr dann aber bei* meinen *Eltern* …!"). Offenbar geht das auch anders.

Wir verbringen drei entspannte Tage auf dieser herrlichen Insel, die aufgrund des sich rasend schnell entwickelnden Tourismus wohl schon bald nicht mehr so umwerfend sein wird. Davon zeugen bereits jetzt die vielen Baustellen – unzählige Bungalows warten auf ihre Fertigstellung. An unserem letzten Tag auf Koh Rong Samloem machen wir uns schließlich auf den Weg zum Steg, wo wir mit dem Boot abgeholt und zurück zum Festland gebracht werden sollen. Wann genau das Boot ankommen soll, wissen wir nicht, da man uns beim Absetzen drei Tage zuvor nur die wenig präzise Angabe „*midday*" mit auf den Weg gab. Wir fragten am Morgen bereits in unserem Hotel nach, wann die Boote denn in der Regel so kämen. „*No idea*", lautete die hilfreiche Antwort. Nun, unser Hotel liegt ja auch etwas weiter entfernt vom Steg. In den Hotels, die sich direkt gegenüber dem Steg befinden, müsste man es aber doch wissen. Unsere diesbezüglichen Recherchen zeigen dann allerdings: Niemand, der auf dieser Insel wohnt und/oder arbeitet, scheint sich darüber im Klaren zu sein, wann die täglich verkehrenden Fähren ablegen. So bekommen wir letztlich vier verschiedene Aussagen von drei verschiedenen Menschen und uns bleibt nichts anderes übrig, als uns in der Nähe der Anlegestelle mit Sack und Pack in den Sand zu legen und einfach darauf zu warten, dass ein Boot kommt und uns zurück zum Festland bringt. Warum nur muss ich plötzlich an den Film *Cast away* denken? Nach Stunden des Wartens kommt dann aber endlich ein Speedboat, das uns zurück nach Sihanoukville bringt.

# Tempel-Fahrradtour durch das Königreich Angkor

*Querwelteinreisetag 49, Siem Reap.* Der Ausgangspunkt zur Erkundung des Königreichs Angkor ist Siem Reap, eine Stadt, die
nicht besonders attraktiv ist und im Grunde lediglich der Touris-
tenversorgung und -bespaßung dient. Die Distanzen zwischen
den einzelnen Tempelanlagen im einstigen Königreich sind nicht
zu unterschätzen und zu Fuß kaum bezwingbar. Man kann sich
vor Ort zwar auch ein Tuk Tuk nehmen, um von Tempel zu
Tempel zu gelangen. Die schönere, günstigere und irgendwie
spannendere Alternative ist es aber, die beeindruckenden Anlagen
auf eigene Faust mit dem Fahrrad zu erkunden.

Wir sparen das eigentliche Highlight, Angkor Wat, zunächst
aus und schauen uns einige der anderen Tempel an. So z. B. Ta
Prohm, eine Tempelanlage, die durch den Film *Tomb Raider* bekannt geworden ist, da einige Szenen des Films mit Angelina Jolie
hier gedreht wurden. Die Tempelanlage ist umgeben von dichtem
Dschungel, die Bäume wachsen durch die alten Gemäuer hindurch. Die Anlage ist riesig, doch derart von Menschen über-
strömt, dass sich kaum ein ruhiges Plätzchen findet, um ein Foto
zu machen. So schön diese berühmten Tempel auch sind, so sehr
stören die Touristen (wie wir selbst) die mystische Atmosphäre,
die sich so kaum wahrnehmen lässt. Schaut man sich hingegen
die unbekannteren Tempel an, also jene, die keine Erwähnung in
der Reisebibel *Lonely Planet* finden, ist die Atmosphäre unbeschreiblich. Wir sind fast alleine in diesen vergessenen Tempeln,
können die Geräusche des Dschungels und die Atmosphäre der
fast 1.000 Jahre alten Stätten auf uns wirken lassen. Ein Gefühl
der Demut macht sich breit, angesichts der Größe menschlichen
Schaffens, die hier so greifbar ist, doch auch angesichts der eigenen Vergänglichkeit. 100 Jahre Menschenleben – wenn's gut läuft
– scheinen mir vor diesem Hintergrund doch ein ziemlich lausi-
ger Deal zu sein.

Angkor Wat bei Sonnenaufgang – laut Lonely Planet *das* Highlight einer Kambodschareise. Es ist die größte Tempelanlage und das berühmteste der Bauwerke des alten Khmer Königreiches. Als einziges der Bauwerke im Reich Angkor wurde es nie vollständig verlassen. Jede Wand, jede Säule im Inneren ist mit beeindruckenden Ornamenten und Symbolen versehen. Daher stehen wir an diesem Morgen bereits um 5:30 Uhr auf und radeln mit den Fahrrädern eine halbe Stunde zum Tempel. Doch offensichtlich sind wir nicht die einzigen Reiseführer-Leser. Tausende Menschen sind bereits dort und warten auf den Sonnenaufgang, der die Tempelanlage in ein ganz besonderes Licht tauchen soll. Auch wenn Angkor Wat ein beeindruckendes Monument ist, stören erneut die vielen Touristen und Verkäufer, die einem alles Mögliche anzudrehen versuchen, von Schals über kalte Getränke („*Wanna buy cold drinks, Sir, Madame, buy here, please…*") zu Angkor Wat-Büchern jeglicher Couleur. Doch das ist eben das übliche Dilemma: Ist es irgendwo besonders schön, kommen viele Menschen dorthin. Aber dort, wo viele Menschen sind, ist es aufgrund der vielen Menschen nicht mehr schön. Ein Teufelskreis. Als die Sonne an diesem Morgen immer höher steigt und der Nebel allmählich zurückweicht, erstrahlt das Heiligtum in einem einzigartigen Licht. Wie ein riesiger Feuerball strahlt die Sonne nun genau auf die Tempelanlage hinunter und verleiht der Szenerie eine mystische Atmosphäre. Bedingt durch den Stand der Sonne können sich die Tempel nun auch ungehindert im Wasser des davorliegenden Teiches spiegeln, wodurch das Motiv noch unwirklicher erscheint.

Wir bahnen uns den Weg ins Innere der Tempelanlage, durch kleine Törchen, endlose Gänge, vorbei an dutzenden Fenstern, durch die man die wilde Landschaft vor den Toren des Königreiches erblicken kann. Jeder Zentimeter des grauen Sandsteins, aus dem die Tempel errichtet wurden, ist mit Reliefs und Ornamenten überzogen. Am Ende eines langen Ganges entdecken wir einen Mönch, im Schneidersitz auf dem Boden sitzend, betend, bettelnd, im Hintergrund eine in ein orangefarbenes Gewand gekleidete Buddha-Statue. Meterbreite Spinnennetze zieren die Säulen, in den hohen Türmen hören wir die Fledermäuse, auf dem Boden sehen wir ihre von Historikern gefürchteten, den Stein langsam zerfressenden Kothaufen. Als wir Angkor Wat nach zwei Stunden wieder verlassen, begegnen wir einer Schar in schlichte Gewänder gekleideter, kahl rasierter Mönche. Zwischen Schulter und Kopf den Schirm geklemmt, um sich vor der unbarmherzigen Sonne zu schützen, nutzen sie die Kamerafunktion ihres iPads, um die Erinnerungen an Anchor mit ins Kloster zu nehmen.

Unseren letzten Tag in Kambodscha wollen wir angemessen zelebrieren, denn morgen reisen wir weiter nach Thailand. Und wie kann man etwas besser zelebrieren, als mit einem guten Abendessen? Eines der für uns besonderen Dinge, denen man in Kambodscha häufig begegnet, wird zumeist mit kleinen Wagen durch die Innenstädte gefahren. Die exquisite Köstlichkeit, die wir heute ausprobieren wollen, sind gut gewürzte, lecker angebratene und delikat präsentierte Insekten. Von der Made im Speckmantel über die gegrillte Grille bis hin zur Schlange am Spieß wird hier alles geboten, wonach sich der Magen umdreht. Wir denken uns: *Wenn nicht jetzt – wann dann?*, und bestellen eine Handvoll Maden sowie Schlange am Spieß – *to go, bitte!* Mit den frisch erworbenen Köstlichkeiten in der Tasche, suchen wir uns eine Cocktailbar, um uns für das (letzte?) Abendmahl zunächst Mut anzutrinken und um gleichzeitig sicher zu gehen, genügend Material zum Runterspülen zu haben. Die in Knoblauch angebratene, etwa 2 cm lange, weißliche Made ist geschmacklich gar nicht mal so schlecht. Doch auch der *Sex on the Beach* kann den Gedanken, dass es sich nicht um eine Garnele, sondern um eine sich gern an Totem labende Made handelt, nicht wegspülen. Die Schlange am Spieß schmeckt im Grunde nur nach Gebratenem, hat davon abgesehen jedoch keinen Eigengeschmack. Sie ist so stark geröstet, dass sie uns am ehesten an verbrannte Chips erinnert. Nun denn, ein zweiter Cocktail lässt die Experimentierfreudigkeit schnell vergessen und wir sind nun um eine Erfahrung reicher. Wir sind überzeugter denn je von unserem Vegetarismus.

Unser Fazit von Kambodscha: sehr schön! Überraschenderweise in vielerlei Hinsicht westlicher als Vietnam. Insbesondere die Verständigung ist einfacher, da man im Allgemeinen ein besseres Englisch spricht, wodurch auch das Reisen deutlich angenehmer wird. Die Einheimischen haben wir im Vergleich zu Nepal und Vietnam hier freundlicher erlebt. Vielleicht, weil sie (noch) nicht vom Tourismus traumatisiert sind.

*Resümee Kambodscha: 10 Tage; 5 Unterkünfte; 1 Nacht im Schlafbus; 2 Tage masochistisches Fahrradfahren durch wuseligen kambodschanischen Verkehr; 2 verspeiste Maden; 1 Schlange am Spieß; diverse (in ihrer Anzahl nicht mehr zu präzisierende) Sex on the Beach, um die vermeintlichen Köstlichkeiten runterzuspülen*

## THAILAND:
### *Abseits der Touristenpfade* (17.02.2015 - 25.02.2015)

*Querwelteinreisetag 52, auf dem Weg nach Thailand.* Mit einer Stunde Verspätung erreicht der Bus, der uns nach Bangkok bringen soll, das Hotel an und ist zu diesem Zeitpunkt bereits rappelvoll. So bleibt für mich nur noch der ausklappbare Notsitz neben dem hupsüchtigen Fahrer übrig. Ja, Asien lehrt Geduld. Oder produziert chronische Choleriker. Das Resultat bleibt abzuwarten.

Nach vier Stunden Busfahrt, während der ich in jeder Pipipause und bei weiteren kurzen Anhaltemanövern jedes Mal aus- und einsteigen muss, wenn jemand den Bus verlassen oder betreten will, erreichen wir schließlich die Grenze zu Thailand. Hier müssen wir zunächst durch die kambodschanische Ausreise-Abfertigung, was bei 40 °C und umringt von Menschenmengen nicht unbedingt ein Vergnügen darstellt. Im Bus erhielten wir zuvor keinerlei Informationen bezüglich des Verfahrens – z. B. eine Antwort auf die völlig verrückte Frage, wo denn der Bus nach Bangkok abfahren werde, sobald wir die Einreise hinter uns gebracht haben. So laufen wir einfach westlich aussehenden Menschen hinterher, getrieben von der Hoffnung, dass wir alle dasselbe Ziel haben. In der thailändischen Einreisestelle angekommen, müssen wir einen Fragebogen ausfüllen, der neben Namen und Geburtsdatum auch das Jahreseinkommen erfragt. Hmm. Trotzdem werden wir problemlos ins Land gelassen, begeben uns zum Ausgang und folgen erneut Menschen mit westlichem Phänotyp. Schilder gibt es hier nämlich nicht und falls sich versehentlich doch mal eines in die thailändische Landschaft verirrt hat, ist es ausschließlich auf Thai.

Mit etwa 25 weiteren Personen stehen wir nun am Straßenrand wie bestellt und nicht abgeholt und harren der weiteren

Entwicklungen. Nach einer halben Stunde des Wartens, werden wir in mehreren Durchgängen mit Pick Up-Trucks abgeholt und zu einem Restaurant gebracht. Dort angekommen wird uns mitgeteilt, dies sei der letzte Stopp vor Bangkok. Punkt. Wie, wann und mit wem oder was es von diesem Restaurant aus in die thailändische Hauptstadt geht, bleibt vorerst ein Rätsel. Nach weiteren 30 Minuten des Wartens kommt ein Minibus, der uns nach Aussagen diverser, sich urplötzlich im Restaurant angesammelter Anwesender, nach Bangkok bringen soll. So werden wir in den tiefer gelegten, mit Sportauspuff ausgestatteten Touribus verfrachtet. Leslie und ich „dürfen" vorne, direkt neben dem Fahrer sitzen. Was als eine einigermaßen entspannte Fahrt beginnt, wird mit jeder Minute aufreibender, da sich der Fahrer die gesamte Fahrt über abwechselnd mit Cocablättern, Red Bull und Kaffee zudröhnt, so dass er zunehmend wahnsinniger fährt. Wir lernen vom Fahrer: Sicherheitsabstand wird überbewertet!

Zu unserer eigenen Überraschung kommen wir am Abend heile in Bangkok an. Die Hauptstadt Thailands beherbergt über acht Millionen Menschen, in der Metropolregion Bangkok sind es sogar über 14 Millionen. Allein 17 Millionen Touristen besuchen die Stadt jedes Jahr. Damit rangiert Bangkok hinter London als meistbesuchte Stadt der Welt auf Platz 2. Es gibt hier alles, was das Herz begehrt: über 400 buddhistische Tempelanlagen, Universitäten, Märkte, Restaurants und Garküchen en masse, Parks und Unmengen Hotels und Hostels. Bei unserem ersten Besuch vor drei Jahren, haben wir uns einiges davon bereits angeschaut, daher gehen wir es diesmal ruhiger an und lassen uns einfach treiben, laufen durch die volle Stadt, beobachten das Geschehen und probieren uns durch die vielen kleinen Garküchen und Essstände. Pad Thai, Fisch am Stab, Mango Shake, kleine Kuchen mit Ei und Kokosnuss: An jeder Ecke gibt es hier kleine Stände mit verschiedensten Leckereien und das stets zu einem Spottpreis. Wir haben in 1 1/2 Monaten Asien bereits so viel zugenommen, dass die Summe unserer angefutterten Kilos einen neu-en, relativ ausgewachsenen Menschen ergeben könnte. Hoffent-lich wird das spätestens in Australien ein Ende haben. Dort ist es ja bekanntlich so teuer, dass wir uns ohnehin nichts mehr zu essen werden leisten können. Juhu.

## Unbekanntes Thailand und ein Tag als Mann: Ban Krut

*Querwelteinreisetag 54, Bangkok.* Gefühlte Monate haben wir hin- und her überlegt, in welchem der unzähligen, bekannten Inselparadise Thailands wir uns noch einen schönen Strandurlaub gönnen sollen. Ko Thao? Phuket? Ko Samui? Reiseführer wurden gewälzt, Internetforen kurz und klein recherchiert. Das Ergebnis: Wir fahren an den Arsch der thailändischen Welt! Denn alles was wir zu Thailands Inseln gelesen oder gehört haben, klang nach ausländischer Überbevölkerung, Müllbergen, Saufhotels und fragwürdigen Partys in Gesellschaft von fragwürdigen Menschen ungeklärter sexueller oder anderweitiger Ausrichtung. Die Men-schen sind dabei nicht das Problem. Eher die Partys. Das gehört sich in unserem Alter schließlich nicht mehr. Daher haben wir uns für Ban Krut entschieden. Auf Bangkoks Bahnhof werden wir aber zunächst Zeuge einer spannenden Szenerie. Während wir am Bahnsteig auf das Einfahren unseres Zuges warten, der uns in vier Stunden ins Palmenparadies bringen soll, tönt plötz-lich wie aus dem Nichts eine merkwürdige Musik aus den Laut-sprechern auf dem Bahnhofsgelände. All jene, die zuvor entlang der Bahnsteige saßen und auf ihren Zug warteten, erheben sich nun und singen lauthals mit. Ausgehend von dem Pathos in den thailändischen Gesichtern, muss es sich um die Nationalhymne oder etwas ähnlich Bedeutsames handeln. Als das Lied vorbei ist, setzen sich alle wieder hin und es scheint, als sei nie etwas gewe-sen.

Unser gebuchtes Zimmer in einem kleinen Resort direkt am Meer ist groß, hell und hat einen eigenen Balkon. Und das Beste daran: Es hat einen Kühlschrank! Nach zwei Monaten Reisen können wir endlich mal wieder selbst etwas zu essen zubereiten und müssen nicht dreimal täglich nach einem Restaurant oder einer Garküche Ausschau halten, die uns mit dem Notwendigen versorgen. Schon klar, klingt nach totalem Luxusproblem. Ist es auch. Doch nach einiger Zeit vermisst man es hin und wieder, einfach ganz spontan an den Kühlschrank gehen zu können um sich einen Joghurt rauszunehmen oder ein Brot zu schmieren. Wir sind es inzwischen gewohnt, dreimal am Tag genauestens kalkulieren zu müssen, wann wir vermutlich Hunger bekommen werden, um dann schon mal auszuspähen, wo es ein Restaurant gibt, in dem wir preiswertes, vegetarisches Essen bekommen könnten. Und da wir ja selten mehr als ein oder zwei Tage an einem Ort verbringen, muss diese Suche jeden Tag aufs Neue durchgeführt werden.

Hier, in der thailändischen Einöde, machen wir nun endlich mal Urlaub vom Urlaub. Wie wohltuend es ist, mal nicht jeden Abend den Reiseführer wälzen zu müssen, um Unterkunft, Transport und Tagesgestaltung für den nächsten Tag zu organisieren! Einfach nur mal *sein*, wie an einem faulen Wochenende zuhause. Ich weiß, es ist schwer nachzuvollziehen, aber so eine Weltreise kann manchmal durchaus stressig sein. Ban Krut ist ideal zum Nichtstun! Hier ist noch das ursprüngliche, untouristische Thailand zu finden. Abgesehen von einigen Hotels, gibt es keine touristische Infrastruktur, keine Strandbars und keine Verkäufer, die in Scharen neben, vor und hinter einem herlaufen. Hingegen findet man hier kleine Häuschen, kleine Supermärkte und Dschungel, Kokospalmen, Ananaspflanzen und Bananenbäume, so weit das Auge reicht. Eine herrliche, ursprüngliche Gegend! Wir sind froh, hier gelandet zu sein, ein authentisches Thailand erleben zu können und uns nicht in die sardinigen Reihen der Sonnenanbeter auf Ko Thao oder Ko Samui gelegt zu haben.

Da es uns in Ban Krut so gut gefällt, möchten wir unseren ursprünglich drei Übernachtungen umfassenden gebuchten Aufenthalt um zwei Nächte verlängern. Daher bewegen wir uns am zweiten Tag zur Rezeption, um nachzufragen, ob dies möglich sei. Was wir zu diesem Zeitpunkt allerdings noch nicht wissen: Dieses eigentlich trivial anmutende Unterfangen wird für die Angestellten des Hotels zu einer hoch komplexen, sich über zwei Tage erstreckenden Herausforderung der besonderen Art. Wir fragen nun also an der Rezeption nach, ob es möglich sei, zwei Tage länger als gebucht zu bleiben – das heißt, wir wollen erst am 24., nicht am 22. Februar auschecken. Die rudimentären Englischkenntnisse des Personals sorgen nun für allerlei Missverständnisse. Zunächst werden wir gefragt, über welches Portal wir denn gebucht haben. Auf unsere Antwort „*booking.com*" folgt der Hinweis der Hotelmitarbeiter, dass für den 22. bis 24. Februar keine Buchung vorliege. Ist ja auch klar, versuchen wir zu verdeutlichen, da wir ja diese Übernachtungen auch noch gar nicht gebucht haben, sondern nur die bisherigen. Dies ist ja der Grund, erklären wir weiter, aus dem wir hier an der Rezeption stehen. Verwirrte Gesichter. Man teilt uns mit, es bräuchte 10 Minuten, um dies zu überprüfen. *Was genau?* Wir warten. Können wir gut, schließlich reisen wir ja jetzt schon seit zwei Monaten durch Asien. 10 Minuten später werden wir darauf hingewiesen, die Angelegenheit müsse nochmal genauer geprüft werden (und wieder die Frage in unseren Köpfen: *Was genau?*). Man werde uns am nächsten Tag Bescheid geben.

Als tags darauf niemand an uns herantritt, um uns das Ergebnis der Überprüfungen mitzuteilen, fragen wir an der Rezeption nach dem Stand der Dinge. Erneut: totale Verwirrung ob unserer Frage. Jegliche Erinnerung an das Gespräch, das wir am vorherigen Tag diesbezüglich führten, scheint auf mysteriöse

Weise aus den Sphären der Mitarbeiterhirne unwiderruflich entschwunden und auch unter größten Bemühungen unsererseits partout nicht mehr auffindbar. Gleiches gilt für die Erinnerung an unsere Namen und unsere Zimmernummer. Dies schien letztlich auch der Hauptgrund für die Verwirrung gewesen zu sein. Nachdem ich mehrmals erklären musste, dass ich nicht Mr. Smith bin und damit offensichtlich wider Erwarten auch kein Mann und auch nicht erst heute angereist bin, lichtete sich das Mysterium der Aufenthaltsverlängerung, begleitet von allerhand Gelächter. Na, das war doch ein Kinderspiel. Nicht. Wichtig zu erwähnen ist in diesem Zusammenhang die Tatsache, dass wir fast die einzigen Gäste im Hotel sind und es massenhaft leere Zimmer gibt.

*Resümee Thailand: 8 Tage; 2 Unterkünfte; 1 Nacht im Nachtzug; 1 Tag als Mann (Mr. Smith)*

## MALAYSIA:
### Land der Gegensätze (26.02.2015 - 27.02.2015)

Zugegeben, wir hatten uns im Vorhinein von allen Orten, an die wir gereist sind und an die wir in den nächsten Monaten noch reisen werden, am wenigsten über Malaysia informiert. Das ist in erster Linie der Tatsache geschuldet, dass es für uns eigentlich nur ein Transitland auf dem Weg nach Singapur darstellt. Unser Plan sah vor, auf dem Landweg von Thailand über Malaysia nach Singapur zu reisen, da uns das spannender erschien, als den direkten Luftweg zu nehmen. Daher haben wir für Kuala Lumpur nur eine Nacht einkalkuliert und wollen am Tag darauf unseren Weg nach Singapur fortsetzen. Wir hatten also nicht wirklich eine Vorstellung davon, was uns hier erwarten würde.

*Querwelteinreisetag 60, Kuala Lumpur.* Malaysia ist anders! Als wir am frühen Morgen am Bahnhof in Kuala Lumpur ankommen, bemerken wir bereits die Unterschiede zu anderen asiatischen Bahnhöfen. Ein hochmoderner Bahnhof mit allerhand westlichen Geschäften, darunter auch ein McDonald's, wo wir uns zum Wachwerden erst einmal einen Kaffee holen. Den Weg zum reservierten Hotel wollen wir zu Fuß zurücklegen, da ein Spaziergang stets einen guten ersten Eindruck einer unbekannten Stadt vermittelt. Kuala Lumpur ist geprägt von breiten und langen Highways, Ampeln, Hochhäusern – Dinge, die wir mit Ausnahme von Ho Chi Minh City seit Deutschland nicht mehr zu Gesicht bekommen haben. Wir bahnen uns unseren Weg entlang von Autobahnen und ihren Zubringern und erreichen schließlich das Hostel, in dem wir offensichtlich einen Raum ohne Fenster gebucht hatten. Irgendwie unschön. Zum Trost gehen wir erst mal im gegenüberliegenden Restaurant frühstücken. Nachdem der nette Angestellte uns mühsam die ganze Speisekarte ins Englische übersetzt hat, da es diese nur in malaysischer Ausführung gibt, wählen wir *Roti Boom*, ein Pfannkuchen-ähnliches Brot, gefüllt mit einer zuckrig-buttrigen Paste und dazu Roti, in dem Ei eingebacken ist und das mit einer Chili- und Currysoße serviert wird. Unverschämt gut! Zwei Kaffee dazu und das Ganze kostet uns nicht mal 2 Euro! Zwar sind die Unterkünfte hier in Kuala Lumpur im Vergleich zu Vietnam, Kambodscha oder Thailand teurer, das Essen aber ist genauso günstig. Um günstiges, gutes Essen zu bekommen, muss man sich in Asien (und wahrscheinlich auch anderswo) eigentlich nur an eine zentrale Regel halten: nur dort zu essen, wo Einheimische und nach Möglichkeit keine Touristen sitzen. Denn hier ist das Essen günstig, authentisch (also nicht unseren europäischen Gaumen angepasst) und meist auch am leckersten. Und obwohl wir bisher immer in Läden gegessen haben, die für das deutsche Auge wenig vertrauenswürdig anmuten, hatten wir noch kein einziges Mal Magenprobleme oder dergleichen.

Während des Essens kommen wir mit unserem Tischnachbarn Rahid, einem malaysischen Geschäftsmann, ins Gespräch. Zunächst wird die übliche Frage, mit der man etwa 132-mal täglich konfrontiert wird, über den Tisch gepfeffert: „*Where are you from?*". Unsere Antwort bringt dann stets eine ähnliche Reaktion beim Gegenüber hervor: „*Aaaaaahhh... Germanyyyyyyyy*". Es folgt die Frage, aus welchem Teil Deutschlands wir genau kommen. Menschen, die aus Berlin, Frankfurt oder insbesondere aus München kommen, haben es jetzt sicher leicht. Kommt man aber aus Bielefeld, beginnt nun eine längere Erklärungsphase. „*We're from Bielefeld*". Fragende Blicke. „*That's near Hannover*!". Gesichtgewordene Verwirrung. „*It's also near Münster*!". Entsetztes Kopfschütteln. Der Gesprächspartner versucht dann in der Regel seinerseits das Ganze geografisch einzugrenzen: „*Is it near Munich?*". Nope, not really. „*Or maybe near Frankfurt?*". Nein, auch das nicht. „*But it's near Berlin?!*" Nö, kann man auch nicht sagen. Verzweifelt versucht das Gegenüber es dann mit „*Hamburg???*". Naja, sicher, wenn man die 250 km Entfernung zwischen Hamburg und Bielefeld als „nah" bezeichnen möchte. Desillusioniert geht man nun selbst dazu über, festzustellen: „*It's in the middle of nowhere!*". Daraufhin erntet man jedenfalls Lacher und jeder kann sich entspannt zurücklehnen, da das Thema damit endlich vom Tisch ist. Auf Seiten des Gegenübers folgt an dieser Stelle meist eine Einleitung zu einem der folgenden Gesprächsthemen: Fußball („*great great, german football!! Podolski!*"), Autos („*great great, german cars! Mercedes, BMW*") oder Wirtschaft („*great great, german economy, strong*"). Hier bin ich dann spätestens raus, da sich die zumeist männlichen Gesprächspartner – mit Frauen kommt man in Asien aufgrund der anerzogenen Zurückhaltung selten ins Gespräch – nun vertrauensvoll an Leslie wenden, da er, als Mann, ja Ahnung von diesen Themen haben müsste. Das wird jedenfalls angenommen. Tatsache ist, dass weder Leslie noch ich uns in besonderem Maße für Wirtschaft interessieren, Leslie keine Ahnung von Fußball hat und die Männer es nicht ernst nehmen, wenn stattdessen ich auf die eingebrachten Fußballthemen reagiere. So verlagert sich das Gespräch meist auf Autos, da Leslie – dem gängigen Geschlechterbild entsprechend – hierbei mit Wissen glänzen kann und ich mich – entsprechend des herrschenden Frauenbildes – desinteressiert aus der Unterhaltung zurückziehe. Auf diese Weise bestätigen sich dann wiederum die den Geschlechtern zugeschriebenen Eigenschaften und Interessen, ohne dass es hierfür eine Grundlage gebe. Eine sich selbst erfüllende Prophezeiung!

Immerhin nimmt das Gespräch dann doch noch eine interessante Wendung, führt von Autos weg, hin zum Sinn des Lebens (so etwas geschieht bestimmt nicht allzu häufig). Wir erzählen Rahid von unserer Reise, dass wir dafür unsere Jobs und Sicherheiten aufgegeben haben. Er würde es genauso machen, wäre er noch einmal jung, entgegnet er lächelnd. Einfach tun, worauf man Lust hat. Arbeiten gehen, Geld sparen und dann... Reisen! Wozu denn ein Haus bauen, eine Familie gründen und dann ein Leben lang arbeiten müssen, um all das finanzieren zu können?

Wo solle denn da der Sinn sein, fragt er uns. Eine ganz und gar rein subjektiv beantwortbare Frage.

Was in Kuala Lumpur besonders ins Auge fällt, sind die überall spürbaren Gegensätze. Eine Stadt, in der beeindruckende Hochhäuser, wie die bekannten *Petronas Towers*, neben kleinen Garküchen aufragen. Eine Stadt, in der man an jeder Straßenecke zwischen Big Mac und Roti entscheiden kann, in der Männer in Anzügen und Frauen in Kostümen internationalen Geschäftspartnern in perfektem Englisch die Stadt zeigen, während sie genussvoll ihren *The Tarik*, einen typisch malaysischen Tee, schlürfen. Ein sympathischer Mix aus alt und neu, Tradition und Moderne. Und immer wieder diese großen Flächen nahezu unberührten Dschungels, von denen die Stadt durchzogen ist. Diese in Kuala Lumpur deutlich spürbare Ambivalenz zwischen Tradition und Moderne zeigt sich auch bei der näheren Betrachtung anderer Eigenheiten Malaysias, mit seinen knapp 32 Millionen Einwohnern. So legt die Regierung einen hohen Wert auf den Erziehungssektor, in den 26% der gesamten Staatsausgaben fließen. Die Analphabetenrate ist mit 4% für ein asiatisches Land sehr gering, die Einschulungsquote beträgt 96%. Es gibt unzählige staatliche und private Hochschulen, die ihren Studierenden gute Studienbedingungen, insbesondere im technischen Sektor bieten. Gleichzeitig jedoch stehen Fernseh- und Radiosender sowie Zeitungen unter staatlicher Kontrolle, gilt Religionsfreiheit zwar vor dem Gesetz, wird aber nicht unbedingt gelebt. Zudem ist seit etwa drei Jahrzehnten eine Entwicklung hin zu einer stärkeren Islamisierung des Landes spürbar, die staatlich unterstützt wird. Islamische Traditionen, Ge- und Verbote finden wieder stärkere Berücksichtigung.

Der nächste Tag ist der Tag unserer Weiterreise nach Singapur und dieser beginnt mit einem Schock. Als wir am Morgen aufwachen, uns entspannt räkeln, um den Schlaf allmählich aus den Glieder zu vertreiben, davon ausgehend, wir hätten noch massig Zeit für das Packen unseres Rucksacks und ein ausgiebiges Frühstück, bemerken wir unvermittelt, dass wir bei unseren Planungen etwas Zentrales übersehen haben: die verdammte Zeitumstellung! Wir hatten gestern Abend die Weckfunktion unserer Handys gestellt, dabei jedoch vergessen, dass diese noch gar nicht auf die malaysische Zeit umgestellt waren, da sie sich die ganze Zeit über im Flugmodus befanden. So sind wir nicht um 7:30 Uhr geweckt worden, wie es unser Plan vorsah, sondern um 8:30 Uhr. Um 8:45 Uhr mussten wir allerdings spätestens los, um unseren bereits gebuchten und teuer bezahlten Bus nach Singapur zu erreichen. Vorher stand aber noch Rucksack packen, frühstücken und einkaufen auf dem Plan. Mit der Hilfe eines fremden Mannes, der uns, vermutlich aufgrund unserer panischen Gesichter, auf der Straße anspricht, finden wir am Bahnhof schnell den richtigen Zug. Er bringt uns sogar noch bis zum Gleis, damit wir auch wirklich in den richtigen Zug einsteigen (Hach! Tolles Kuala Lumpur!). Abgehetzt, durchgeschwitzt, vor Hunger darbend und völlig gestresst ob dieser morgendlichen Schocksituation erreichen wir gerade noch pünktlich den Zug, der bereits in Begriff ist, seine Fahrt zum Busbahnhof aufzunehmen.

Insgesamt erleben wir in Malaysia eine unglaubliche, nicht erwartete Freundlichkeit. Wir werden in jedem Restaurant von Einheimischen in Gespräche verwickelt, bei denen nicht nur Oberflächlichkeiten abgearbeitet werden (*Woher? Wohin?*), sondern die von tiefergehendem Interesse für die deutsche Kultur und unsere Reise zeugen. Niemand will uns etwas verkaufen, uns zu einer Tour überreden oder zu einem Hotel bringen. Es ist ein anderes Asien als das bisher erlebte, dieses Malaysia. Jedenfalls hier in der Hauptstadt.

*Resümee Malaysia: 1 Nacht; 1 Unterkunft; 2 Schockzustände aufgrund kurzfristiger Zeitzonen-Verwirrung*

## SINGAPUR:
### Der Schmelztiegel (27.02.2015 - 01.03.2015)

Kuala Lumpur erschien uns im Vergleich zu den zuvor bereisten Ländern Asiens ja schon ziemlich westlich, aber Singapur!? Das Europa Asiens! Den für die meisten Länder Asiens typischen Trubel sucht man hier vergeblich (wobei: *suchen* tun wir ihn ganz sicher ohnehin nicht). Der Stadtstaat an der Südspitze Malaysias ist hochmodern. Hier gelten feste Regeln und Gesetze, die, anders als im restlichen Asien, zumeist auch wirklich eingehalten werden und nicht nur als oberflächliche Dekoration dienen. Es gibt sie sogar für den Straßenverkehr. Daher gilt Singapur auch als die „Schweiz Asiens" bzw. als „Asien light". Im Vergleich zu anderen asiatischen Ländern gibt es hier kaum Armut, kein Chaos und kaum Kriminalität. Das Land gilt als eines der sichersten und saubersten Reiseländer der Welt. Mehrspurige Autobahnen, Wolkenkratzer, moderne Busse und sogar eine U-Bahn kennzeichnen das Stadtbild. Singapur ist ein wahrer Schmelztiegel der Nationalitäten und versammelt 5,5 Millionen Einwohner, davon 2 Millionen Ausländer, auf einer Fläche so groß wie Hamburg. Unterschiedliche Religionen leben auf engem Raum friedlich zusammen – Buddhisten neben Christen, Hindus und Muslimen. Singapur ist allerdings auch eine der teuersten Städte der Welt. Um uns einen Aufenthalt hier überhaupt leisten zu können, schlafen wir in einem 10-Bett-Zimmer in einem Hostel. Mit Oropax und Schlafbrille bekommen wir aber weder die Geräusche noch die nächtlichen Lichterspiele der Mitschläfer mit und können sogar ein paar Stunden Schlaf summieren.

*Querwelteinreisetag 62, Singapur.* Unsere Zeit in Singapur ist zu einem großen Teil geprägt vom Essen. Immer, überall, alles. Die alltägliche Fressorgie beginnt bereits mit dem Frühstück: Auf den Toast kommt *Kaja*. Nein, dabei handelt es sich nicht um den Nachbarshund oder den türkischstämmigen Arbeitskollegen, sondern um einen Brotaufstrich, der aus Kokosmilch, Eiern, Pandanblättern und Palmzucker besteht. Es ist eine typisch singapurische Spezialität, ursprünglich aus China importiert. Es schmeckt wirklich fantastisch, auch wenn nach einem typisch singapurischen Kaja-Toast, den man auch in jedem kleinen Restaurant an der nächsten Straßenecke bekommt, die Blutzuckerwerte bedrohlich ansteigen. Mittagessen gibt es in einem authentischen (*wirklich* authentisch, denn wir sehen nur zwei andere Touristen) *Hawker Center*. Dabei handelt es sich um eine Ansammlung kleiner Fressbuden, die umringt ist von Tischen und Stühlen, um die vielen Köstlichkeiten, die man sich von den unterschiedlichen Ständen zusammensucht, an Ort und Stelle verspeisen zu können. Singapurs Küche ist eine Mischung aus allem, was der asiatische Kontinent hergibt: thailändische Currys, malaysische Roti, indische Lassi, chinesische gebratene Nudeln. Nachmittags gibt es dann von einem kleinen Stand an der Marina Bay noch etwas typisch Singapurisches: ein Eissandwich. Und es ist tatsächlich ein Sandwich, denn der Klumpen Eis, den es in verschiedenen Geschmacksrichtungen gibt, wird in zwei Scheiben Brot geklappt und tadaaa: fertig! Lustige Idee, allerdings wird der Geschmack des Eis' vom Geschmack des Brotes überlagert – irgendwie uncool. Ist ein bisschen so, als würde man Brot direkt aus dem Gefrierfach verputzen.

Damit nun aber nicht der Eindruck entsteht, wir würden den ganzen Tag lang nur essen und abgesehen davon nichts von diesem Land mitbekommen: Während unseres kulinarischen Spaziergangs kommen wir auch an einer schönen Moschee vorbei. Ein Schild weist darauf hin, dass auch Besucher nichtmuslimischen Glaubens herzlich willkommen seien. Die Schuhe müssen draußen bleiben und die knappe Sommerbekleidung durch eines der bodenlangen Kleider ersetzt werden, die dort eigens für Andersgläubige bereitgehalten werden. Nachdem ich mich ausreichend verhüllt habe, dürfen wir die Moschee betreten.

Ein Guide begleitet uns hinein und erklärt uns die Grundzüge des Islam. Er weist darauf hin, dass der Islam – entgegen der weitläufigen Meinung – eine friedliche Religion sei und es viele Parallelen zum Christentum gebe. Das, was in anderen Teilen der Welt im Namen des Islam passiere, sei purer Fanatismus, der nichts mit Religion zu tun habe. Religion sei dabei lediglich ein Deckmantel, mehr nicht. Keiner der Terroristen, die im Namen Allahs töten und absichtlich Menschen verletzen, habe den Islam wirklich verstanden, erklärt uns Ahmed mit besorgtem Gesicht.

Als sich die Nacht über die Stadt herabsenkt, kreieren Millionen Lichter eine atemberaubende, glitzernde Kulisse, und das bei immer noch angenehm warmen Temperaturen. Denn in Singapur wird es nie kälter als 24 °C. Am Ufer des Singapore River entlang schlendernd kann man das lautstarke Treiben in den Restaurants und Kneipen beobachten, die sich hier in ehemaligen Lagerhäusern am breiten Fluss aneinanderreihen. Vor dem berühmten Marina Bay Sands Hotel, mit eigenem Pool auf dem Dach, startet eine spektakuläre Lichtershow über dem Wasser, die dem Wasserballett des Bellagio in Las Vegas echte Konkurrenz macht. Wir durchqueren das Hotel, um auf der anderen Seite zu den *Gardens of the Bay* zu gelangen – ein 100 Hektar großes, bei Nacht in den wildesten Farben leuchtendes Parkgelände, auf dem die beeindruckenden *Super Trees* stehen. Dabei handelt es sich um 25 bis 50 m hohe, pflanzenbewachsene Stahlgerüste, die nachts beleuchtet werden. In einem kleinen Supermarkt decken wir uns mit Getränken und herrlich ungesunden Leckereien ein, die wir nun auf den Bänken unterhalb des grandiosen Lichterschauspiels sitzend, genießen. Eine laue Brise streicht durch die künstlichen Bäume, deren Blätter nicht rascheln, sondern leuchten und glitzern.

Nach 15 Stunden fußläufiger Erkundung dieser beeindruckenden Stadt, sind wir erst zu später Stunde zurück im Hostel und müssen sagen: Singapur ist toll und, für uns völlig unerwartet, einer der Höhepunkte unserer bisherigen Reise!

*Resümee Singapur: 2 Nächte; 1 Unterkunft; 1 Moschee-Besuch; etwa 232 probierte Gerichte*

## INDONESIEN:
## *No breakfast today. Ceremony! (01.03.2015 - 19.03.2015)*

*Q*uerwelteinreisetag 63, Bali, Indonesien. Auf *Bali* freuen wir uns ganz besonders. Vieles hatten wir von dieser Insel schon gehört und stellten es uns als ein einzigartiges Paradies mit grünblauem Meer, Palmen und weißen Sandstränden vor. Dieser Teil der Reise beginnt allerdings sehr unentspannt, denn bereits beim Verlassen des Flughafens sehen wir uns mit einer taxifahrerischen Penetranz konfrontiert, die wir in über zwei Monaten Asien nicht erlebt haben. Es fehlt nicht viel und ich frage die Fahrer, ob ich sie vielleicht Huckepack nehmen sollte, damit sie uns ihr Angebot besser unterbreiten können, da sie ohnehin bereits wie Pritt-Stifte an uns kleben. Genervt von dieser beispiellosen Aufdringlichkeit, begeben wir uns umgehend wieder in das Innere des Flughafengebäudes. Hier finden wir einen offiziellen Taxistand, der Wagen zu fixen Preisen vermittelt.

### Klägliche Surfversuche im touristischen Inselzentrum Kuta

Spät am Abend erreichen wir unseren Homestay. Einen solchen *Homestay* darf man sich nun allerdings nicht als die Wohnung eines Balinesen vorstellen, der sein leer stehendes Zimmerchen ab und an mal an auserwählte Touristen vermietet. Homestays haben hier Hotelstrukturen, mit dem Unterschied, dass in der Regel jedes Zimmer seine eigene Eingangstür und davor eine Terrasse hat. Als wir schließlich unsere Unterkunft erreichen, erwarten uns bereits ein paar Kinder, die uns ein Zimmer zuweisen. Die „Rezeption" besteht aus einem mit einem Telefon und einem Notizblock ausgestatteten Tempel. Herrlich.

In einem Homestay-Aufenthalt ist auch stets das Frühstück enthalten. Das sorgt am nächsten Morgen allerdings nicht für kulinarische Höhepunkte. Es gibt Rührei. Aus zwei Eiern. Für zwei Personen. Das heißt, ein gerührtes Ei pro Person. Und dazu exakt sieben Stückchen Wassermelone. In ihrer Größe sehr kleine. Für zwei Personen. Immerhin bekommt jeder eine eigene Tasse Kaffee. Wenngleich diese auch nur zur Hälfte gefüllt ist.

*Kuta* liegt im Süden Balis, unweit des Flughafens, und ist wahrlich eine Touristen-Hochburg. Hier ist es unglaublich laut, unglaublich voll, es gibt unglaublich viele Mofas und noch mehr Restaurants sowie kleine Läden, die alle das Gleiche verkaufen. Zum gefühlt 86. Mal fragen wir uns, wie hier überhaupt irgendjemand irgendetwas verkauft bekommt, da der Nebenmann/die Nebenfrau und der/die daneben und der/die daneben das identische Warenangebot hat. Dies bleibt für uns, bis auf weiteres, ein südostasiatisches Rätsel. Ein authentisches Bali erlebt man hier in Kuta nicht. Wir könnten gerade genauso gut durch Bangkok oder Palma de Mallorca spazieren.

Doch unser Aufenthalt in Kuta ist ohnehin in erster Linie darin begründet, dass Leslie hier Surfen lernen will. Er nimmt Unterricht bei einem balinesischen Surflehrer und schafft es irgendwann auch mal *auf* dem Brett zu stehen, statt immer nur *darunter* im Wasser zu liegen. Auch ich will es einmal ausprobieren. Doch die Wellen sind erschreckend hoch und es scheint absolut nicht im Bereich des mir Möglichen zu liegen, mich auch mal aufrecht auf das verdammte Ding zu stellen. Nachdem ich in dieser Hinsicht ziemlich erfolglos bleibe, versuche ich es stattdessen mit einem Bodyboard, einem verkürzten Surfbrett, das im Liegen gefahren wird. Soll ja einfacher sein, so sagt man jedenfalls. Doch nachdem ich mir das Brett nach ein paar anfänglich vielversprechenden Versuchen schließlich erfolgreich in den Magen ramme und während der kläglichen Surfversuche auch noch von dem im Meer umherschwimmenden Plastikmüll belästigt werde (man weiß hier nie, ob man gerade von einem Hai angefallen wird oder sich lediglich eine Plastiktüte galant um den Knöchel gewickelt hat), gebe ich meine Surferkarriere desillusioniert und ein für alle Mal auf. Während ich nun Leslie bei seinen etwas erfolgreicheren Wellenreitversuchen beobachte, füllt sich der Strand allmählich mit Jugendlichen. Vielen Jugendlichen. Und dann, plötzlich, entdecken sie mich. Mit den Fingern zeigen sie auf mich, reden hinter vorgehaltener Hand, mustern mich von oben bis unten und kichern. Jetzt kommen sie auf mich zu, fünf Leute, stellen sich vor mir auf, eine Wand aus dunkel gekleideten Teenies steht zwischen mir und dem Meer, zwischen mir und Leslie, der noch immer unbehelligt seinen Surfbemühungen nachgeht. Düster schauen sie mich an, sagen nichts. Ich schaue zurück, ebenfalls düster (hoffe ich jedenfalls, sehe aber vermutlich eher so aus, als hätte ich Verstopfung). Niemand spricht. Doch dann, endlich, öffnet einer der Adoleszierenden den Mund und fragt „*Can we have a picture of you?*". Ach so. Klaro. Die von der muslimisch geprägten Insel Sumatra stammenden Jugendlichen haben offensichtlich noch nie jemand so westlich-hellhäutiges gesehen, wie mich und müssen das fotografisch festhalten. Ich werde nun wohl als bleibende Erinnerung in unzähligen indonesischen Fotoalben verweilen.

## Die kulturelle Mitte: Ubud

*Querwelteinreisetag 66, Ubud, Bali.* Das kulturelle Zentrum und das Ziel der meisten Balitouristen ist Ubud. Wir übernachten in einem Homestay, der einem Holländer gehört, der vor etwa zwei Jahren nach Bali ausgewandert ist. Warum sollte er sein Rentnerdasein nicht irgendwo verbringen, wo es warm ist und er mit seiner Pension einen guten Lebensstandard genießen kann, fragt er uns. Seine holländische Rente reiche aus, um hier gut davon leben zu können. Den Homestay habe er zum Spaß, nur so nebenbei. Um neue Leute kennenzulernen, fit im Kopf zu bleiben. Verdienen würde er damit nichts, erzählt er uns, da er seinen

Angestellten gute Löhne zahle und die Einnahmen somit gerade eben die Kosten deckten.

Ubud bietet neben unendlich vielen Läden und Restaurants ein umfassendes Angebot an Unternehmungen. So gibt es z. B. Yogakurse, bei denen man einen herrlichen Blick auf die immergrüne balinesische Landschaft genießt, während man angesichts der wilden Verbiegungen tausend Tode stirbt. Sehr entspannend. Auch einen Kochkurs lassen wir uns nicht entgehen, in dem wir die Zubereitung von Kürbiscurry, Bananenblütencurry, Kokosnusssalat und in balinesischem, sauscharfem Sambal angebratenen Tofu lernen. Bevor wir aber mit dem Kochen beginnen, heißt es zunächst: Grundlagen lernen! So werden uns die wichtigsten Gewürze der balinesischen Küche erklärt. Dazu gehören Zitronengras, Palmzucker, Koriander, viele Arten Pfeffer und eine Vielzahl unterschiedlicher Ingwersorten, von denen wir noch nie gehört haben, und natürlich: Chili, Chili, Chili. Wir schnippeln und brutzeln, während der Koch Wayan uns über die balinesische Kultur aufklärt. Und natürlich über die balinesische Kochkunst, in der die in Rezepten typischerweise empfohlene Menge von einem Löffel Öl wahrheitsgemäß einer *halben Flasche Öl* entspreche. Dies bezeichne man dann als „1 Bali-Löffel Öl", erzählt er fröhlich. Ähnlich wird es hier auch mit dem Kaffee gehandhabt. Balinesischer Kaffee enthält Kaffee, Wasser und Zucker. So weit ist das nicht weiter überraschend. Das Spezielle hierbei ist: zu gleichen Teilen. Das heißt, ein Bali-Kaffee (*Kopi Bali*) enthält ein Drittel Kaffeepulver, ein Drittel Wasser und ein Drittel Zucker. Mhmmm. Wenn man seinen Kaffee schwarz und zuckerlos trinkt, so wie wir, muss man bei der Bestellung im Restaurant also schnell sein.

Neben der balinesischen Art der Essenszubereitung klärt Wayan uns auch über weitere Eigenheiten seiner Kultur auf und erzählt von einem typischen Tag im Leben einer balinesischen

Frau: Aufstehen gegen 5 Uhr morgens, um zunächst den täglichen religiösen Pflichten nachzugehen. Dazu gehört in erster Linie die Zubereitung einer Opfergabe für die Götter. Diese besteht in der Regel aus einem Bananenblatt, das mit etwas Reis und ein paar Blumenblüten gefüllt wird. Diesen Opfergaben begegnet man bei jedem Schritt, den man auf balinesischen Boden setzt, auf Gehwegen, Straßen und natürlich an Tempeln. Stets gilt es, darauf zu achten, nicht in eine der liebevoll zubereiteten Opfergaben zu treten und damit die Götter zu erzürnen. Erst nachdem die Opfergabe zubereitet ist, ist es den balinesischen Riten nach erlaubt, selbst zu frühstücken. Anschließend bereiten die Frauen das Essen der Familie für den gesamten Tag zu. So wird schon morgens gekocht, was abends auf den Tisch kommt. Zumeist ist all das bereits vor 7 Uhr morgens erledigt. So bleibt der Rest des Tages, um weiteren religiösen Verpflichtungen nachzukommen, den Haushalt zu machen und arbeiten zu gehen.

Ein großer Vorteil Ubuds ist, dass man nur ein paar Minuten aus dem Zentrum herauszufahren braucht, um umgeben zu sein von Reisfeldern und dichtem Dschungel. Wir machen diverse Tagesauflüge durch kleine Dörfer, entlang grüner Reisterrassen, Dschungel, Vulkanen und Kaffee-Plantagen. An einer dieser Plantagen machen wir Halt, um eine balinesische Köstlichkeit zu probieren: Luwak Kaffee. Dieser wird hergestellt, indem die auf den Plantagen angebauten Kaffeebohnen an Meerkatzen verfüttert werden, um anschließend die wieder ausgeschiedenen Bohnen zu trocknen und zu mahlen und fertig ist die spezielle Spezialität. Wir bestellen eine Tasse Luwak und eine Tasse normalen Kaffee, um den direkten Vergleich machen zu können. Offensichtlich ist ein Gourmet an uns verloren gegangen (und zwar im wahrsten Sinne des Wortes muss dieser Gourmet *verloren* gegangen sein), denn wir sind uns einig, dass der stinknormale Kaffee, der nur die Hälfte kostet und nicht von beliebigen Säugetieren gefuttert und wieder ausgeschieden wurde, um ein Vielfaches besser schmeckt. Offenbar sind wir die geborenen Budget-Traveller. Interessant ist aber nicht nur diese Kostprobe einer balinesischen Spezialität, sondern auch die denkwürdige Begegnung mit der Plantagenbesitzerin. Eine herzliche, unglaublich kleine, ältere Frau, die uns an die Hand nimmt (im wörtlichen Sinne), um uns auf ihrer Plantage herumzuführen, auf der neben Kaffee auch Bananen, Maracujas und vieles mehr wächst. Unentwegt pflückt sie Früchte von irgendwelchen Bäumen und Büschen, die wir probieren sollen. Sie fragt, woher wir kommen. Auf unsere Antwort reagiert sie mit einer Umarmung, will mich gar nicht mehr loslassen. In gebrochenem Englisch erklärt sie uns, das Wichtigste in ihrem Leben, noch vor der Familie, sei Gott. Andere, weltliche Dinge wie Arbeit und Geld seien nebensächlich. „*Money should not be important in life, bad for heart*", sagt sie und legt dabei die flache Hand auf ihr Herz, während ihr Tränen die Wangen hinunterfließen.

*Querwelteinreisetag 68, irgendwo auf den Straßen Balis.* Wir werden von der Polizei angehalten. Dies gehört auf Bali zu den üblichen Scherereien. Wir hatten bereits gehört, dass es bei diesen „Verkehrskontrollen" eigentlich nur darum gehe, den Touristen das Geld aus der Tasche zu ziehen, da es Ausländern auf Bali offiziell verboten ist, einen Roller zu fahren. Natürlich hält sich niemand daran und natürlich interessiert die Regierung das auch nicht wirklich, da man die Touristen ja nicht vergraulen möchte. Manche Polizisten nehmen sich jedoch dieses Gesetz zu Hilfe, um Touristen anzuhalten, nach den Fahrzeugpapieren zu fragen, darauf hinzuweisen, dass diese illegal mit dem Roller unterwegs sind, und dies nun $X$ US-Dollar (hier eine beliebige Geldsumme einfügen, die je nach kontrollierenden Polizisten variiert) koste. Es handelt sich dabei, klar, um Bestechungsgeld. Man überreicht dem Polizisten also mit einem freundlichen Händedruck in der Regel etwa 50.000 Rupien (ca. 3,50 Euro) und fährt weiter. Heute, auf dem Weg zu einem Vulkan, den wir uns anschauen wollen, haben wir Glück, müssen nur die Fahrzeugpapiere zeigen sowie die üblichen balinesischen Fragen beantworten (*Where are you from? Where are you going?*) und verabschieden uns beiderseits mit einem freundlichen Lächeln und ohne einen wie auch immer gearteten Wechsel von Zahlungsmitteln.

Als wir schließlich am Vulkan ankommen, wird uns an einer kleinen Bretterbude das Eintrittsgeld abgeknöpft. Allerdings sollen wir nun nicht die 30.000 Rupien pro Person zahlen, die es eigentlich kostet (wir hatten uns vorher über den Preis erkundigt). Der nette Mann mit der seriös wirkenden Arbeitskleidung in Form einer Warnweste verlangt stattdessen insgesamt 65.000 Rupien. Den höheren Preis argumentiert er mit der absolut schlagfertigen, unumstößlichen Aussage, dass wir ja *zwei* Personen seien. Daher 65.000 Rupien. Denn nur für eine *einzelne* Person koste es 30.000. Für zwei Personen hingegen 65.000. Ach so. Macht natürlich Sinn. Nicht. Eine genauere Nachfrage bzw. ein Infragestellen dieser lückenlosen Argumentation hat die Wirkung, die sie hierzulande häufig hat: das plötzliche und unwiderrufliche Entschwinden jeglicher Englischkenntnisse unseres Gegenübers. So zahlen wir folglich 65.000 Rupien für *zwei* Personen und versuchen uns nicht darüber aufzuregen, dass wir gerade einmal mehr gnadenlos abgezogen wurden und umgerechnet ... äh... 33 Cent mehr bezahlt haben, als wir hätten zahlen müssen. Schon klar, ist für uns nicht viel. Aber es geht halt auch ums Prinzip!

*Querwelteinreisetag 70, Ubud, Bali.* Ich wollte schon immer mal was schnitzen. Warum also nicht die Chance nutzen und sich von einem balinesischen, professionellen *Woodcarver* zeigen lassen, wie das geht? Der dreistündige Kurs findet vor der Stadtbibliothek Ubuds statt. Unser Lehrer Ketut kommt direkt von einer mehrere Stunden dauernden religiösen Zeremonie in die Stadtbibliothek, um uns Touris das Holzschnitzen beizubringen. Dies gehört zu den Dingen, die uns an Bali so gut gefallen: das offene, tolerante und freundliche Miteinander und die gleichzeitige allgegenwärtige Religiosität und Spiritualität. Jeder Balinese und jede Balinesin ist stets, so scheint es, gerade auf dem Weg zu einer Zeremonie, kehrt gerade von einer solchen zurück oder erklärt uns im Hotel, das Frühstück könne erst später serviert werden, da früh am Morgen eine Zeremonie stattfinden werde. Religion ist hierzulande ein sehr wichtiger Teil der kulturellen Identität. Im überwiegend islamischen Indonesien – hier leben die meisten Muslime der Welt – ist Bali eine hinduistische Inselenklave, die von über 90% Hindus besiedelt ist. Im 10. Jahrhundert brachten indische Brahmane den Hinduismus nach Bali. Dieser Glaube wurde von den in ihrer Kultur bereits hoch entwickelten Balinesen jedoch nicht einfach übernommen, vielmehr integrierten sie den indischen Glauben in den ihrigen. So entstand auf Bali eine besondere Form des Hinduismus, die sich *Agama Hindu Dharma* nennt. Eine Vielzahl von Göttern wird hier verehrt und es wird an eine Zweigeteiltheit der Welt geglaubt: Sonne und Mond, Himmel und Erde, Leben und Tod, Götter und Dämonen, Gut und Böse. Dem Glauben nach muss stets beiden Kräften Beachtung geschenkt werden, durch Opfergaben muss das Überirdische gehuldigt und das Unterirdische besänftigt werden. Die Balinesen glauben an die Kräfte der Natur und die Beseeltheit der Umwelt. Gott ist in allem und alles ist Gott. Eine faszinierende Kultur.

Heute, während der mal mehr, mal weniger erfolgreichen Schnitzversuche – Leslie schnitzt einen Gecko und ich… nun ja, eine hübsch verzierte Holzplatte – kommen wir mit unserem Lehrer Ketut ins Gespräch. Er sei schon viel gereist, erzählt er uns und finde es unglaublich, dass Mädchen und Jungen in Deutschland oft schon im Alter von 13 Jahren erste Beziehungen zum anderen Geschlecht unterhalten. Auf Bali seien die Jugendlichen mindestens 17 Jahre alt, wenn sie das erste Mal mit einem Jungen oder Mädchen ausgingen. Trotzdem sei er froh, dass es auf Bali heute schon viel lockerer zugehe als früher, zu seiner

Zeit. Jungen und Mädchen können Beziehungen beginnen und beenden, wie sie wollen und seien nicht mehr gezwungen, sofort zu heiraten. Das sei in seiner Jugend, er ist heute 54, noch ganz anders gewesen. Seine Ehe wurde noch von den Eltern arrangiert und er habe keine Chance gehabt, sich vor der Heirat „auszutoben". Er findet es gut, dass sich diese Dinge verändern und Bali diesbezüglich immer stärker westlichen Gesellschaften ähnelt.

## Das balinesische Tauchmekka Permuteran

*Querwelteinreisetag 72, Permuteran.* Wir lassen einen unserer Rucksäcke in unserer Unterkunft in Ubud zurück, prall gefüllt mit all den nützlichen Dingen wie dicke Wandersocken, Winterjacke, Handschuhe und Mütze, auf die wir bei einer durchschnittlichen Temperatur von 30 °C nur schwerlich verzichten können, und machen uns mit dem Roller auf den Weg in Balis Norden, in das Tauchmekka Permuteran. Verschiedenste Quellen versicherten uns, wir würden für die Strecke maximal zwei bis zweieinhalb Stunden benötigen. Nach vier (!) Stunden Fahrt kommen wir in Permuteran an. Irgendwie sind wir immer langsamer, als wir laut Aussagen der Einheimischen sein sollten. Vielleicht ist das mit den Strecken- und Zeitangaben aber auch einfach wie mit balinesischen Kochrezepten: ein Bali-Löffel Öl = eine halbe Flasche Öl. So ist eine balinesische Stunde vielleicht auch mit einem deutschen Vormittag gleichzusetzen. Oder aber eine balinesische Strecke von 10 km entspricht ungefähr der Distanz zwischen Bielefeld und München.

Der Homestay, den wir in Permuteran reserviert hatten, ist grandios. Für umgerechnet 12 Euro inklusive Frühstück, bekommen wir ein riesiges Zimmer mit Terrasse und einem typisch balinesischen offenen Badezimmer. Das heißt, das Bad hat kein Dach, der Klogang wird zum Open Air-Event. In einem Warung, einer kleinen Garküche, kommen wir am Abend mit dem Lokalbesitzer Wayan ins Gespräch. Zunächst werden die üblichen Fragen gestellt: Woher wir kommen, wohin wir gehen. Dies sind auf Bali zentrale Fragen, die man täglich 20-mal an jeder Ecke und von Wildfremden gestellt bekommt. Es ist quasi gleichzusetzen mit dem in den USA typischen „*How are you?*". Wobei Balinesen tatsächlich an der Antwort interessiert sind und die Worte nicht nur sagen, um etwas zu sagen. Diese Informationen sind für sie elementar, um die Menschen, die da vor ihnen stehen, einordnen zu können. Wayan erzählt, dass er vor einem Jahr geheiratet habe und gerade Vater geworden sei. Für ihn, in seinem fortgeschrittenen Alter, sei es aber auch allerhöchste Zeit gewesen, endlich zu heiraten und eine Familie zu gründen, bekräftigt der Lokalbesitzer. Er ist 24. Nun denn, Bali ist eben anders als Deutschland. Und umgekehrt. Wir hingegen halten uns mit Angaben zum Alter sowie Heirats- und Familiengründungsplänen dezent zurück.

Der primäre Grund, aus dem wir nach Permuteran gefahren sind, ist seine Bekanntheit als das Tauchmekka Balis. Wir sind beide noch nie getaucht und wollen es nun endlich einmal ausprobieren. Nach der theoretischen Einleitung, die uns einen groben Überblick über das *Wie*, *Was*, *Wo* und *Warum* vermittelt, geht es in den Swimmingpool zum Üben. Das klappt soweit ganz gut. Nach 15 Minuten Grundkurs im Pool wissen wir ungefähr, wie und vor allem warum man das Equipment benutzt und siedeln ins Meer über, um das frisch erlernte Wissen praktisch anzuwenden.

Der Tauchlehrer hält uns an den Händen und gemeinsam sinken wir immer tiefer in das dunkle Blau, hinunter zum Korallenriff, bis wir bei einer Tiefe von etwa 8 m angelangen. Es dauert etwas, bis wir uns an das Atmen gewöhnt und das hundeartige Hecheln weitestgehend abgelegt haben. Ich blende die Welt aus, konzentriere mich auf das Hier und Jetzt, schwimme beinahe in einer Parallelwelt. Wir tauchen durch bunte Fischschwärme, fühlen uns ein bisschen, als seien wir ein Teil von ihnen. Wobei die Fische das wohl anders sehen, da sie sich bei unserem Anblick panisch vom Acker machen. Ich bekomme Probleme mit dem Druckausgleich. Der Tauschlehrer hatte uns diesbezüglich zuvor einige Tricks gezeigt, von denen ich nun aber selbstverständlich keinen mehr umgesetzt bekomme. Im Pool, bei einer sagenhaften Wassertiefe von einem ganzen Meter, klappt sowas natürlich immer hervorragend. Nun aber, im Meer, wenn man die Wasseroberfläche nicht mehr erkennen kann, bin ich in erster Linie damit beschäftigt, nicht draufzugehen. Die eigentlich natürlichste Sache der Welt, Atmen, muss unter Wasser erst mal gelernt sein. Dazu die Kunst, unten zu bleiben und nicht ungewollt wieder aufzusteigen, außerdem aufzupassen, dass man bei seinem Überlebenskampf nicht all die Korallen schrottet, von denen man umgeben ist – Tauchen ist eine Herausforderung. Sich dann auch noch darauf zu konzentrieren, den Druckausgleich zu bewerkstelligen, indem man irgendetwas Obszönes mit seiner Tauchmaske anstellt – das ist zu viel! Daher begnüge ich mich damit, zu atmen, zu gucken und freue mich auf den Moment, wenn ich aus dem Wasser aufsteige und nicht mehr das Gefühl habe, mit dem Kopf zwischen zwei Betonklötzen eingeklemmt zu sein.

*Querwelteinreisetag 81, Kuta.* Nun heißt es Abschied nehmen von Bali. Nach drei Wochen geht es heute Nacht weiter zur nächsten Etappe der Weltreise: Perth, an der Westküste Australiens. Auf dem Weg zum Flughafen verraten uns die Backpacks natürlich sofort als Touristen, was die üblichen Interaktionen mit sich bringt. Innerhalb von zwei Minuten zählen wir insgesamt vier Anfragen á la *„Sir! Transport!? Yessss!!!“*. Unsere Zeit in Asien hat uns aber dahingehend Vieles gelehrt. So wissen wir inzwischen um die Geheimnisse, die einen vor Anreden dieser Art schützen können. Es gibt einige Protektoren, die hierbei behilflich sind, z. B. ein Helm. Die meisten Touristen lassen ihren Rollerhelm am oder im Roller, wenn sie diesen geparkt haben, um den Helm nicht unnötig mit sich herumschleppen zu müssen. Ein schwerwiegender Fehler! Denn einen Helm mit sich herumzutragen ist ein hervorragendes Mittel, um Belästigungen zu vermeiden. Niemand (oder *fast* niemand) wird dir ein Taxi oder andere Fortbewegungsmittel, gekonnt zusammengefasst in dem typischen Satz „*Sir?! Transport?!*" anbieten, wenn du offensichtlich selbst für deinen Transport sorgst – wofür der Helm ja das passende Indiz darstellt. Typisch für Asien ist auch das sehr zielstrebige Kommunikationsbedürfnis der Marktverkäufer. Sollte man sich, ausgerüstet mit dem naiven Gedanken „*Ich geh' mal über den Markt dort schlendern, mal gucken, was es da so gibt...*" auf den Weg zu einem asiatischen Markt machen, wird man schnell merken, dass hier weder „schlendern" noch „mal gucken" realisierbar ist. Es wird einem am laufenden Band und aus allen Ecken alles Mögliche und Unmögliche verschiedenster Farben, Formen und Muster angeboten. Gespickt mit den Worten „*Sir? Madame? Wanna buy something? Buy here! Cheap cheap*!", wird man oft genug auch am Arm festgehalten, um die dargebotenen Waren zu begutachten. Anfangs versucht der höfliche Tourist noch, sich der vielen ambitionierten Verkäufer mit handfesten Argumenten zu erwehren: „*We don't have any space in our Backpacks... we're traveling for a long time, can't take any souvenirs with us...*". Die Reaktion darauf ist häufig ein kurzes, nettes (und, so nimmt man zunächst an, *verständnisvolles*) Lachen, bis einem statt des Feuerzeugs, aus dessen Kauf man sich gerade mühevoll heraus argumentiert hatte, ein Topfset anzudrehen versucht wird. Um diese Erfahrung reicher, geht man irgendwann dazu über, in einer niemals enden wollenden Litanei auf jegliche Anfrage, die aus irgendeiner Ecke an einen herangetragen wird, mit einem „*No, thank you*" zu reagieren, ohne überhaupt wahrzunehmen, wer oder was einem gerade verkauft werden soll. Da dies auf Dauer jedoch auch alles andere als entspannend ist und jegliche bilaterale Kommunikation zwischen uns sofort wieder im Keim erstickt, haben wir irgendwann Plan C auf die Bühne geholt. Durch einen Zufall haben wir das, wie es scheint, einzige Mittel entdeckt, um in Asien gemütlich über einen Markt schlendern zu können: Eis!! Hat man ein Eis in der Hand, das fröhlich vor sich hinschmelzend die Hand vollsifft, wird kein Verkäufer einen anhalten, um seine Waren anzubieten. Schließlich würde man selbige ja direkt mit dem schmelzenden Eis vollschmieren. Auf Schritt und Tritt ein Eis in der Hand zu halten ist zwar nicht gut für die Figur, aber äußerst effektiv für die mentale Stressbefreitheit.

*Resümee Bali, Indonesien: 19 Tage; 7 Unterkünfte; 10 Tage, an denen wir uns auf dem Roller den Arsch plattgesessen haben; 2 verspätete und 1 ausgefallene Frühstücksmahlzeit aufgrund von Zeremonien*

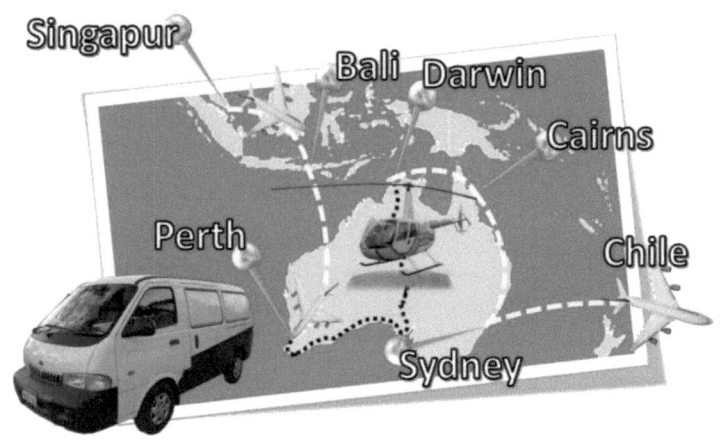

## AUSTRALIEN:
### Roadtrip mit Charlie Cheap (20.03.2015 - 29.05.2015)

*Querwelteinreisetag 82, Perth, Westaustralien.* Wir landen in Perth. Es ist 6 Uhr am Morgen, kalt und windig. Willkommen in Australien! Die Einreise dauert ewig. Wir sind etwas unentspannt, da wir noch kein Rück- bzw. Weiterflugticket haben und befürchten, die australischen Einreisebeamten könnten vermuten, wir planten eine illegale, dauerhafte Niederlassung hierzulande. Tatsächlich gibt es zwar keinerlei Probleme oder dahingehende Nachfragen, doch als ich in der Einreisehalle ein Foto mit meinem Handy mache, stürzt unmittelbar ein aufgeregter Sicherheitsbeamter auf uns zu und fragt mit gruselig bierernster Miene, ob wir da gerade etwa ein Foto gemacht hätten. *Ähm. Nein. Selbstverständlich nicht. Ist ja verboten.* Ich bin mit dieser gehaltvollen Argumentation wohl nochmal knapp einer standrechtlichen Erschießung entkommen und habe besagtes Foto, das ich natürlich nie geschossen habe, sicherheitshalber direkt gelöscht.

Die ersten Stunden in Australien lassen bereits die exorbitanten Unterschiede zu Südostasien erkennen. Gleich nach unserer Ankunft erleben wir etwas völlig Verrücktes. Wir kommen am Flughafen an. Einreise, Gepäck holen, Flughafen verlassen. Und dann... plötzlich... wir treten aus dem Gebäude heraus... und... nichts! Kein *„Sir, Transport? Yessss! OK! Cheap price for you!"*, auch nicht der immer wieder gern gehörte Klassiker *„Hotel? Sir? Yessss! Cheap room for you!"*: Nein, in Australien verlässt man den Flughafen und kann einfach eine Stadtkarte oder einen Reiseführer zücken, ohne während des Studierens jener Dokumente 24-mal *„No, thank you"* zu Transport, Hotel oder aber nett vorgetragener Offerten bezüglich verschiedenster Rauschmittel entgegnen zu müssen. Die Konversationen hier unterscheiden sich doch stark von jenen, die wir in Asien alltäglich führten.

In diesem Zusammenhang nun ein Beispiel einer in dieser Form unzählige Male geführten südostasiatischen Konversation:

**Beliebige Person:** „*Sir! Wanna buy something? Yessss! OK! Come here. Cheap cheap!! Ok! Yessss! Sir!*"
**Ich:** „*No, thank you.*"
**B.P.:** „*Ok, Sir! Yessss! Cheap!*"
**Ich:** „*No, thank you*".
**B.P.** „*Why not??*"
**Ich:** „*No, thank you.*"
**B.P.** „*Transport??*"
**Ich:** „*No, thank you.*"
**B.P.** „*Where you go? Taxi? Transport?*"
**Ich:** „*No, thank you*".
**B.P.** „*Marihuana? Wanna smoke??*"
**Ich:** „*No, thank you*".

Ja, dabei handelt es sich um *ein* Gespräch, mit *einer* Person, nicht etwa eine Zusammenstellung verschiedener Konversationssituationen. In Asiens Tourismushochburgen scheint einem jeder einfach alles verkaufen zu können. Und falls es jemandem aufgefallen sein sollte: Ja, richtig, ich bin „Sir". Die männliche Anrede ist allerdings nicht der Tatsache geschuldet, dass ich eine spontane Geschlechtsumwandlung habe machen lassen. Vielmehr sprechen die männlichen Verkäufer in der Regel nur mit Leslie, auch wenn ich zuweilen diejenige bin, die antwortet. Nun kommen wir zu einer typischen Konversation, wie wir sie in Australien erleben, hier am Beispiel eines Einkaufs in einem Baumarkt:

**Verkäuferin:** „*How are you today, Darling?*"
**Ich:** „*Good, thank you*"
**V.:** „*Fantastic!!! Can I help you with anything, my Love?*"
**Ich:** „*No, thank you*".
**V.:** „*Thank you, my Love! If you have any questions, gimme a shout!*"
**Ich:** „*Ok, thank you.*"
**V.:** „*No worries, Darling! Thank you!*".

So in etwa klingen hier die typischen, alltäglichen Konversationen. Man bedankt sich laufend, auch wenn man eigentlich selten weiß, wofür und man ist – im wahrsten Sinne – *Everybody's Darling.*

## Start in Westaustralien und ein neuer Reisepartner

Wir brauchen einen fahrbaren Untersatz. Und dieser muss schnell her, schließlich wollen wir ja „nur" zwei Monate in Australien verbringen. Wir finden ihn schnell. Bereits einen Tag nach unserer Ankunft ist der dritte besichtigte Bulli, ein Kia Pregio, Baujahr 2003, der unsrige. 360.000 km Laufleistung, doch technisch gut in Schuss und mit umgerechnet 1.100 Euro vor allem eines: billig! Das Anmelden beim Straßenverkehrsamt nimmt ganze fünf Minuten in Anspruch und schon ist der Bulli, dem wir inzwischen den bezeichnenden Namen *Charlie Cheap* gegeben haben, unserer. Ausgebaut ist er bisher nicht, doch als einigermaßen erfahrene Bulli-Ausbauer wollen wir das ganz ambitioniert einfach selbst machen. In vier Tagen basteln wir auf dem Parkplatz eines Baumarktes aus dem alten Transporter ein einigermaßen ansehnliches Wohnmobil, in dem man gut zwei Monate wird leben können. Ein mit 1,20 m zugegeben in seinen Ausmaßen etwas sparsames Bett, eine kleine Küche mit Gasherd im hinteren Teil des Autos und – das Wichtigste – sogar ein Campingklo, das zudem auch noch als Höckerchen für den Tisch dient, der zugleich die Funktion einer Stellfläche für den Gaskocher, einer Spüle sowie eines Schreibtisches erfüllt. Unter dem Bett und an den Seitenwänden haben wir noch eine Menge Stauraum für Lebensmittel, unser Gepäck und andere Utensilien, wie Geschirr etc. Beim Camping muss eben alles multifunktional sein.

*Querwelteinreisetag 85, Perth, Westaustralien.* Charlie will nicht. Egal, wie zärtlich wir ihm zureden, wie liebevoll wir seine Motorhaube streicheln, er kommt einfach nicht in Fahrt. Charlie weigert sich, die Jungfernfahrt mit seinen neuen Bezugspersonen anzutreten. Soll er sich doch jemand anderen suchen! Würden wir sagen, wenn wir nicht auf ihn angewiesen wären. Wir organisieren uns Starthilfe und es funktioniert! Charlie schnurrt nun wie ein Kätzchen. Einer neuen Batterie bedarf es aber trotzdem. Als wir am Abend von unserem Einkauf im Supermarkt zurückkommen, will das Auto trotz nagelneuer Batterie allerdings schon wieder nicht anspringen. Gerade als wir dies realisieren und einen zweiten Startversuch unternehmen, ist bereits der erste Australier aus seinem Auto gesprungen, um nachzufragen, ob alles in Ordnung sei. Kaum ist mein Kopf fertig mit Schütteln, um damit ein „Nein" zu suggerieren, ist besagter Australier bereits dabei, das Auto anzuschieben, kaum das überhaupt einer von uns am Steuer sitzt. Charlie hatte sich daraufhin gerade einige Zentimeter bewegt, als bereits das nächste Auto anhält und der Nächste angerannt kommt, um zu helfen. Es dauert keine 30 Sekunden, bis weitere Hände wie aus dem Nichts auftauchen, um unser Auto anzuschieben. Endlich springt es an und so schnell wie die drei Australier aus dem Nichts kamen, um zu helfen, verschwinden sie auch wieder dorthin. Unsere ausschweifenden Danksagungen wollten sie gar nicht hören. Hier ist es einfach normal, in Not geratenen Fremden ungefragt zu Hilfe zu eilen. Unter anderem ist es dieses Erlebnis, das uns zu dem Schluss bringen wird: Wer die Freundlichkeit der Asiaten als außergewöhnlich beschreibt, kann noch nie in Australien gewesen sein!

Wie sich herausstellt, hat unser Charlie kein ernstes Problem, es hatte sich nur ein Kabel gelöst. Nach Fixierung desselben kann die Fahrt also endlich richtig beginnen und wir verlassen Perth in Richtung Freemantle, ein von der Fischerei geprägter Vorort südwestlich von Perth. Gebäude aus der Kolonialzeit, ein alter Landungssteg und ein hübscher Hafen prägen das Stadtbild. Wir entdecken einen Park mit gratis Duschen und großem Parkplatz, wo wir am Abend Halt machen. Da „wildes Campen", also einfach mit dem Bulli irgendwohin stellen und drauflos übernachten, in Australien eigentlich kein Problem darstellt, bauen wir im Küchenabteil unseres Bullis bereits den Gaskocher für die Zubereitung des Abendessens auf, als jemand ans Fenster klopft. Wir öffnen die Tür und der davorstehende Ranger weist uns darauf hin, dass wir uns in dieser Gegend lediglich *außerhalb* unseres Autos aufhalten dürften. So dürften also gern Gaskocher, Tisch und Stühle im Park aufbauen und solange bleiben, wie wir wollen. Es sei uns aber nicht gestattet, dies innerhalb unseres Autos zu tun. Uns wird also der Aufenthalt in unserem Auto verboten. Interessant. Bei dem Versuch, die Logik dieser Aussage zu entschlüsseln, fühlen wir uns geradewegs nach Asien zurückversetzt. Wir suchen uns also eine Straße weiter einen Parkplatz, auf dem wir übernachten. *Im* Auto. Und wir kochen sogar *im* Auto. Völlig verrückt.

### Eine Fahrt ins Nichts: Südaustralien

*Querwelteinreisetag 88, Nullarbor Plain, Südaustralien.* Der Begriff *Nullarbor* kommt aus dem Lateinischen (*Nullus arbor*) und bedeutet „kein Baum", was die sich vor uns ausbreitende Landschaft recht treffend beschreibt. Im südlichen Australien gelegen, ist diese, sich auf über 200.000 km² ausdehnende Karstebene das größte Stück Kalkstein der Welt. Eine etwa 1.700 km lange, nicht enden wollende, stur geradeaus verlaufende Straße (ja, richtig, *eine einzige* Straße) durchzieht die einsame Landschaft von Westen nach Osten und führt etwa alle 200 km an einer Tankstelle vorbei. Und das war's. Mehr gibt es hier nicht. Dies wird für uns und unseren Charlie ein Probelauf vor dem großen Auftritt, bevor wir durch die Mitte des Kontinents, das menschenleere *Red Centre*, fahren werden.

Die Vegetation der Nullarbor Plain ist spärlich, besteht zu großen Teilen aus flachem Gestrüpp, ist weitgehend baumlos. Menschen findet man hier nur wenige. Es gibt ein paar Tankstellen, die als Ortszentren fungieren. Während dieser Fahrtage ist unser Tagesablauf weitgehend wie folgt: Frühstück, Erledigung häuslicher Pflichten, Fahren, tolle Landschaft angucken, Mittagessen, Fahren, Tankstelle, Passieren atemberaubend aufregender Orte wie Cocklebiddy (das laut Ortseingangsschild die absolut beeindruckende Anzahl von ganzen *8* Einwohnern und einem Hund aufweist), Fahren, Übernachtungsplätzchen suchen (in der Regel ein Rest Stop nahe des Highways, wo es nichts gibt, außer einem Mülleimer), Abendessen, Schlafen. Und am nächsten Tag das Gleiche von vorn. Ein richtiger Road Trip! Die Landschaft ist trotz ihres minimalistischen Erscheinungsbildes spannend. Die Straße ist schnurgerade und die Umgebung flach, sodass man bereits 5 km vorher die Umrisse der nächsten Tankstelle problemlos erkennen kann. Ein Teil der Strecke wird die „90 Mile Straight" genannt, da die Straße hier über 90 Meilen (etwa 146 km) keine einzige Kurve macht. Entsprechende Hinweisschilder, die auf die nächste Tankstelle oder den nächsten Rest Stop hinweisen, sind hier eigentlich gänzlich überflüssig.

Während unserer kurzen Stopps in bereits erwähnten aufregenden Ortschaften, deren Einwohnerzahlen selten zweistellig werden, treffen wir die unterschiedlichsten Menschen. Zu unserer eigenen Überraschung kommen wir selten mit anderen Reisenden ins Gespräch. Meist sind es Australier oder hierher Eingewanderte verschiedenster Nationalitäten, die wir hier kennenlernen. So unterhalten wir uns an einem sonnigen Vormittag mit Judy und Lance, einem älteren Ehepaar, das Haus und Heim abgeschlossen hat, um mit dem Wohnmobil ein halbes Jahr quer durch Australien zu reisen. „*The house should be able to look after itself*", das Haus sollte auf sich selbst aufpassen können, teilen sie uns diesbezüglich mit. Na dann. Nachdem wir das Angebot einer kostenlosen

Führung durch ihr Gefährt, inklusive detaillierter Beschreibung sämtlicher Funktionen, wahrgenommen hatten, bekommen wir zum Abschied zwei Angelleinen geschenkt. Einige Tage später lernen wir auf einem abgelegenen Übernachtungsplatz Gene kennen, einen Amerikaner aus Indiana, der vor 15 Jahren nach Australien ausgewandert ist und seit Jahren nur herumreist. Er gibt uns die Adresse seiner in Illinois in den USA lebenden Schwester, die wir auf unserem Trip durch Nordamerika unbedingt besuchen sollten. Die wird sich sicher freuen, wenn zwei Assis plus Camper in ihrem Garten wohnen wollen.

Der Weg durch die Nullarbor Plain führt nun direkt entlang des Ozeans. Immer wieder unterbrechen wir unsere Fahrt, um an Aussichtspunkten Halt zu machen und die atemberaubenden Blicke auf die Steilklippen und das Meer zu genießen. Die Nullarbor Plain hat jedoch auch ihre Nachteile, wie wir später am Abend feststellen. Wir suchen uns einen Platz zum Übernachten, wo wir einen schönen Sonnenuntergang beobachten und so allein sind, dass wir ungesehen nackt um ein Feuer tanzen könnten. Machen wir natürlich nicht. Das Abendessen kochen wir draußen. Dabei sind wir dann allerdings doch nicht so allein, wie zunächst gedacht. Denn als die ersten Gerüche des vor sich hin brutzelnden Abendessens gen Himmel steigen, lassen sich auch sonst eher selten zu beobachtende Buschbewohner blicken. Wir sind umzingelt von Mäusen! Quer über den Gasgrill rennend sowie unsere Füße und die Autoreifen hinaufkletternd, lassen die Nagetiere aus unserem gemütlichen Outdoor-Kochen eine enervierende Essenszubereitung á la „*Los, mach schneller! Vorsicht, Maus auf deinem Knie...!*" werden. Gemütliches Kochen mutiert zum Fast-Food-Contest und wir beeilen uns, schnellstmöglich ins Auto zu kommen, bevor die Mäuse den Großteil unseres Essens verspeist haben. Wir sind erleichtert, als wir die Essenszubereitung endlich erledigt haben und gemütlich im Bulli sitzen, um befreit von australischem Getier unser Abendessen genießen zu können. Doch plötzlich vernehmen wir ein Rascheln. Kam das von draußen? Ist da jemand an unserem Auto? Die Gabel als potenzielle Waffe in der Hand haltend lauschen wir nun angestrengt. Das Rascheln wird lauter. Wir blicken aus dem Fenster, doch können nichts erkennen, außer rabenschwarzer Dunkelheit. Das Rascheln wird lauter. Und dann, unvermittelt, die Erkenntnis: Wir sind nicht länger allein! Durch ein kleines Loch im Motorraum hat es ein Exemplar dieses degenerierten Mäusegetiers ins Auto geschafft. Es folgen zwei entnervte Stunden Mäusejagd, unter Zuhilfenahme hochkreativer Mäusefangvorrichtungen aus Milch- und Saftkartons, die alle herzlich wenig erfolgreich sind. Schließlich sind die Anstrengungen dann aber doch noch von Erfolg gekrönt, als die Maus – vermutlich traumatisiert durch unsere laienhaften Fangversuchskünste – durch das Loch entschwindet, aus dem sie gekommen ist und wir selbiges sofort zukleben, damit es kein Wiedersehen gibt. Für den Rest der Nacht ist Ruhe.

Beim Blick aus dem Fenster am nächsten Morgen, erkennen wir, dass wir des Nachts wider Erwarten nicht alleine auf diesem Platz übernachtet haben. Uns gegenüber steht ein altes Wohnmobil, dessen etwa 70-jährige Insassen bereits abfahrbereit im Fahrerhaus sitzen. Auf der Tür des Wohnwagens warnt uns ein riesiger Aufkleber: „*If you see the van rocking don't come knocking!*", wenn der Van also wackelt, sollte man sich fernhalten. Mich würde interessieren, wie lang (oder auch kurz) sich dieser Aufkleber dort befindet und ob der wohl was mit ambitionierten Mäusejagden zu tun hat. Ich fürchte nicht.

*Querwelteinreisetag 93, Pimba, Südaustralien.* Nachdem wir die Nullarbor Plain überlebt und in Port Augusta, in Südaustralien, unsere Vorräte aufgestockt haben, geht es nun weiter auf den nächsten Outback-Trip, der uns diesmal in das Zentrum des roten Kontinents führen soll. Auf dem berühmten Stuart Highway, eine der wichtigsten Fernverkehrsstraßen in Australien, die sich von Süd nach Nord auf über 2.700 km quer durch den gesamten Kontinent schlängelt, fahren wir zunächst nach Pimba. Eine Stichstraße führt von hier aus einige Kilometer östlich nach Woomera, ein Ort, der 1947 als Koordinationszentrale für britische Raketen- und Atomwaffentests gegründet wurde und noch heute Überreste von Raketen und Düsenflugzeugen beherbergt. Auf dem Weg zurück nach Pimba fängt plötzlich der Kühler unseres Autos an zu kochen. Hervorragend! Der erste Tag im Outback und schon ist das Auto im Arsch! Gott sei Dank ist die nächste Tankstelle bereits in Sichtweite. Mit 20 km/h tuckern wir zu besagter Tankstelle, die gleichzeitig als Rastplatz fungiert, wo Leslie sich den Rest des Nachmittags der Beseitigung des Problems widmet. Mit Erfolg! Der Wärmetauscher im Auto war kaputt, wodurch uns Wasser ins Auto lief, dieses dadurch wiederum überhitzte und schließlich vor Wut qualmte. Jetzt haben wir zwar keine Heizung mehr, da Leslie den Wärmetauscher im Innenraum überbrückt und ein paar Schläuche hier und da neu verlegt hat, aber tadaaa: Auto qualmt nicht mehr! Und wer braucht in Australien schon eine Heizung?

*Querwelteinreisetag 98, Coober Pedy, Südaustralien.* Unser Weg in das Zentrum Australiens führt uns durch die Opalstadt Coober Pedy. Dieser Ort, mitten im Nirgendwo Südaustraliens, beherbergt etwa 1.700 Einwohner und ist die weltweit größte Quelle für Opale. Neben seinen berühmten Edelsteinen hat Coober Pedy auch noch eine weitere, ziemlich einzigartige Sehenswürdigkeit aufzuweisen: die *Dugouts*. Dabei handelt es sich um unterirdische Wohnhöhlen, in denen der Großteil der Einwohner dieser Stadt ganzjährig lebt. Ursprünglich wurden diese Höhlen noch von Hand in die Erde gegraben, doch inzwischen wird diese mühsame Arbeit von *tunneling machines* erledigt. Die Eingänge zu den Wohnhöhlen liegen zumeist oberirdisch. Da die Temperaturen im Sommer regelmäßig auf über 50 °C ansteigen, leben die meisten Einwohner Coober Pedys im „Untergrund", da hier ganzjährig eine angenehme Durchschnittstemperatur von 23 °C herrscht. Die Kosten für eine Klimaanlage lassen sich somit getrost einsparen. Sogar die Kirchen befinden sich hier unterirdisch. Wir besichtigen die *St. Peter and Paul Catholic Church* und fühlen uns eher wie in Tantchens Wohnzimmer als in einer katholischen Kirche. Die Kirche besteht aus einem kleinen Raum mit einem kleinen Altar und ein paar wenigen kleinen Stühlen sowie kleinen Bildern an der Wand. Der typische Weihrauchgeruch fehlt. Stattdessen riecht es nach klammer Erde.

Einen Platz zum Übernachten finden wir auf einem Hinterhof im Stadtzentrum. Dort nimmt ein sehr sympathischer Aussteiger 5 AUD für einen Stellplatz, inklusive Duschen und WLAN. Auf einer Karte zeigt er uns, wo man die besten Opale findet. Er selbst verdiene sein Geld mit der Vermietung dieses Hinterhofs und gelegentlichen Opalfunden, wobei er noch immer auf den einen großen Fund warte, erzählt er schmunzelnd. Da wir nun schon mal hier sind und die fantastische Geschichte gehört haben, dass eine Deutsche letztes Jahr einen Opal fand, der 5.000 AUD wert war, begeben auch wir uns auf die Suche nach den Edelsteinen. Und tatsächlich! Wir sind erfolgreich und finden zwei Exemplare, die mindestens einen Euro wert sind (großzügig hochgerechnet). Und dafür haben wir nur zwei Stunden im Dreck gebuddelt. Auf eine Kalkulation des resultierenden Stundenlohns möchte ich an dieser Stelle zwar lieber verzichten. Aber trotzdem toll, wenn Geld einfach so auf der Straße herumliegt. Jedenfalls theoretisch.

## Northern Territory: Red Centre, Uluru und Fliegeninvasion

Wir passieren die Grenze zum Northern Territory und befinden uns nun nicht länger in Südaustralien. Auch die Landschaft ändert sich nun zusehends. Die Erde wird immer rötlicher, das bekannte rote Zentrum des Kontinents rückt unweigerlich näher. Je näher wir dem Uluru kommen, desto stärker sind wir wieder von Autos, Menschen und Zivilisation umgeben. Nach all der Einsamkeit in den letzten Wochen, auf diesem menschenleeren Kontinent, müssen wir uns daran erst einmal wieder gewöhnen.

*Querwelteinreisetag 108, Uluru, Northern Territory.* Der erste Blick auf den rötlichen Monolithen ist beeindruckend! Ein riesiger, karger Fels, der völlig unpassend aus einer ansonsten vollkommen flachen und spärlichen Landschaft aufragt. Eine Führung bringt uns den heiligen Berg der Aborigines näher. Anhand von Felsmalereien in versteckten Ecken des Ulurus erklärt uns der Ranger die Traumzeit der *Mala.* Der Mythos der Traumzeit erklärt die Entstehung der Welt nach dem Glauben der australischen Ureinwohner. Zwar gibt es Schätzungen zufolge etwa 200 bis 300 unterschiedliche Aborigine-Stämme und -sprachen. Dennoch haben die Vorstellungen von der Schöpfungsgeschichte und das Weltbild eine gemeinsame Basis. Demnach wurden sowohl das Land, als auch die Menschen und ihre verschiedenen Sprachen von Schöpfungswesen geschaffen, die den Menschen das Land anvertrauten. Verschiedene Gruppen von Menschen wurden mit unterschiedlichen Regionen und Sprachen betraut – so erklären die Ureinwohner sich die Entstehung der verschiedenen Stämme. All dies geschah, so der Mythos, in der Traumzeit. Der Begriff der Traumzeit wiederum hat mehrere Bedeutungen für die Ureinwohner. Zum einen erklärt er ihre Schöpfung, ihre Geschichte und Entstehung. Zum anderen steht er für die Vorstellung einer stets existenten raum- und zeitlosen Welt, die als der Ursprung der Gegenwart verstanden wird. Durch verschiedene Rituale, die von vielen Stämmen auch heute noch praktiziert werden, kann man sich in diese Welt hineinbegeben und die spirituelle Energie spüren, die der Ursprung von allem ist.

Der Uluru, als heiligste Stätte der Aborigines, ist ein bedeutender Teil der Traumzeit-Mythologie. Nach dem Glauben des seit etwa 20.000 Jahren hier lebenden Stammes der *Anangu*, war der Uluru einst die Heimat der mystischen Regenbogenschlange, der wichtigsten Schöpfungsgestalt der Aborigines. Sie formte Berge und Täler, als sie aus dem Meer stieg und sich über den roten Kontinent schlängelte. Das Didgeridoo, das bekannteste Instrument der Aborigines, steht mit ihr in direkter Verbindung. So sollen die Töne des Blasinstrumentes die Vibrationen nachempfinden, die ausgelöst wurden, als die Regenbogenschlange bei ihrem Weg aus dem Meer die Landschaft Australiens formte.

Wir wollen nun den *Base Walk* wandern, einen Trail, der auf einer Länge von 10 km um den Uluru herumführt. Dazu müssen wir uns allerdings zuerst einmal Fliegennetze für den Kopf besorgen, da die Fliegenplage hier so schlimm ist, dass es sich ohne Netz weder atmen noch sprechen lässt. Die Fliegen suchen sich jede Körperöffnung, um hineinzukriechen. Ohne Netz hat man hier also buchstäblich schnell die Nase voll! Zwar bewahrt dieses Netz einen nicht vor dem Geräusch – das Summen macht einen nach mehreren Stunden wandern wahnsinnig –, doch schützt es immerhin davor, unfreiwillig mehr Proteine aufzunehmen als man laut Tagesbedarfsempfehlung sollte.

Da unser Name nicht Rockefeller lautet, suchen wir unseren Schlafplatz heute außerhalb des Nationalparks. Auf einem nahegelegenen Rastplatz, der uns als Schlafstätte für die heutige Nacht dienen soll, erleben wir eine Begegnung der besonderen Art. Da es mal wieder dringend nötig wird und keine Wäscherei in unmittelbarer Nähe aufzufinden ist, sieht Leslie sich gezwungen, seine Unterhosen manuell zu reinigen. Dies tut er mit Hingabe, während ich das Abendessen vorbereite. Die Waschschüssel samt der Wäsche lässt er zwecks dringend notwendigen Einweichprozesses anschließend draußen stehen, um mir bei den Essensvorbereitungen zu helfen. Auf seine Frage, ob es wohl in Ordnung sei, die Wäsche eine Weile unbeaufsichtigt vor dem Bulli stehen zu lassen, antworte ich völlig tiefenentspannt: „Klaro! *Was soll schon passieren?*". Nun, da habe ich die Rechnung allerdings ohne Australiens Wildnis gemacht. Denn als wir kurze Zeit später aus dem Auto treten, um das Abendessen zu kochen, trauen wir unseren Augen nicht! Leslies mühevoll in einer kleinen Waschschüssel geschrubbte und umfassend eingeweichte Unterhosen sind über den halben Rastplatz verteilt (auf dem wir im Übrigen nicht alleine campieren). Offensichtlich stolz auf sein Werk, hat sich unmittelbar neben dem Wäschechaos ein Dingo postiert. Er muss in den Unterhosen wohl ein Würstchen vermutet und sie deshalb einer genaueren Betrachtung unterzogen haben. Blöd für Leslie, denn die Wäsche ist nun hübsch dekoriert mit Australiens typisch rotem Staub und muss daher nochmals gewaschen werden.

*Querwelteinreisetag 110, Uluru-Kata Tjuta Nationalpark, Northern Territory.* Was gibt es tolles Touristisches, das wir bisher noch nicht gemacht haben? Naaaaaa? Einen Hubschrauberflug! Ein kleiner Hubschrauber bringt Leslie, mich, eine weitere Deutsche und den italienischen Piloten in die Luft. Da ich am lautesten geschrien habe, als gefragt wurde, wer vorne sitzen möchte, gebührt nun mir die Ehre, neben dem Piloten in unmittelbarer Nähe all der magischen Cockpit-Knöpfe sitzen zu dürfen. Die Propeller werden gestartet, diverse, für mich äußerst mysteriös anmutende Knöpfe gedrückt, wir werden angeschnallt und mit Kopfhörern ausgestattet, sodass wir hören, was der Pilot während des Fluges Schönes zu erzählen hat. Die kleine Maschine setzt sich in Bewegung und langsam schrauben wir uns immer höher, bis die Welt unter uns wie eine Ameisenfarm wirkt. Der Flug ist aufregend – insbesondere, da es eine sehr kleine Maschine und ein sehr windiger Tag ist! Die Aussicht auf den Uluru und die schier unendliche Weite des australischen Outbacks ist umwerfend! Nur wenige Häuser, die wie winzige schwarze Punkte in der weiten

Ebene des roten Zentrums verteilt sind, können wir erkennen. In Australien kommen gerade einmal drei Einwohner auf einen Quadratkilometer. Zum Vergleich: in Deutschland sind es 226. Insgesamt leben auf diesem riesigen Kontinent gerade einmal 22 Millionen Menschen, der Großteil davon an der Küste. Daraus folgt eine schier unglaubliche Weite und Einsamkeit hier draußen im australischen Outback.

*Querwelteinreisetag 114, Alice Springs, Northern Territory.* Nach einer Woche im Outback erreichen wir Alice Springs, eine Stadt, mit völlig irren Dingen der Moderne. Beispielsweise Supermärkte. Crazy. Hier feiern wir auch meinen Geburtstag und nehmen uns zur Feier des Tages ausnahmsweise einen Campingplatz, der mit Verrücktheiten wie fließendem Wasser aufwarten kann. Morgens gibt es, in der Sonne sitzend, ein entspanntes Sektfrühstück und für das feierliche Geburtstags-Abendessen geht es zum Italiener. Hierfür bringen wir unseren Wein selbst mit. Denn dies ist in Australien üblich, wo nicht jedes Lokal oder Restaurant eine Schanklizenz besitzt. Diese Lizenzen werden hier nur mit Einschränkungen verteilt und sind zudem äußerst teuer. In Lokalitäten ohne eine solche Schanklizenz ist es dann meist gestattet, sich seinen Wein (nicht jedoch Bier oder Hochprozentiges) selbst mitzubringen („*BYO-bring your own*"). Meist wird dafür eine *Corkage Fee*, eine Entkorkungsgebühr in Höhe von 5 bis 10 AUD erhoben. Ein Serviceentgelt, das die Bereitstellung der Gläser beinhaltet.

Abgesehen von den nicht zu verachtenden Annehmlichkeiten der Zivilisation hat Alice Springs nicht viel zu bieten. Die sozialen Probleme, die hohe Arbeitslosenquote, die gesellschaftliche Spaltung zwischen Ureinwohnern und weißen Einwanderern – hier wird all dies besonders deutlich. Wir fahren daher zügig weiter, in die nahe gelegenen West McDonnel Ranges, eine Gebirgskette aus rotem Sandstein. Rechts der Straße entdecken wir einen schmalen Rastplatz, wo man übernachten könnte. Allerdings liegt dieser eben direkt an der Straße und ist daher landschaftlich nicht besonders reizvoll. Doch nach genauerem Hinsehen entdecken wir einen Pfad, der hinter dem Rest Stop hinaus in die Prärie führt. Wir sind optimistisch und gehen davon aus, dass unser Charlie die ruppige Strecke wird bewältigen können. Wir folgen dem Pfad, der uns schließlich ins absolute Nichts führt. Um uns herum: rote Erde, trockenes Buschland, endloser, tiefblauer Himmel – und sonst absolut nichts. Der perfekte Ort zum Übernachten.

Wir richten uns häuslich ein, stellen Tisch und Stühle vor die Bullitür, machen es uns gerade mit unseren Büchern gemütlich, als plötzlich: eine Fliegeninvasion! Millionen von Fliegen versuchen, sich den Weg in unser Innerstes zu bahnen. Wir stürzen ins Auto, kramen die Fliegenschutznetze hervor, stülpen sie uns über die Köpfe und versuchen, das Gesumme zu ignorieren. Schwierig! Doch das Auto ist keine Ausweichmöglichkeit, da heute Temperaturen um 30 °C herrschen und es im Buli entsprechend unerträglich ist. Die Entscheidung bezüglich der weiteren Tagesgestaltung muss nun also zwischen Pest und Cholera gefällt werden. Wir verbringen den Tag mit einer abwechslungsreichen Mischung aus Lesespaß inklusive akustischer Summeinlage sowie proteinreicher Zwangsernährung draußen und unfreiwilligem Saunieren im Bulli-Inneren.

Als es am Abend endlich kühler wird und die Sonne langsam untergeht, verschwinden auch die Fliegen und wir können uns der Zubereitung des Abendessens widmen. Mit der sich auf uns herabsenkenden Dunkelheit werden nun jedoch die Massen von Fliegen durch Massen von Motten abgelöst, die mit zunehmender Dunkelheit die auf unseren Köpfen thronenden Stirnlampen attackieren und die man, wenn nicht im Auge dann in der Nase, im Mund und sowieso später im Essen hat. Ja, das ist Australien.

Doch der grandiose Sternenhimmel, den wir während des Essens in romantischer Stimmung und trauter Vielsamkeit (oder heißt es dann *Polysamkeit?*) gemeinsam mit den Motten genießen, entschädigt für Vieles. Die Milchstraße ist direkt über uns, ihr weißer Schimmer deutlich erkennbar vor dem tiefschwarzen Himmel, der hier draußen nicht durch Lichtverschmutzungen getrübt wird. Wir beobachten die Sternschnuppen, während sich in der Ferne das Heulen der Dingos mit den Rufen der Fledermäuse zu einer einzigartigen Geräuschkulisse formiert.

## Krokodilgefahr im Norden: angekommen im Top End

Unser Weg führt weiter nach Norden, wir fahren auf dem Stuart Highway, der den Süden mit dem Norden Australiens verbindet und sich endlos über den gesamten Kontinent schlängelt. Immer dann, wenn uns etwas entlang des Weges interessant erscheint, machen wir Halt und sehen es uns an. So besichtigen wir etwa die *Devils Marbles,* Steinformationen in kugelrunder Murmelform. Nach dem Glauben der Aborigines sind diese runden Felsen die Eier der Regenbogenschlange, die sie in der Traumzeit, während der Entstehung der Welt, hier abgelegt hat. Wir passieren auch Wycliffe Well, die Ufohochburg Australiens. Nirgends sonst in Australien wurde von so vielen Ufosichtungen berichtet wie in dieser kleinen Ortschaft, die nicht viel mehr beherbergt als ein Roadhouse, das außen dekoriert ist mit allerlei Alienfiguren und dessen Inneres mit Zeitungsartikeln über eben jene Sichtungen tapeziert ist. An einer Tankstelle lernen wir Terry kennen, der uns anbietet, uns für 5 AUD zu verheiraten. Er selbst sei zweimal verheiratet gewesen und dies seien eindeutig die größten Fehler seines Lebens gewesen, erzählt er lachend. Sein Verheiratungsangebot lehnen wir dankend ab.

*Querwelteinreisetag 120, Katherine Gorge Nationalpark, Top End.* Im Katherine Gorge Nationalpark lernen wir eine australische

Familie mit drei Kindern kennen. Joe und Rita kündigten ihre Jobs, verkauften ihr Haus und reisen nun ein Jahr durch Australien und Bali. Die Kinder wurden für diese Zeit aus der Schule genommen. „*Was no problem at all*", war überhaupt kein Problem, erzählt uns Joe. Der Direktor habe ohne Umschweife sofort zugestimmt und selbst noch darauf hingewiesen, dass die Kinder auf einer solchen Reise ohnehin viel mehr lernten, als wenn sie stattdessen in diesem Jahr die Schule besuchen würden. Das dort Verpasste sei ja problemlos nachzuholen. Schulpflichtige Kinder „einfach so" aus der Schule nehmen, nur weil deren Eltern ziellos umherreisen wollen – für uns unvorstellbar. Doch in einem Land, in dem große Distanzen und eine geringe Besiedelung normal sind und in dem der nächste Nachbar, die nächste Schule oder der nächste Supermarkt nicht selten 500 km oder mehr entfernt liegen, sind solche Alternativen zur regulären Schulpflicht, wie wir sie aus Deutschland kennen, weniger untypisch. So werden im Outback lebende Kinder beispielsweise in der *School of the air* unterrichtet, einem virtuellen Klassenzimmer, das per Webcam ins Kinderzimmer übertragen wird. Etwa eine Stunde am Tag arbeiten die Kinder durchschnittlich im Gruppen- oder Einzelunterricht. Den Rest des „Schultages" verbringen sie mit der eigenständigen Bearbeitung weiterer Materialien. Die Hausaufgaben gehen via E-Mail an den Lehrer. Die erste Schule dieser Art gab es in Alice Springs bereits in den 50er Jahren. Hier werden etwa 120 Kinder auf diese Art unterrichtet, verteilt auf eine Fläche von über 1.000.000 km².

Joe erzählt uns, dass er seine Kinder ab und zu auch an Freitagen mal eher aus der Schule hole, wenn die Familie übers Wochenende zum Skifahren oder Angeln fährt. Da wird dann einfach an die Tür des Klassenzimmers geklopft und ab geht's ins Wochenende. *Und was passiert nach den zwölf Monaten Reisen*, fragen wir. Das werde sich dann zeigen, irgendwas ergebe sich immer, lautet Joes Antwort. Das nenne ich eine entspannte Lebenseinstellung. Alles also nur eine Frage der Organisation, so scheint es. Jedenfalls in Australien.

Der Park grenzt im Norden an den Kakadu Nationalpark und beherbergt die Katherine Gorge – ein etwa 12 km langes Schluchten-System. Für den Aborigine-Stamm der *Jawoyn*, die schon seit tausenden von Jahren in dieser Gegend leben, haben diese Schluchten eine spirituelle Bedeutung. Heute gehört der Park wieder den Jawoyn und wird in Übereinstimmung mit ihren traditionellen Gesetzen gemeinsam mit der Parkverwaltung des Northern Territory verwaltet. Während unserer Wanderungen hier genießen wir die tollen Ausblicke auf den Katherine River und auf Massen riesiger Fledermäuse, die kopfüber in den Bäumen hängen und einen unglaublichen Lärm veranstalten. Der Campingplatz, auf dem wir uns niederlassen, liegt an einem schönen See mit einem Wasserfall, den Edith Falls. Schwimmen soll hier sicher sein. Einigermaßen. Denn die gefährlichen Salzwasserkrokodile kommen nicht hierher. Eigentlich. Und wenn doch, kümmern sich Ranger um eine zeitnahe Entfernung. Normalerweise. Jedenfalls dann, wenn sie die Tiere früh genug entdecken.

Einige Tage verbringen wir auf dem Campingplatz an den herrlichen Edith Falls. Wir haben derzeit das dringende Bedürfnis nach einer Auszeit, einer kleinen Ruhepause vom Reisen, einer Möglichkeit, das Gesehene zu verarbeiten. Wir sind kurz davor, vor lauter Eindrücken überzulaufen. Wir beginnen, Dinge, die wir sehen, nicht mehr wertzuschätzen. Das Reisen verkommt zum Alltag, die Wertschätzung des Erlebten schwindet rapide und der leidenschaftlichste Gedanke, den wir noch fähig sind zu produzieren, ist: „*Ah. Schon wieder ein Wasserfall. Nett.*". Eine solche Gleichgültigkeit wollen wir nicht kultivieren, daher müssen wir uns von Zeit zu Zeit zwingen, auf vermeintliche Sehenswürdigkeiten zu verzichten und stattdessen einfach mal am Campingplatz-eigenen Swimming-Pool zu liegen und uns zu entspannen.

Ja, es ist hart, so ein weltreisendes Leben. Wenn man es genauer betrachtet.

*Querwelteinreise 138, Kakadu Nationalpark, Top End.* Was ist das Besondere am Campen? Richtig, das Spartanische, Natur pur, eins sein mit sich und seiner Umgebung, das *wahre* Leben spüren. In unserer ersten Nacht im Kakadu Nationalpark – der vor allem aufgrund der unglaublichen Vielfalt an Landschaften und der weltweit ältesten Sammlung von Felsmalereien zum UNESCO Weltkultur- und Naturerbe erklärt wurde – lassen wir uns von diesem Bild idealtypischen Campings inspirieren und machen mal so richtig einen auf naturliebhabender Abenteuercamper. Der äußerst versiffte, nein, *rudimentäre* (klingt besser!) Campingplatz, den wir im Kakadu Nationalpark auftun, ist dekoriert mit Toiletten, die uns mit ihrer alles überragenden Widerwärtigkeit gekonnt in die Flucht schlagen. Gut, denken wir, Toiletten werden ja auch überbewertet. Echte Hardcore-Campingabenteurer brauchen doch wohl kaum ein solches Luxusaccessoire zum Glücklichsein! Pfff. Was abgesehen davon natürlich das Herz eines jeden Naturburschen höherschlagen lässt, sind die hier zuhauf aufgestellten Krokodil-Warnschilder. Diese raten dringend davon ab, *ans* geschweige denn *ins* Wasser zu gehen und auch bloß gar nicht erst darüber nachzudenken, gefangenen Fisch (wo auch immer wir diesen hätten fangen sollen, da wir dem Wasser ja nicht zu nahe kommen dürfen) am Flussufer auszunehmen. Sollte man sich aber trotz der ausdrücklichen Warnungen aus Leichtsinnigkeit, akuter Gefahrenunterschätzung oder purer Rebellion ins oder ans Wasser begeben und auch noch Fisch gefangen und diesen auch noch (*oh je*) am Flussufer ausgenommen haben, dürfe man unter gar keinen Umständen die Fischreste dort liegen lassen. Denn das locke Krokodile an. Ja, es ist ein wirklich gemütlicher Campingplatz. Trotz des aufmunternden Schilderwaldes und der possierlichen Aborte, suchen wir uns einen Stellplatz und stellen Tisch und Stühle auf, um uns erst einmal vom anstrengenden Tag zu erholen. Prompt werden wir von Mückenschwärmen attackiert. Davor hat uns leider kein Schild gewarnt. Bei 35 °C Bulliinnentemperatur vegetieren wir den Rest des Abends erfolgreich vor uns hin und verlassen am nächsten Morgen fluchtartig den Campingplatz, auf dem wir mutterseelenallein übernachtet hatten, da wir draußen bereits die Trilliarden von Mücken hören und sehen, die in freudiger Erwartung unseres aus-dem-Bulli-Tretens an den Fensterscheiben kleben und uns mit gierigen Augen und heraushängenden Mückenzungen beobachten. Perverses Mückengesindel! Mit unseren um die Außenspiegel drapierten Handtüchern rasen wir aus dem mückenverseuchten und von Krokodilen frequentierten Feuchtgebiet zurück in die Zivilisation. Wie wir wenig später bemerken, haben wir in der Eile die Solardusche auf dem Dach vergessen. Ein kurzer Hinweis für all jene, denen eine solche Konstruktion nicht geläufig ist: Eine Solardusche ist im Grunde nicht viel mehr als ein schwarzer Plastiksack, aus dem ein Schlauch samt Miniaturbrause heraushängt. Positioniert man dieses Konstrukt für eine Weile in der Sonne, wärmt sich das im Plastiksack enthaltene Wasser auf und man kann es als Duschwasser benutzen.

Erkenntnis des Tages: Es lässt sich problemlos mit 100 Sachen über den Highway brausen, ohne eine Solardusche ernsthaft in Gefahr zu bringen.

*Querwelteinreisetag 140, Kakadu Nationalpark, Top End.* Es ist noch früh, wenige Menschen sind unterwegs. Wir genießen die Stille, die nur gelegentlich von summenden Insekten und zwitschernden Vögeln unterbrochen wird, und die kühle Luft zwischen den schattenspendenden Felswänden. Man spürt bereits, dass es auch heute wieder ein schwül-warmer Tag im tropischen Top End werden wird. Wir versuchen, die einzigartige Atmosphäre in uns aufzunehmen, uns der Besonderheit dieser kulturellen Stätte, vor der wir stehen, bewusst zu werden. Unter einem

Felsvorsprung an den Steilhängen des Arnhemland, ein großes Aborigine-Gebiet im Nordosten Australiens, das nur mit einer speziellen Berechtigung besucht werden darf, befinden sich die bis zu 50.000 Jahre alten Nourlangie-Felsmalereien. Sie gehören zu den ältesten menschlichen Hinterlassenschaften, die es auf diesem Planeten zu finden gibt. Sie erzählen die Geschichte der Vorfahren, die das Land schufen sowie von den geografischen Veränderungen der Landschaft, die sich über tausende von Jahren zugetragen haben. Den vergleichsweise aktuelleren Malereien kann man sogar den ersten Kontakt der Ureinwohner mit europäischen Siedlern entnehmen, die im 19. Jahrhundert nach Australien kamen. Über zehntausende von Jahren haben Menschen hier gelebt, ihre Geschichten für die nachkommenden Generationen auf diesen Felsen hinterlassen, die nun hoch über uns aufragen. Die Menschen sind schon lange fort, doch ihre Geschichten sind geblieben. Die eigene Vergänglichkeit und Bedeutungslosigkeit wird uns angesichts dieser weit zurückreichenden Geschichte schlagartig bewusst. So viele Menschen mit ihren Geschichten gab es schon vor uns und wird es nach uns geben. Welche Bedeutung haben da schon die wenigen Jahre, die ein einziges Menschenleben auf dieser Erde dauert?

*Querwelteinreisetag 144, Litchfield Nationalpark, Top End.* Ein kleines Rätsel für zwischendurch: Wer ist maximal 20 mm lang und baut dekorative Schlösser mit Türmen, die in perfekter Nord-Süd-Ausrichtung der Sonne folgen, um stets die exakt richtige Temperatur in den Bauobjekten zu gewährleisten? Nein, kein geschrumpfter *Hundertwasser*, sondern australische Termiten. Wir sind nun im Litchfield Nationalpark, der bekannt ist für seine schönen Wasserfälle, relativ krokodilfreien Badestellen und monströsen Termitenbauten. Der Größte von ihnen ist über 5 m hoch und etwa 50 Jahre alt. Zwei Arten von Termitenbauten sind hier zu unterscheiden. Zum einen gibt es die Schlösser, deren Architektur höchst komplex ist und viele kleine Anbauten und

Türmchen umfasst. Zum anderen gibt es die magnetischen Bauten, deren Konstrukteure entsprechend der Himmelsrichtungen bauen, um den ganzen Tag über eine angenehme Temperatur in ihrer Behausung sicherstellen zu können. So gibt es einen warmen südlichen Bereich, für die kühlen Morgen- und Abendstunden sowie einen kühleren Bereich im Norden, um der australischen Mittagshitze zu entgehen. Die Termiten orientieren sich beim Bau ihrer Herbergen mithilfe eines inneren Kompasses am Magnetfeld der Erde. Beeindruckend!

## Kultur(losigkeit) in Queensland und das Great Barrier Reef

Um anders als viele andere Reisende unser Auto nicht aus Zeitnot mit im Zündschloss steckendem Schlüssel einsam und verlassen am Flughafen zurücklassen zu müssen, versuchen wir frühzeitig, es auf legalem Weg loszuwerden. Überraschenderweise gelingt uns das sogar und wir finden einen Deutschen, der gerade in sein Australienabenteuer startet und dem wir unseren Charlie – im Austausch für eine durchaus souveräne Anzahl australischer Dollars (und zwar ebenso viele, wie wir zwei Monate zuvor dafür bezahlt hatten) – mit relativ gutem Gewissen übergeben können. Spontan fliegen wir nun noch nach Cairns an die australische Ostküste, um hier unsere letzte Woche in Australien zu verbringen und das Great Barrier Reef anschauen zu können.

*Querwelteinreisetag 146, Cairns, Queensland.* Cairns! Der Flug von Darwin hierher ging schnell, doch nun harren wir am Flughafen aus, um in die Stadt abtransportiert zu werden. Wir wollen uns allerdings nicht – oder höchstens ein bisschen – beschweren, denn der Transport vom Flughafen in die City von Cairns ist kostenlos. So nehmen wir auch die cholerischen Ausraster des Transporteurs gelassen, der zunächst zwei chinesische Mädchen mit verbesserungswürdigen Englischkenntnissen in Grund und Boden argumentiert und gestikuliert, da sie nicht genau wissen, in welchem Hostel sie wohnen (ist natürlich auch irgendwie blöd) und anschließend kurz vor einem Herzinfarkt steht, als ich ihm mitteile, dass wir den Transport in die Stadt nicht reserviert haben. Dies ist jedoch offensichtlich ein Muss. Wir werden schließlich als einzige am Busterminal stehen gelassen, da wir nicht mehr in den Bus passen. Schon klar, wir haben durch die australische Muffin-Inflation halt etwas zugelegt. Nach etwa einer Stunde Wartezeit kommt der cholerische Transporteur zurück und bringt schließlich auch uns in die City. Zum Gratistransport gibt es dann noch eine Gratisstadtführung und ein Gratiskompliment bezüglich meines äußeren Erscheinungsbildes und so sind wir bei Ankunft an unserem gebuchten Hostel auch wieder milde gestimmt. Jedenfalls ich.

Unser Hostel liegt direkt an der Esplanade, einer langen Promenade, die direkt am Meer entlangführt. Wir genießen es, anders als während der letzten bereits autolosen Tage in Darwin, wieder ein Zimmer für uns allein zu haben und es nicht mit drei bis fünf Schnarchopfern teilen zu müssen. Zu den weiteren Annehmlichkeiten des Hostels gehört die Tatsache, dass es offensichtlich niemandem gehört. Die Rezeption ist nur hin und wieder mal und von unterschiedlichsten Personen besetzt. Diese unterschiedlichen Personen haben immerhin eines gemein: sie alle sind durchschnittlich 20 Jahre jünger als wir. Dementsprechend ist die Rezeption auch abends regelmäßig in diversen Bars unterwegs und überhört in der Regel des Morgens den Wecker, so dass das Frühstück selten pünktlich zur Verfügung steht. So sehr wir den Altersdurchschnitt im gesamten Hostel um viele Jahre nach oben treiben, so sehr senken wir wiederum die durchschnittliche Dezibel-Belastung. Dies hängt in erster Linie damit zusammen, dass wir – verrückt wie wir sind – im Gegensatz zu den meisten anderen Gästen die Küche nicht mit einem laut gebrüllten „*Yoooooooo!! What's uuuuuuuuup, guuuyyyyyys?????*" betreten. Wir gehen einfach rein und begrüßen diverse Anwesende mit einem „Hi". Verrückt. Auch klatschen wir uns selten lautstark ab, wenn wir gerade offensichtlich Bewundernswertes geleistet haben, wie beispielsweise die kognitiv höchst anspruchsvolle Zubereitung eines Käsetoasts. Offensichtlich passen wir nicht ganz zur „Kultur" in diesem Hostel.

*Querwelteinreisetag 148, Great Barrier Reef, Queensland.* Das Great Barrier Reef ist nicht das, wonach es klingt. Zum einen handelt es sich dabei nicht um *ein* Riff, vielmehr ist es eine Ansammlung von fast 3.000 einzelnen Riffen, die sich insgesamt über eine Strecke von 2.500 km erstrecken. Einer meiner, in nahezu jeder Situation anwendbaren, multifunktionalen Lieblingssätze, *„Kennste einen, kennste alle",* wird hier vermutlich nicht zutreffend sein. Bekannt als eine der artenreichsten Regionen unseres Planeten – so gibt es hier neben den unterschiedlichsten Korallenarten auch Haie, Wale und Meeresschildkröten – ist das Riff seit Jahrzehnten in Gefahr. Dafür ist sowohl der starke Tourismus als auch das Wetterphänomen *El Niño* verantwortlich, das für die Erwärmung der Wassertemperatur sorgt und somit das Korallensterben vorantreibt.

Mit einem Segelboot machen wir nun einen Schnorchel-Ausflug zum bekanntesten aller Riffe. Es gibt viele Veranstalter, die Touren ins Great Barrier Reef anbieten. Meist handelt es sich dabei jedoch um Ausflüge mit einem Minimum von 50 Teilnehmern. Wir entscheiden uns hingegen für ein kleines Boot, auf dem wir letztlich nur zu sechst sind. Wir genießen die gemütliche Atmosphäre, das reichliche und sehr gute Essen, die Fahrt zum Riff, während wir uns die Sonne ins Gesicht scheinen lassen und sind froh, dass wir trotz des starken Wellengangs nicht seekrank werden. Nach zwei Stunden Fahrt wird das Boot angehalten, der Anker geworfen und wir schnappen uns Taucherbrille und Schnorchel und lassen uns in das kühle Nass plumpsen. Es dauert einen Moment, bis die Augen sich an die Dunkelheit unter der

Wasseroberfläche gewöhnt haben. Doch schon nach wenigen Sekunden nehmen die zuvor schemenhaften Umrisse um uns herum allmählich Formen an und wir blicken auf riesige Korallenformationen, die in den unterschiedlichsten Farben schimmern. Dazwischen Fischschwärme, Muscheln mit einem Durchmesser von über einem Meter und monströse Meeresschildkröten, die gemächlich im trüben Wasser paddeln und sich von uns nicht im Geringsten aus der Ruhe bringen lassen. Anders als während unseres Tauchkurses auf Bali, weisen uns die Trainer hier darauf hin, nicht auf die Korallen zu treten, da diese sehr empfindlich und leicht zu zerstören sind. Schön ist es hier im Great Barrier Reef. Doch der Umstand, dass diese Region inzwischen stark gefährdet ist und unser Besuch, auch wenn wir mit einem Segelboot vielleicht etwas weniger Unheil anrichten, als die großen Ausflugsdampfer, einen Beitrag zu diesem Untergang leistet, hinterlässt ein ungutes Gefühl.

10 Wochen haben wir in Australien verbracht und dieser Kontinent hat uns erneut so begeistert, wie schon vor drei Jahren, als wir das erste Mal hier waren. Diese Weite, dieser Sternenhimmel, die Hilfsbereitschaft der Menschen. Es gibt nichts Vergleichbares!

*Resümee Australien: 71 Nächte; 11 Nächte in 3 Hostels; 60 Nächte in Charlie auf 55 Stellplätzen; 1 Strafzettel wegen unerlaubten Campings, davon 1 Widerspruch gegen Strafzettel, davon 1 vergeblicher Widerspruch gegen Strafzettel; 1 von Dingo zerstörte Unterhose; 2 von Dingo gestohlene Unterhosen; 1 Verheiratungsangebot*

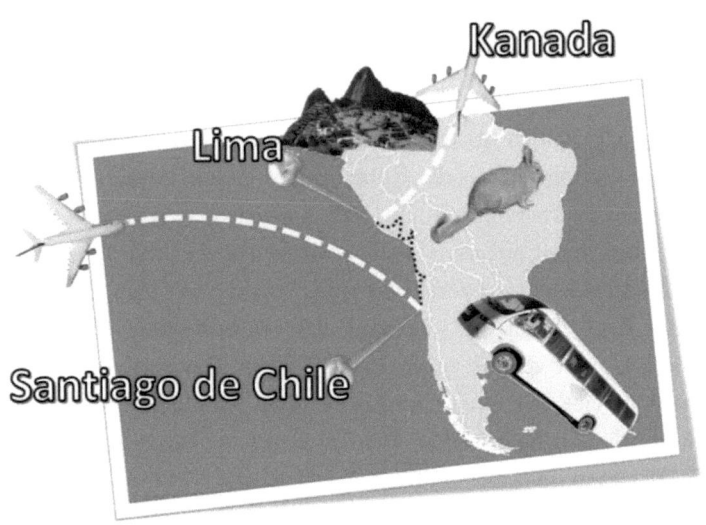

Kanada

Lima

Santiago de Chile

# CHILE:
## Land der verlorenen Dinge (29.05.2015 - 18.06.2015)

*Querwelteinreisetag 152, Santiago de Chile.* Unsere erste Reise nach Südamerika startet... nun... gewöhnungsbedürftig. Nach der Ankunft am Flughafen geht es wie üblich durch die Immigration – der 10. Stempel in unserem Reisepass – und anschließend zu den Gepäckbändern. Unsere Rucksäcke sind uns dankenswerterweise nach Chile gefolgt und mit ihnen wollen wir flugs das Flughafengebäude verlassen. Da haben wir die Rechnung allerdings ohne den Drogenhund gemacht. Kaum betritt dieser in Gefolgschaft des uniformierten Frauchens den Raum mit den Gepäckbändern, stürzt er sich auf meinen Rucksack und versucht seine Besitzerin lautstark bellend über den offensichtlich hochgradig ominösen Inhalt desselbigen zu informieren. Vor meinem inneren Auge visualisiere ich derweil die Reportagen über das böse Südamerika, wo irgendwelche bösen Menschen den naiven Touristen heimlich illegale Substanzen unterjubeln, um sie als nichtsahnende Drogenkuriere zu missbrauchen. Während ich gedanklich noch damit beschäftigt bin, dieses farbenfrohe Bild meiner Person, in Handschellen ins chilenische Hochsicherheitsgefängnis abgeführt, heraufzubeschwören, öffnet Drogenhundis Frauchen vorsichtig meinen verdächtigen Rucksack. Dabei stellt sich schließlich heraus, dass das Hündchen lediglich den aus Australien illegal importierten Pfeffer erschnüffelt hatte. Duftnoten von tags zuvor im Rucksack transportierten Rosinen könnten ebenfalls Grund für das auflodernde Temperament des Vierbeiners gewesen sein. Nachdem ich noch zwei ebenfalls illegal importierte Äpfel abgeben musste, dürfen wir schließlich das Flughafengebäude ohne Handschellen verlassen.

## Die Suche nach dem heiligen Gral in Santiago de Chile

Mit dem Bus fahren wir nun vom Flughafen in die Innenstadt von Santiago de Chile. Angekommen an unserer Haltestelle verlassen wir den Bus elegant mit unseren vier Rucksäcken und stolpern direkt in die Nachwehen einer erst vor ein paar Minuten geendeten Studentendemonstration. Tränengas brennt uns in Augen und Nase, zersplitterte Glasscherben liegen auf der Straße – die Überbleibsel eingeschlagener Fensterscheiben und Ladentüren. Willkommen in Südamerika!

Trotz tränender Augen finden wir problemlos das Hostel, in dem wir im Vorhinein ein Zimmer reserviert hatten. Kaum haben wir dieses betreten, wünschten wir uns allerdings, wir hätten es gar nicht erst gefunden. Etwa im Jahr 1952 hat es das letzte Mal einen Putzlappen gesehen. Es gibt *einen* Gaskocher für das gesamte Hostel, der nach erstmaligem Gebrauch den Geist aufgibt – und bis zum Ende unseres Aufenthaltes geistlos bleiben wird. Das Hochbett, in dem wir schlafen, hat sich vor geraumer Zeit auf eine Liaison mit dem Fußboden eingelassen, so dass eines seiner Beine komplett in selbigem eingedrungen ist, wodurch das Bett eine interessante geometrische Form angenommen hat. Unsere zwei Mitbewohner, die das Glück haben, in dem keuschen Hochbett zu schlafen, das sich nicht zu trauter Zweisamkeit mit dem Parkett hat hinreißen lassen, können wir unter all den elegant drapierten benutzten Unterhosen und Socken nur vage erahnen. Stimmen, die aus eben diesen Wäschestapeln von Zeit zu Zeit zu uns durchdringen, lassen darauf schließen, dass es sich um Dänen männlichen Geschlechts handeln könnte. Dies ist allerdings nicht viel mehr als eine vage Vermutung. Das Badezimmer, das wir uns mit allen Hostelbewohnern teilen, befindet sich im offenen Innenhof und überzeugt im derzeit herrschenden chilenischen Winter mit innenhofigen Temperaturen um den Gefrierpunkt.

So wenig wie dieses Hostel kann uns die Hauptstadt Santiago von sich überzeugen. Im städtischen Siedlungsgebiet leben über 6 Millionen Menschen, in der umgebenden Region Metropolitana sind es sogar über 8 Millionen. Damit leben 44% aller Chilenen in der Hauptstadt Santiago oder in ihrer direkten Umgebung. Und das ist nicht zu übersehen! Der dichte Smog, der über der Stadt hängt, macht es einem schwer, den Weg zu finden. Ein Ausflug auf den *Cerro San Cristobal*, ein in die Stadt hineinragender Vorläufer der Anden, den man mit einer kleinen Seilbahn erklimmen kann, zeigt uns deutlich die Smogschicht, die über der Stadt hängt und kaum Sonnenlicht durchlässt. Auch wenn es einige nette Stadtteile gibt, wie Bellavista, das bekannt ist für sein künstlerisches Flair, die historischen Gebäude, coole Cafés und bunte Häuser, können wir der Stadt nur wenig abgewinnen. Allerdings muss man dazu sagen, dass das inzwischen für fast jede Großstadt gilt. Wir fühlen uns einfach wohler in den kleineren, ursprünglicheren Gegenden, in denen man das jeweilige Land authentischer erleben kann. Großstädte haben hingegen eines gemeinsam: Sie sind oft ein *melting pot,* ein Schmelztiegel unterschiedlichster Nationalitäten und Kulturen. Das hat natürlich auch seine interessanten Seiten, es kann jedoch irgendwann auch ziemlich eintönig werden. Unabhängig von der Stadt, in der man sich gerade befindet, lassen sich problemlos indische Restaurants neben chinesischen Imbissbuden und einem schicken Italiener finden. Egal, ob man gerade in Saigon, Perth oder Santiago de Chile ist. Darüber hinaus kann man sich irgendwann des Eindrucks nicht mehr erwehren, stets auf die gleichen Touristen zu treffen, die mit den immer gleichen Wanderschuhen, Outdoorjacken und sonnenschützenden Kopfbedeckungen ausgerüstet, fotografierend die Straßen entlangeilen. Uns natürlich eingeschlossen, abgesehen von der Kopfbedeckung (steht mir nämlich außergewöhnlich schlecht). Zu den von Reiseführern für Großstädte angepriesenen Sehenswürdigkeiten gehören dabei stets, jeweils zu einem Drittel, Kirchen, Museen und historische Gebäude aus der Kolonialzeit. Wenn man länger unterwegs ist, hat man diesbezüglich also mehr Déjà-Vu-Erlebnisse als echte Bereicherungen. Daher sind wir inzwischen großstadt-müde geworden.

Doch hin und wieder gibt es auch in der Großstadt neue Erlebnisse, die in keinem Reiseführer beschrieben stehen. So beispielsweise die Suche nach dem heiligen Gral, die in Santiago mit der Suche nach einem Reiseführer gleichzusetzen ist. Kurz nach unserer Ankunft in Chile machen wir uns auf den Weg in die Innenstadt, um einen Reiseführer zu kaufen. Eine Stunde lang suchen wir in der Hauptstadt des am stärksten entwickelten Landes Südamerikas, das inzwischen auch Mitglied der OECD ist, nach einem Buchladen – vergeblich. Nachdem wir auch in den großen, Karstadt-ähnlichen Gebäuden nichts finden, was auch nur im Entferntesten an ein Buch erinnert, erkundigen wir uns bei den Verkäuferinnen, wo denn hier die Buchabteilung zu finden sei? Fragende Blicke. *Na, so Reiseführer eben*, ergänzen wir. Fragende Blicke werden von schockiertem Kopfschütteln abgelöst. *Wo könnte man denn so etwas bekommen?* Fragende Blicke zur Kollegin. *Ein Buchladen? In Santiago?* Niemand weiß Genaueres. Zu unserem Glück mischen sich zwei Kundinnen ein, die hinter uns in der Schlange stehend das Gespräch mitbekommen haben. Sie wüssten, wo es einen Buchladen gibt und wollten ohnehin gerade dorthin, erzählen sie uns aufgeregt. Wir sollen ihnen einfach folgen. Fluchtartig verlassen sie das Gebäude, wir stürzen hinterher. In einer für zwei so kleine Damen unglaublichen Geschwindigkeit führen sie uns durch die gesamte Innenstadt, während sie uns unentwegt mit wertvollen Tipps versorgen, wo man wann auf was achten müsse (Stichwort: Handtaschendiebe). Nach einigen Minuten des hektischen Rennens machen sie Halt bei einem Polizisten, um ihn zu fragen, wo es einen Buchladen gebe. Hmm. Wir waren ja eigentlich davon ausgegangen, Sinn dieses gemeinsamen Spaziergangs durch das rappelvolle Santiago an einem Samstagnachmittag sei die Führung zu einem, den Damen bekannten, Buchladen. Offensichtlich nicht. Der Polizist weist uns den Weg. Fünf Minuten später halten wir bei einer Polizistin an (ja, die Polizeipräsenz hier ist enorm), um erneut nach einem Buchladen zu fragen. Die Polizistin allerdings ist deutlich überfragt und weist uns den Weg zu einem Stadtführer, der Touren durch Santiago anbietet. Dieser ist allerdings ebenfalls ratlos und verweist uns auf die Bibliothek, die, wie wir kurze Zeit später entdecken, bereits geschlossen ist. So machen wir uns zwar ohne Reiseführer, aber dafür um eine Erfahrung reicher, auf den Weg zurück zum Hostel.

Gezwungenermaßen müssen wir noch eine volle Woche in Santiago verbringen, da ich mich für einen Sprachkurs angemeldet habe. Nach drei Monaten in Asien, wo wir nichts außer „*Hallo*" in der jeweiligen Landessprache zu sagen im Stande waren, wollen wir uns jedenfalls in Südamerika einigermaßen verständigen können. Dazu muss aber das rostige Schulspanisch erst einmal ordentlich aufpoliert werden.

### Die ungekämmte Hafenstadt Valparaíso

*Querwelteinreisetag 160, Valparaíso.* Unser nächster Halt ist Valparaíso, eine etwa zwei Stunden von Santiago entfernt liegende Hafenstadt. Das Busticket von Santiago nach Valparaíso haben wir bereits am vorherigen Tag gekauft, da wir gehört hatten, es könne am Wochenende schwierig werden, noch einen Platz im Bus zu bekommen. Als wir am vermeintlichen Abfahrtsort der Busse nirgends einen solchen entdecken können, fragen wir in einer Imbissbude nach. Auf unserem Ticket ist als Abfahrtsort die Universität angegeben. *Wo also sind die Busse*, fragen wir nun die Angestellten. Wie sich herausstellt, handelt es sich bei dem Abfahrtsort der Busse um die Universidad de *Santiago*. Wir allerdings stehen an der Universidad de *Chile*. Tja, blöd gelaufen. Wer kann auch damit rechnen, dass es hier zwei Universitäten gibt??

Um von hier aus noch den Weg zur anderen Uni anzutreten, ist es bereits zu spät. Also zurück zum Ticketschalter. Nachdem wir hier gefühlte 72 Stunden angestanden haben, teilt uns die nette Angestellte mit einem süffisanten Lächeln schließlich mit, dass unser Ticket leider nicht mehr auf eine andere Abfahrtszeit umgeändert werden könne. Wir müssen also neue Tickets kaufen. Die alten werden vor unseren Augen in der Luft zerrissen. Jepp, hart erspartes Weltreisegeld gekonnt investiert!

Zwei Stunden später als geplant erreichen wir schließlich Valparaíso. Da wir, wie üblich, kein Geld für ein Taxi ausgeben wollen, machen wir uns zu Fuß auf den Weg zum Hostel. Es dauert nicht lange, bis wir bemerken: Es gibt viele Stufen in dieser Stadt. Viiiiiieeeele, viele Stufen. Und da man bei Google Maps Höhenunterschiede nicht erkennen kann und natürlich den laut Karte kürzesten Weg wählt, sind wir letztendlich noch mehr Stufen gelaufen, als eigentlich notwendig gewesen wäre. Nach diesem harten Workout im Hostel angekommen, realisieren wir zu guter Letzt auch noch, dass wir unnötigerweise einmal um den ganzen verdammten Hügel herumgelaufen sind, statt lediglich die 20 Stufen zu nehmen, die ebenso zum Eingang des Hostels geführt hätten. Nun denn. Das Hostel jedenfalls ist wirklich schön und die Stadt ebenfalls. Ein Zitat von Chiles bekanntem Schriftsteller Pablo Neruda bezeichnet Valparaíso ganz treffend wie folgt: „*Valparaíso, how absurd you are... you haven't combed your hair, you've never had time to get dressed, life has always surprised you.*" Laut Neruda geizt Valparaíso demnach nicht mit Absurdität, stets erscheint es ungekämmt, unpassend angezogen und vom Leben überrascht worden zu sein. Die Stadt ist ein Durcheinander von kleinen, quietschbunten Häuschen auf steilen Hügeln, Graffiti-bemalten Wänden, unglaublich vielen, unglaublich steilen Stufen, extrem gut gefütterten Straßenhunden, die sich in der Sonne aalen, sowie einem unglaublich hässlichen Hafen. Doch sie ist trotzdem, oder vielleicht genau deswegen, wirklich sehenswert!

## Die trockenste Wüste der Welt: die Atacama

*Querwelteinreisetag 162, irgendwo in Chile.* Der Hauptgrund für unsere Reise nach Chile ist die Atacama-Wüste, die trockenste Wüste der Erde. Mit dem Bus geht es von Valparaíso in 22 Stunden zunächst nach Calama. So eine Busfahrt macht nicht so richtig viel Spaß. Es ruckelt, es ist laut und während des kurvigen Fahrens die Bustoilette aufzusuchen, ist eine Herausforderung der besonderen Art. Als wir am nächsten Tag völlig erschöpft in Calama ankommen, müssen wir erstmal herausfinden, wie es von hier aus weiter nach San Pedro, unserem eigentlichen Ziel, geht. Zwar wissen wir, dass es Busse gibt, die diese Strecke fahren. Allerdings war im Vorhinein nicht herauszufinden, um welche Busse es sich genau handelt und wo sie abfahren. Wir suchen verschiedene kleine Busticketbuden auf, von denen es hier reichlich gibt und werden immer wieder an das nächste Busunternehmen verwiesen. Desorientiert, müde, leicht erkältet und beladen mit jeweils zwei Rucksäcken irren wir durch die Stadt und versuchen mit dürftigen Spanischkenntnissen unsere Weiterfahrt zu organisieren. Nach etwa einer halben Stunde haben wir Glück und finden endlich ein Busunternehmen, das eine Linie nach San Pedro unterhält und noch freie Plätze hat. Wir kaufen die Tickets und haben nun noch etwa eine Stunde Zeit, bis der Bus abfährt.

Mit Sack und Pack laufen wir zum nächsten Kiosk, um uns etwas zu trinken zu holen. Während wir noch mit der Entscheidungsfindung beschäftigt sind, welches Getränk es denn sein soll (oder doch lieber ein Eis?), kommen plötzlich einige Leute auf uns zu und weisen uns auf Spanisch darauf hin, dass da etwas an unseren Rucksäcken sei. Wir entdecken eine Flüssigkeit, die wie eine Mischung aus Eis und Vogelkacke aussieht und sich quer über unsere Rucksäcke sowie teilweise über unsere Kleidung ergossen hat. Man versucht, uns mit Taschentüchern dabei zu helfen, die Sauerei zu beseitigen. Dabei greifen die Taschentuchschwingenden Helfershände immer wieder nach unseren Rucksäcken, um diese von der mysteriösen Flüssigkeit zu befreien. Währenddessen deuten die älteren Männer und eine Frau stets gen Himmel, um uns in ambitioniertem Spanisch zu erklären, dass ein Vogel der Übeltäter dieser Sauerei gewesen sein muss. Wir versuchen derweil, ihnen zu vermitteln, dass es nicht so schlimm sei und wir die Rucksäcke später reinigen würden. Wieder deuten sie nach oben, *„Páraja, párajo"*, Vogel, Vogel. Wir folgen ihrem Blick und antworten: *„Si, si, yo se..."*. Ja, ja, ich weiß. Ich drehe mich wieder um und... die drei älteren Herrschaften sind verschwunden. Ich blicke zu Leslie, er zu mir, wir schauen uns um und ich frage: *„Wo ist der kleine schwarze Rucksack? Mein Tagesrucksack?"*. *„Ich dachte, du hast ihn??!"*, entgegnet er schockiert. *„Nein, du hattest ihn doch zuletzt"*, schreie ich. Es stellt sich heraus, dass gemeinsam mit den drei Personen auch unser Rucksack verschwunden ist. Und mit ihm mein Handy, eBook-Reader, Jacke, umgerechnet etwa 300 Euro Bargeld, und – am tragischsten – mein Reisetagebuch!

Nach einem halben Jahr Reisen, in dem stets alles gut gegangen ist, musste es wohl irgendwann mal soweit kommen. Immerhin haben wir noch Glück im Unglück, da die Diebe den „falschen" Rucksack gestohlen haben. Also nicht denjenigen, der mit Laptop, Spiegelreflexkamera, Reisepässen und allen SD-Karten inklusive sämtlicher Fotos der letzten sechs Monate gefüllt war. Trotzdem ist es keine besonders erfreuliche Situation. Leslie läuft sofort los, um nach der Polizei zu suchen, die hier in der Stadt relativ präsent ist (warum wohl?). Er kommt mit zwei Polizisten im Schlepptau zurück zum Kiosk, wo ich derweil mit dem Rest unserer Sachen warte. Ich versuche den Polizisten auf Spanisch zu erklären, was passiert ist. Diese sind jedoch ziemlich desinteressiert an meinen Ausführungen und schreiben auch nichts dazu auf. *Wie sahen die Personen aus? Befanden sich wichtige Dokumente im Rucksack? Reisepässe?* Spätestens als wir auf die letzte Frage mit

„*No*" antworten, hat sich die Relevanz der Angelegenheit für die Staatsdiener erledigt. Sofern keine Ausweispapiere verschwunden sind, sei doch alles halb so wild, erklären sie uns hocherfreut. Die Polizisten geben uns zum Abschied noch den wertvollen Rat mit auf den Weg, demnächst besser aufzupassen. „*Somos en Chile, no está Alemania!*", wir sind hier in Chile, nicht in Deutschland, erklären sie uns. Na, vielen Dank für diese hilfreiche Information! Wir werden darauf hingewiesen, aus Versicherungsgründen in den nächsten Tagen noch offiziell Anzeige zu erstatten. Und das war's. Für die Polizisten sind wir nur ein paar dämliche Touristen, die auf einen blöden Trick hereingefallen sind. Wie uns einige Minuten später im Bus nach San Pedro de Atacama klar wird, befinden sich auf meinem gestohlenen Handy Fotos unserer Kreditkarten. Diese hatten wir zu Sicherungszwecken gemacht, denn falls die Kreditkarten geklaut würden, hätten wir so gleich die Kartennummern, um sie einfacher sperren lassen zu können. Irgendwie hatten wir dabei allerdings nicht bedacht, was passieren könnte, wenn hingegen das *Handy* geklaut würde. Nun sind wir gezwungen, all unsere Kreditkarten sperren zu lassen, damit diese von den Dieben nicht für den nächsten chilenischen Amazon-Großeinkauf benutzt werden. Na herrlich!

*Querwelteinreisetag 164, San Pedro de Atacama.* Mit äußerst rostigen Spanischkenntnissen Anzeige in einem kleinen Polizeiamt in der chilenischen Wüste zu erstatten, entpuppt sich als eine Begegnung der… irgendwie… dritten Art. Schon die Einrichtung des Polizeiamtes mutet äußerst vertrauensvoll an: Ein Loch im Boden wird dekorativ von einem Schreibtisch bedeckt, der wiederum aussieht, als habe er die schlimmste Zeit seines Lebens bereits hinter sich gebracht. Als wir das Büro betreten und den Grund unseres Besuches darlegen – den Diebstahl meines Rucksacks – ernten wir verständnislose Blicke. Liegt das nun an meinen rudimentären Spanischkenntnissen? Als ich hinzufüge, dass ich Anzeige erstatten möchte und einen Wisch für die Versicherung benötige, klaren sich die Gesichter auf, die über den Polizistenköpfen schwebenden Fragezeichen verschwinden und unsere Anzeige wird aufgenommen. Ein Diebstahl allein ist also offensichtlich kein Grund, zur Polizei zu gehen. Während ich auf dem Stuhl vor dem dekorativen Schreibtisch Platz nehme, liest sich *Polizist Numero Uno* die schriftlichen Erläuterungen zum Diebstahlvorgang durch, die ich im Vorhinein niedergeschrieben hatte. Er gibt den Zettel an *Polizist Numero Dos* weiter, gespickt mit einer kurzen mündlichen Zusammenfassung der von mir berichteten Geschehnisse. *Polizist Numero Dos* tippt die Anzeige in den Computer. Meinen Reisepass in den Händen haltend werden mir substanzielle Fragen nach meinem Alter sowie meiner Herkunft gestellt. Nicht, dass diese Informationen bereits gesammelt im Reisepass zu finden wären. Nachdem alles sorgfältig im Computer notiert wurde, wird das Dokument ausgedruckt. Nun kommt *Polizist Numero Tres,* setzt sich mir gegenüber und fragt noch einmal nach, was genau gestohlen wurde. Er notiert alles handschriftlich, in Formularen. Vier mal. *Polizist Numero Tres* unterschreibt, *Polizist Numero Dos* unterschreibt, ich unterschreibe. Währenddessen inspiziert *Polizist Numero Cuatro* ausgiebig meinen Reisepass. Blick zu mir. Blick zum Reisepass. Blick zu mir. Ja, kaum zu glauben, ich bin es tatsächlich. Das war's. Auf meine Frage, ob ich damit rechnen könne, dass irgendetwas von meinen gestohlenen Sachen wiedergefunden werden, ernte ich erwartungsgemäß ein müdes Lächeln und die Aussage, dass ich in diesem Fall Nachricht erhalten würde.

Nun denn, speichern wir das Ganze einfach in der Rubrik *„Erfahrungen"* oder *„Lustige Geschichten, die man später erzählen kann"* ab. In einem solch unerfreulichen Zusammenhang kann man aber auch schöne Erfahrungen machen. So lernen wir einige Tage später auf einem Tagesausflug mit einer Reisegruppe ein englisches Paar kennen, dem wir von dem Diebstahl erzählen und das uns spontan 100 US-Dollar geben möchte, damit wir über die

Runden kommen. Da wir noch genügend Bargeld haben und die Sperrung unserer Kreditkarten vorerst verschmerzen können, nehmen wir das Geld nicht an. Doch ist es wirklich eine schöne Erfahrung, dass es Menschen gibt, die ihnen gänzlich fremden Menschen einfach so Geld schenken wollen, um ihnen aus einer misslichen Lage herauszuhelfen. Eine Erfahrung, die wir ohne den Diebstahl nicht gemacht hätten.

Zu dieser Kategorie von Erfahrungen, die wir ohne diesen Zwischenfall nicht gemacht hätten, gehört sicher auch der sehr spezielle Erhalt einer neuen Kreditkarte am chilenischen Arsch der Welt. An dieser Stelle nun ein Tipp für alle Kreditkarten-Inhaber: Nehmt nun bitte einmal eure Karte zur Hand. Ja, wirklich! Geht damit in die Küche. Öffnet den Mülleimer. Schmeißt das verdammte Ding rein. Mülleimer schließen, Aufgabe erledigt. Ihr habt euch einen großen Gefallen getan! Denn sollte eure Kreditkarte einmal gestohlen werden, kommt ihr ohne einwandfreies Englisch, äußerst viel Geduld und einer Standleitung in die Vereinigten Staaten niemals an eine neue Karte heran. So verbrachten wir diverse Stunden damit, das private Telefon der Hostelbesitzerin besetzt zu halten und telefonierten mit der Kreditkarten-Geschäftsstelle in den USA, um uns eine neue Kreditkarte zu organisieren. Denn die deutsche Sparkasse, die uns die Karte ausgestellt hatte, war oder *fühlte* sich jedenfalls mitnichten zuständig für unser Problem. Denn das zuvor von unserer Sparkassenberaterin hoch angepriesene „*Bei Diebstahl: Neue Karte in 24 Stunden*" gilt offensichtlich nur, wenn man in Berlin Mitte wohnt. Und die Karte in Berlin Mitte gestohlen wurde. Und die neue Karte nach Berlin Mitte zugestellt werden soll. An einem Werktag. Allerdings nicht in den Ferien. Nun, letztendlich haben wir aber Erfolg: Wir bekommen eine neue Kreditkarte in die Atacama-Wüste geschickt. Da die Post hier allerdings nur einmal in der Woche kommt, musste eine andere Zustellungsmöglichkeit gefunden werden. Was liegt da näher, als die Kreditkarte via Organ-spendetransport nach San Pedro zu schicken? Richtig, nichts!

Da man in Südamerika nur sehr schwer selbst ein Auto mie-ten kann bzw. dies vergleichsweise kostspielig ist, bucht man in der Regel Touren mit diversen Veranstaltern, um sich Sehens-würdigkeiten anzuschauen. Um uns von den organisatorischen Nervereien, die mit dem Diebstahl einhergehen, abzulenken, buchen wir für die nächsten Tage einige Ausflüge, um die Ata-cama-Wüste zu erkunden. Zuerst schauen wir uns das Valle de la Muerte, das Tal des Todes, an. Mit dem Bus fahren wir aus der Stadt hinaus und steuern die Hauptstraße an. Etwa 4 km westlich weist ein Schild auf die Abzweigung zum Todestal hin. Hier wird die Straße unwegsam, die Asphaltierung der Hauptstraße findet in den salzverkrusteten sandigen Böden der Salzwüste ein jähes Ende. Der Bus hält und wir werden gemeinsam mit dem franzö-sischen Reiseleiter in die raue Mondlandschaft entlassen. Um uns herum ragen steile, ockerfarbene Tonfelsen in den strahlend blauen Himmel und kreieren schmale Gassen, die dazu einladen, sich durch sie hindurch zu quetschen, um die Geheimnisse zu entdecken, die dahinter lauern. Wir seilen uns von der zehnköpfi-gen Gruppe ab, geben dem Impuls nach, uns durch die schmale Öffnung zweier riesiger Felswände zu quetschen, um zu schauen, was sich dahinter verbirgt. Wir klettern zwischen den Steinen herum und registrieren die unglaubliche Stille – hier draußen in der Salzwüste hört man absolut nichts. Keine Vögel, keine Insek-ten, keine Reisegruppe. Wir entdecken einen Salzsee, wobei das Wasser größtenteils verschwunden ist und nur einige kleine Pfüt-zen zurückgeblieben sind. Der Boden ist bedeckt von einer zen-timeterdicken Salzschicht. Wagt man einen Schritt darauf, gibt der Untergrund sofort nach und man sinkt ein ganzes Stück in den Boden ein. Von weitem hören wir Stimmen und stoßen auf unsere Reisegruppe, die hinter den Felsen auftaucht. Sehr gut, wir wurden immerhin nicht zurückgelassen.

Auch im Valle de la Luna, das wir anschließend ansteuern, umgibt uns eine raue, vegetationslose Wüstenlandschaft. Die Trockenheit dieser Region sowie die hohen Tages- und geringen Nachttemperaturen machen es Pflanzen jeglicher Art nahezu unmöglich, sich in diesen Gefilden anzusiedeln. Wir laufen immer tiefer hinein in das lebensfeindliche Tal mit den salzverkrusteten braunen Felsen und erklimmen einen Berg, der an seiner Spitze dramatische Ausblicke bietet. Die Atacama-Wüste – eine wirklich einzigartige Landschaft!

Sonntagmorgen, 10 Uhr. Wir werden mit dem Bus aus San Pedro abgeholt und zum *Atacama Large Millimeter/Submillimeter Array (ALMA)* gebracht, wo es das größte Radioteleskop der Welt zu bestaunen gibt. Es wurde im Jahr 2013 offiziell in Betrieb genommen und besteht aus 66 hochpräzisen Antennen, die eine erheblich höhere Empfindlichkeit und Auflösung haben als andere Submillimeter-Teleskope. Die hohe Empfindlichkeit wird durch die große Anzahl einzelner Teleskope gewährleistet. ALMA soll Informationen und detaillierte Bilder zur Geburt von Sternen und Planeten liefern. Denn die Entstehung von Sternen ist bis heute ein Rätsel, da optische Teleskope nicht in der Lage sind, in die dunklen, staubigen Cluster hineinzublicken, in denen Sterne geboren werden. Bei dem Projekt handelt es sich um eine internationale Zusammenarbeit zwischen Europa, den USA, Kanada, Ostasien und Chile. Mit Kosten von über einer Milliarde US-Dollar ist es derzeit das teuerste und größte Projekt der bodengebundenen Astronomie. Astronomen sollen im Rahmen dieses Projektes die chemischen und physikalischen Bedingungen in Molekülwolken untersuchen – dabei handelt es sich um dichte Gas- und Staubregionen, in denen neue Sterne geboren werden. Meist sind diese Gebiete des Universums dunkel und undurchdringlich für sichtbares Licht. Die Millimeter- und Submillimeterstrahlung wird beim Durchgang durch die Erdatmosphäre durch den in der Atmosphäre enthaltenen Wasserdampf stark abgeschwächt. Teleskope für diese Art der Astronomie müssen daher an hochgelegenen, trockenen Standorten gebaut werden. Aus diesem Grund wurde ALMA in über 5.000 m Höhe über dem Meeresspiegel in der trockensten Wüste der Welt errichtet. Fast nirgends auf der Erde ist die Luft derart trocken, klar und sauber wie hier am Fuße der Anden. Nur selten versperren Wolken den Blick auf die Sterne, wodurch es bis zu 300 Nächte im Jahr möglich ist, mit einem Teleskop das Universum zu betrachten. Es gibt keine Lichtverschmutzung durch künstliche Beleuchtungsquellen, die gerade in den Städten die Sicht auf die Sterne behindern. Wir erhalten heute eine kostenlose Führung durch das Center und bekommen gute Einblicke in das Projekt, während Astrophysiker und Astronomen aus ihrem Berufsalltag berichten.

Aufgrund der hervorragenden klimatischen Bedingungen werden in der Atacama-Wüste viele Beobachtungstouren angeboten. Auch wir fahren daher nach Sonnenuntergang zu einer außerhalb der Stadt gelegenen Lodge, die zwei Teleskope sowie einen höchst motivierten Astronomen bietet. In dem kleinen Aufenthaltsraum wird uns nun zunächst eine heiße Schokolade angeboten, um uns anschließend in den Innenhof zu schicken, wo wir durch die dort aufgebauten optischen Teleskope einen Blick in den wolkenfreien Nachthimmel werfen können. Tiefschwarz ist es hier, mitten in der Nacht, kein einziges Licht weit und breit stört den Blick in den Himmel. Bei einer Außentemperatur um den Gefrierpunkt zeigt uns der Astronom José nicht nur verschiedenste Sternenbilder in unserer Galaxie, sondern auch weitere Galaxien. Er deutet auf vier Sterne, angeordnet wie ein Drachen. „*El Cruz del sur*", das Kreuz des Südens, erklärt José. Es ist das bekannteste Sternbild des Südhimmels, auch zu finden auf den Nationalflaggen Australiens, Brasiliens und Neuseelands. Auf der Nordhalbkugel, also auch in Deutschland, ist diese Sternenkonstellation nicht zu sehen. Auch Saturn, mit seinen charakteristischen Ringen, können wir von hier aus erkennen. Stünden wir auf dem Saturn und würden mit diesem Teleskop versuchen, die Erde zu finden, würde uns dies nicht gelingen – die Erde ist dafür viel zu klein, erzählt José begeistert. Die unzähligen, hell leuchtenden Sterne der Milchstraße haben wir noch nie so klar erkennen können, wie hier, in der trockensten Wüste der Erde. Ein unglaublich schöner Anblick! Noch toller wäre das Ganze sicher, wenn man sich während der Sternebeobachtung nicht das wohlgeformte Hinterteil abfrieren würde. Aber irgendwas ist ja immer.

*Resümee Chile: 21 Tage; 4 Unterkünfte; 1 Nacht im Schlafbus; 1 gestohlener Rucksack; 3 gesperrte Kredit- und Girokarten; 1 Kreditkartenlieferung via Organspendetranspor;, 1 Standleitung San Pedro de Atacama - Geschäftsstelle der Kreditkartenfirma in New York*

*Einkaufen auf nepalesisch – Obstverkauf in Kathmandu (Nepal)*

*Ohne Fliegennetz geht nichts: Vorbereitung für Wanderungen am Uluru (Australien)*

*Cowboy-Feeling bei verbrannten Marshmallows (Alaska, USA)*

*Typisches Möchtegern-Angeber-Traveler-Motiv am Lake Hart (Australien)*

*Gassi gehen im Mekong-Delta (Vietnam)*

*Singapur bei Nacht: die Super Trees in den Gardens of the Bay*

*Typische Straßenverkäufe in Peru*

*Spannende Gespräche über den Islam in einer Moschee (Singapur)*

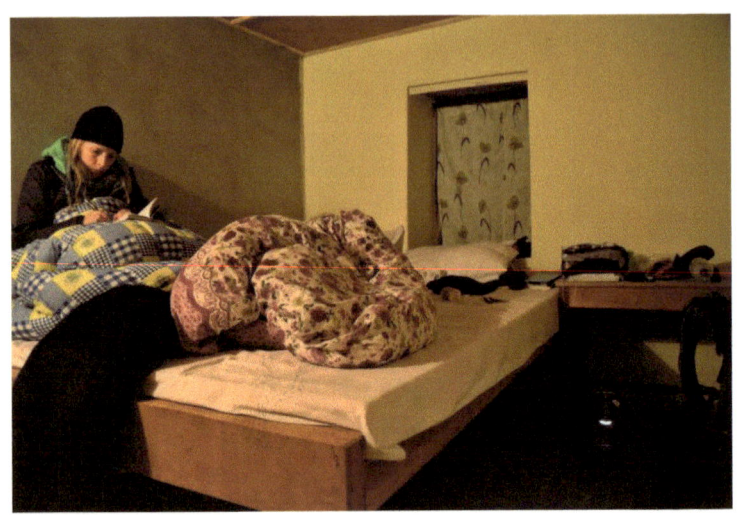

*Schreiben des Reisetagebuchs im „Schlafanzug" im Himalaya (Nepal)*

*Frühstück mit Ausblick: Die Golden Gate Bridge in San Francisco (USA)*

156

*Mopedmania – ein typischer Anblick in Hanoi (Vietnam)*

*Rote Steine, blauer Himmel, perfekte Schlafstätte: Einsamkeit in Utah
(USA)*

*Handarbeit auf einer schwimmenden Insel im Titicacasee (Peru)*

*Das Traummotiv jedes Alaska-Abenteurers: eine Grizzly-Mutter mit ihren Jungen (USA)*

*Endlich: angekommen am Polarkreis (Yukon Territory, Kanada)*

*Der Regenwald macht seinem Namen alle Ehre (Amazonas, Peru)*

*Blick auf den Uluru aus dem Cockpit eines Hubschraubers (Australien)*

*Polarlichter am Himmel Alaskas (USA)*

*Wir und unser australischer Reisebegleiter Charlie Cheap (Top End, Australien)*

*Nichts für Vegetarier: geröstete Meerschweinchen im Colca Canyon (Peru)*

*Nichts für Zartbesaitete: der Dempster Highway im Yukon Territory (Kanada)*

*Gespräche über die Zubereitung von Opfergaben in einem Tempel (Bali, Indonesien)*

*Abendliches Unterhaltungsprogramm: Radio hören auf dem Titicacasee (Peru)*

*Endlose Weite: Blick auf den Kakadu Nationalpark (Top End, Australien)*

## PERU:
## Mekka für Vegetarier. Nicht. (18.06.2015 - 14.07.2015)

*Querwelteinreisetag 172, zwischen Chile und Peru.* Nachdem wir eine Nacht in der chilenischen Grenzstadt Arica verbracht haben, wollen wir nun die Grenze zu Peru überqueren. In Arica gibt es einen großen Bahnhof, wo sowohl Busse als auch sogenannte *Collectivos,* Sammeltaxis, zu finden sind, mit denen man die Grenze passieren kann. Fraglich ist allerdings, wie das Ganze hier vonstattengehen soll. Es wimmelt von Taxis, Bussen, Menschen und kleinen Ticketbuden. Wir haben keine Ahnung, wohin wir müssen, wer der richtige Ansprechpartner ist und wie wir von hier aus nach Peru gelangen sollen. Ziellos laufen wir zwischen verschiedenen Taxis, Bussteigen und kleinen Häuschen umher. Schließlich betreten wir eines der kleinen Ticket-Häuschen, um an ein paar Informationen zu gelangen. Dort reagiert man jedoch in keinster Weise auf unser Eintreten. Leicht verwirrt erläutere ich unser Anliegen. Auch darauf folgt keine Antwort, die über ein träge gegrummeltes „*Äh*" hinausginge. Ich frage noch einmal nach, wie wir denn von hier aus über die Grenze nach Peru gelangen könnten. Statt einer Antwort bekomme ich schließlich einen Zettel in die Hand gedrückt, für den im Austausch Geld verlangt wird. Mit dem Zettel können wir uns, so grummelt die überaus unfreundliche Dame informativ über den Tresen, eines der Sammeltaxis aussuchen, das uns dann über die Grenze bringe. Ausgestattet mit dieser Information begeben wir uns wieder in die Höhle des Löwen, zum Sammelplatz der Busse und Collectivos. Einer der Fahrer ruft uns zu sich heran und fordert uns auf, unser Gepäck in seinem Kofferraum zu verstauen, wir könnten bei ihm mitfahren. Da die Situation irgendwie dubios erscheint, wenden wir eine bereits in Nepal erlernte Vorgehensweise beim Taxibesteigen an: Während der eine das Gepäck im Kofferraum verstaut, sitzt der andere bereits im Auto – so kann der Taxifahrer sich nicht mit dem Gepäck davonmachen, während die dösigen Touris mit leeren Händen dem mit geöffnetem Kofferraum fortsausenden Auto hinterher glotzen.

Für die Weiterfahrt zu unserem Tagesziel Arequipa kaufen wir in Tacna, wo wir vom Collectivo abgesetzt werden, nun ein Busticket. Als unser Bus schließlich kommt, steigen wir ein, werfen unsere Jacken auf die Ablage über uns, fläzen uns in die relativ bequemen Sitze und treten die nächste Etappe an. Sieben Stunden Busfahrt liegen vor uns. Yippie! Die Landschaft, die vor dem Fenster an uns vorüberzieht, ist reizlos: Sand, Wüste und heruntergekommene Städte zieren das Bild. Als wir schließlich nach sieben Stunden Busfahren am Nachmittag in Arequipa ankommen und in das Gepäckfach über unseren Köpfen greifen, um unsere dort am Morgen deponierten Jacken herauszuholen, müssen wir realisieren, dass diese irgendwann während der Fahrt gestohlen wurden. Also haben wir nun auch keine Jacken mehr. Südamerika? Läuft bei uns!

## Der Süden: Arequipa und Colca Canyon

Sollte man einen besonderen Bedarf an Brillen oder Särgen vermelden, ist man in Arequipa genau richtig. Als Touristenhighlight eher ungeeignet, dient die Stadt im Süden Perus einzig als Ausgangspunkt für Touren zu hübschen Schluchten und zum Titicacasee. Darüber hinaus bekommt man hier alles Lebensnotwendige, um sich auf diese Touren angemessen vorbereiten zu können. Gemüse? Schwierig! Getränke? Schwierig! Reis, Nudeln, Brot? Fast unmöglich! Aber Brillen in verschiedensten Formen und Farben? Null problema! Oder eine nette Urne? Die Qual der Wahl! Und schon taucht da wieder diese Frage auf, die wir uns schon in Asien so häufig gestellt haben: Wie kann hier überhaupt irgendein Laden überleben, wenn 40 Brillengeschäfte neben 30 Bestattern existieren?

*Querwelteinreisetag 174, Colca Canyon.* Die tiefste Schlucht der Welt ist wider Erwarten nicht der Grand Canyon in den USA. Es ist der peruanische Colca Canyon und den wollen wir uns im Rahmen einer mehrtägigen Wanderung genauer ansehen. Der erste Tag der Tour beginnt ungemütlich. Um 3 Uhr nachts werden wir abgeholt, in den Bus verfrachtet und drei Stunden zum Canyon gefahren. Dort angekommen, wartet bereits das erste Highlight: Am Cruz del Condor, einem Aussichtspunkt am Colca Canyon, entdecken wir die zweitgrößten Vögel der Welt. Kondore fliegen hier am frühen Morgen ihre Bahnen und beeindrucken uns mit ihrer enormen Flügelspannweite von bis zu 3 m. Die Sonne brennt auf der Haut, während wir nun in die Schlucht hinunterwandern, der Staub dringt in Augen und Nase, es geht immer weiter bergab auf rutschigem Geröll, das auch unseren Guide zu Fall bringt.

Nach vier Stunden Wandern in praller Hitze, erreichen wir San Jua, wo sich unser Übernachtungsplatz befindet. Die „Lodge", wie sie sich so euphemistisch bezeichnet, ist noch rudimentärer, als die Hütten, die wir in Nepal bewohnt haben. Der Boden unseres Zimmers existiert nicht, die Tür lässt sich nicht schließen und Licht gibt es auch keines. Die zwei Toiletten, die sich draußen befinden und mit dem Rest der Gäste geteilt werden, haben ein Fenster, das eine hervorragende Aussicht – und somit auch eine ungetrübte Einsicht – bietet sowie eine Tür (immerhin), die sich nicht schließen lässt. Nach dem Abendessen betrachten wir den Sternenhimmel, der hier draußen wieder so klar ist, ungetrübt von Laternenlichtern und anderen Lichtverschmutzungen, dass wir die Milchstraße klar und deutlich erkennen können und gehen danach früh schlafen. Elektrisches Licht gibt es nicht, sodass wir unser Zimmer mit einer Kerze beleuchten. Was vor Jahrhunderten normal war, kommt einem in der heutigen Zeit total außergewöhnlich vor. Dass eine kleine Kerze ein ganzes Zimmer ausleuchten kann – verrückt! Das ist wohl wirklich *back to the roots.*

Der nächste Tag im Colca Canyon startet um 7:30 Uhr mit dem Frühstück. Es gibt Bananen-Pancakes. Wir fühlen uns wieder einmal herzlich willkommen geheißen auf dem *Gringo Trail.* Dieser inzwischen recht etablierte Begriff umfasst die typische Reiseroute der langnasigen, weißen Touristen, die in ihren Zwanzigern und frühen Dreißigern Südostasien und Südamerika bereisen und dabei stets den ausgetretenen Touri-Pfaden folgen. Zum Frühstück verlangen sie dann, nach typisch westlicher Manier, etwas Süßes und grenzen sich damit deutlich ab von einheimischen Frühstücksgewohnheiten, wie Phở in Vietnam, Reispfanne in Nepal, scharfe Roti in Malaysia oder morgendliches Nudelsüppchen in Kambodscha. Die Nachfrage bestimmt das Angebot, daher sind entlang der typischen Tourirouten fast überall Bananenpfannkuchen zum Frühstück zu bekommen. Obwohl man ja nicht müde wird, sich einzubilden, selbst ganz anders zu sein als all die anderen Touristen oder Möchtergernminimalistischen, barfüßigen, langhaarigen Weltverbesserungs-Traveler, denen man so begegnet, müssen wir doch sagen: Nudelsuppe zum Frühstück??? Mal ehrlich, wer denkt sich denn sowas aus? Wir müssen wohl akzeptieren, dass wir genauso sind, wie alle anderen und plädieren für Bananenpfannkuchen!

Nachdem wir am vorherigen Tag ausschließlich bergab gewandert sind, gestaltet sich das Laufen während der nächsten Tage etwas abwechslungsreicher. Zunächst geht es allerdings erst mal bergauf. 3.000 m über dem Meeresspiegel und ausgestattet mit einem nicht zu unterschätzenden Bananenpfannkuchenmagen ist das wahrlich kein Spaziergang. Unterwegs erklärt unser Guide Nelson einige Pflanzen am Wegesrand und weist auf deren Verwendungen hin. Das lenkt immerhin etwas von der Anstrengung ab, die zumeist nicht die besten Seiten meines Charakters hervorbringt. Wir durchqueren winzige Dörfer und sind beeindruckt von der noch immer sehr traditionellen Lebensweise hier. Männer und Frauen arbeiten auf den Feldern, reiten auf Eseln an uns vorbei, setzen ihre Lehmhütten in Stand. Kinder nehmen tagtäglich einen langen Schulweg von mehreren Kilometern auf sich. Hier werden alle Kinder, unabhängig von ihrem Alter, gemeinsam unterrichtet. Selten handelt es sich dabei jedoch um mehr als 10 Kinder, die gleichzeitig unterrichtet werden. Die Bevölkerung in diesen ländlichen Gebieten wird immer älter, die jungen Menschen ziehen in die Städte, um eine Ausbildung oder Arbeit zu finden. Phänomene, wie demografischer Wandel und Urbanisierung, zeigen sich nicht nur in westlichen Industrienationen wie Deutschland, sondern auch im abgelegenen Süden Perus.

## Der anrüchig klingendste See der Welt: der Titicacasee

*Querwelteinreisetag 177, Arequipa.* Auf zum Titicacasee! Ja, den gibt es wirklich. Reisen bildet, denn vor dieser Weltreise dachte ich, der Titicacasee sei ein Produkt der Fantasie Pippi Langstrumpfs. Oder irgendwas Perverses. Der real existierende See befindet sich 3.900 m über dem Meeresspiegel und grenzt an Peru und Bolivien. Um dorthin zu gelangen, sind aber zunächst sechs Stunden Busfahrt notwendig.

So eine Busfahrt könnte ja ganz entspannt sein. Theoretisch. Man hat Zeit, um im Reiseführer zu lesen, Reisetagebuch zu schreiben oder nur völlig dösig aus dem Fenster zu starren. Theoretisch. Dinge eben, die man in deutschen Bussen während einer solchen Fahrt tun könnte. Sitzt man allerdings in Chile oder Peru in einem Bus, kann man die Zeit besser dazu nutzen, sich in buddhistischer Gelassenheit zu üben. Die Gelassenheitsübung beginnt mit dem Abstellen des Geruchssinns. So wird eine dauerhafte Belästigung durch den aus den Toiletten dringenden, penetranten Uringestank vermieden. Die zweite Übung besteht im

Abstellen des Gehörsinns. Denn südamerikanische Busgesellschaften sind stolz auf ihr umfangreiches Entertainment-System, das bei einer sechsstündigen Busfahrt mit der Demonstration von mindestens 3 1/2 Filmen aufwarten kann. Die Auswahl der Filme ist dabei höchst abwechslungsreich: *Transporters* 1-56, *Die Tribute von Panem* 1-22 und *The Fast and the Furious* 1-432. All diese qualitativ hochwertigen, cineastischen Meisterwerke haben eines gemein: sie sind vollgestopft mit Actionszenen, die einem das Trommelfell platzen lassen, da sich „*for your convenience*" über jedem Sitz ein eigener Lautsprecher befindet, der sich weder aus- noch leise stellen lässt. Selbst Oropax bleiben aufgrund der durchdringenden Ton-Vibration funktionsuntüchtig. So übt man sich also in buddhistischer Gelassenheit und versucht die Geräusch- und Geruchsbelästigung ebenso zu ignorieren wie die ständige Furcht vor einem erneuten Diebstahl, diesmal womöglich in Form eines unbemerkten Entwendens der Hosentaschen. Man bemüht sich also, sich ruhig zu verhalten, um nicht wegen Vandalismus im peruanischen Hochsicherheitstrakt zu enden. Ja, so eine Busfahrt, die ist lustig.

*Querwelteinreisetag 179, Titicacasee.* Auf schwimmenden Inseln im Titicacasee, die aus Schilf und Wurzelgeflechten errichtet wurden, lebt die Volksgruppe der *Urus*. Wir verlassen das Boot, das uns hierher gebracht hat und werden in einer Art Stuhlkreis ohne Stühle und stattdessen mit Schilfballen versammelt, um einer einzigartigen Touri-Verkaufsaktion beizuwohnen. Zunächst wird ein wenig über die kleine Insel erzählt, auf der (angeblich) fünf bis sechs Familien in sehr traditioneller Weise wohnen. Sie lebten vom Verkauf ihres Kunsthandwerks, Fischfang und Vogeleiern. Mit dem Kauf dieser Produkte unterstützten wir, so wird uns nun mitgeteilt, die traditionell in Armut lebenden Familien. Die diversen Motorboote, die hinter den Vorzeigehütten versteckt liegen, entgehen uns allerdings nicht. Wir können uns des Eindrucks nicht erwehren, dass es sich bei dieser Darstellung um nicht viel mehr als eine eben solche handelt – eine Darstellung für die Touristen, die im Anschluss ihr Portemonnaie zücken sollen, um diverses Kunsthandwerk käuflich zu erwerben und damit den Familien finanziell unter die Arme zu greifen.

Auf der Insel Amananti, die wir schließlich am frühen Nachmittag erreichen, wartet bereits eine Gruppe von Frauen in traditioneller Bekleidung auf uns. Auf dieser Insel ist die Beherbergung der Touristen nach einem Rotationsprinzip organisiert. So kommt jede der hier lebenden Familien in den „Genuss" der Touristenbeherbergung, um sich so ein paar Sol verdienen zu können. Wir werden schließlich einer älteren Frau, Juana, zugeteilt. Sie läuft voraus zu ihrem Haus und wir folgen schweigend. Während des zwanzigminütigen Spaziergangs spinnt sie permanent Wolle und wir können nicht viel mehr tun, als japsend den Weg zu bewältigen und zu versuchen, zu überleben. Die fast 4.000 m über dem Meeresspiegel und den damit einhergehenden verringerten Sauerstoffgehalt in der Luft spüren wir deutlich.

Das Zimmer, in dem wir während unseres Aufenthalts schlafen werden, ist schöner als wir erwartet hätten und hat direkten Seeblick. Und das Wichtigste: es ist ausgestattet mit Nachttöpfen! Die benutzen wir allerdings nicht. Nun ja, zweckentfremdet als Hut. Unser Abendessen, das aus Kartoffeln an Kartoffeln dekoriert mit Kartoffeln besteht, genießen wir heute in Juanas zugiger, doch gemütlicher Küche, während wir zusammen mit ihr und ihrem Sohn dem schrebbelnden Radio lauschen, das das Fußballspiel Peru gegen Bolivien überträgt. Ich muss prompt an Erzählungen meiner Oma denken, wie sie als Kind mit ihren Geschwistern zusammensaß und abends Radio hörte – die einzige Unterhaltungsmöglichkeit, die es damals gab.

Auf einem Hügel liegt ein Tempel aus der prä-Inka Zeit, der einen wunderschönen Blick auf den Titicacasee und bis zu den

Bergen Boliviens bietet. Es heißt, wenn man einen Wunsch hat, dann solle man dreimal um den Tempel herumlaufen, an diesen Wunsch denken und Cocablätter in das Innere des Tempels werfen. Dann werde der Wunsch wahr, denn diese Insel gilt als magisch, habe besondere Kräfte. Klingt natürlich völlig bescheuert. Trotzdem habe ich es gemacht, einfach so zum Ausprobieren. Und was soll ich sagen? Es hat funktioniert, mein Wunsch ist in Erfüllung gegangen. Und ohne an dieser Stelle explizit sagen zu wollen, was genau ich mir gewünscht habe, kann ich nur sagen, dass es sich um etwas handelte, dessen Erfüllung nicht unbedingt wahrscheinlich war. Unglaublich!

## Das Tor zu allem: die Inkastadt Cusco

*Querwelteinreisetag 179, Cusco.* Mit dem Bus fahren wir nach Cusco, dem Ausgangspunkt für so ziemlich alles, unter anderem auch für Touren zum Inkaheiligtum Machu Picchu. Das Hostel, das wir gebucht haben, ist für den Preis in Ordnung. Die Duschen sind allerdings, wie mehr oder weniger üblich in Peru, arschkalt, obwohl ein Durchlauferhitzer existiert und dieser sich alle paar Minuten auch mal dazu hinreißen lässt, zu arbeiten. Dann überkommt ihn jedoch wieder die südamerikanische Mentalität und er macht für den Rest des Tages Siesta. Geführt wird das Hostel von verschiedensten jungen Männern. Wer genau dort arbeitet, wer Gast ist und wer sich einfach nur hin und wieder aus nicht näher definierbaren Gründen dort aufhält, bleibt unklar. WLAN arbeitet, allerdings mit Überraschungseffekten. An- und Abwesenheiten desselben sind unvorhersehbare Komponenten unseres alltäglichen Hostellebens.

Eigentlich wollten wir hier in Cusco etwas entspannen, es ruhig angehen lassen. Doch das ist in diesem Hostel, in dem wir uns untergebracht haben, nur schwer zu realisieren. Es ist nicht wirklich gemütlich, da es keinen Aufenthaltsraum gibt. Wir haben

die Wahl zwischen einer, von monumental riesigen Hunden zuge-
schissenen Dachterrasse, und unserem zugigen Zimmer, in dem,
dem Geruch nach, ein südamerikanischer Helmut Schmidt den
Großteil seines langen Lebens verbracht bzw. verraucht haben
muss. Außerdem müssen wir stets auf Zehenspitzen durch die
hostelschen Gefilde laufen, stets befürchtend, auf den etwa 100-
jährigen Vater des vermeintlichen Hostelbesitzers zu treffen, mit
dem wir mit erschreckender Regelmäßigkeit das identische Gespräch führen. Geschätzte 136 Mal habe ich ihm auf seine Frage
hin bereits erzählt, dass ich aus Deutschland komme. Er erzählt
daraufhin stets, dass er zwei deutsche Worte kenne: „*Achtung*"
und „*Prost*". Ich weise immer wieder aufs Neue darauf hin, dass
dies ja auch die wichtigsten Worte seien, die man in einer anderen
Sprache beherrschen sollte. Dieses Gespräch habe ich nun schon
so oft geführt, dass ich befürchte, bald den Rest meines Wort-
schatzes zu vergessen und in Kürze nur noch die Worte „*Deutschland*", „*Achtung*" und „*Prost*" artikulieren zu können.

Da die kompetente Sparkassenmitarbeiterin uns vor wenigen
Tagen mitteilte, dass sie unsere mit dem Organtransport nach
Chile versendete Kreditkarte versehentlich und unwiderruflich
gesperrt habe, besitzen wir inzwischen wieder einmal kein funkti-
onstüchtiges Plastikgeld mehr. Uns geht allmählich aber auch das
Bargeld aus und so müssen wir uns nun Geld anweisen lassen.
Dies kann man, so heißt es auf der Webseite der *Western Union*,
weltweit problemlos tun und es innerhalb von Minuten quasi
überall abholen. Allerdings nicht sonntags. Und eigentlich auch
nicht an Feiertagen. Aber wir haben Glück und finden eine Apo-
theke, die heute, am Feiertag, geöffnet hat und eine Western Union Filiale beherbergt. Als wir das Geld abholen wollen, teilt man
uns dort allerdings mit, dass kein Geld mehr vorrätig sei, da momentan so viele Leute welches haben wollten. Wir können uns
des fiesen Gedankens nicht erwehren, dass dies kaum überraschend ist, da Reisende hier mit hübscher Regelmäßigkeit bestoh-

len werden. Die Apothekerin verweist uns auf eine weitere Western Union Filiale, die geöffnet haben müsste, 10 Minuten entfernt. Diese andere Filiale ist zugleich eine Geldwechselstelle, mit dem Namen *Money Corner*. Nun, das klingt doch überaus seriös. Insbesondere dann, wenn man Sol im Wert von 1.000 Euro abholen will und um die enormen Probleme weiß, die es in Peru immer wieder aufgrund des hohen Umlaufs von Falschgeld gibt.

Bei Betreten des Ladens erkundigen wir uns zunächst, ob es denn hier tatsächlich Geld gebe. Aber selbstverständlich habe man ausreichend Geld vorrätig, teilt man uns mit. Ein beruhigtes Aufatmen unsererseits weicht umgehend internen cholerischen Wutausbrüchen, als man uns anschließend darauf hinweist, dass Geld zwar theoretisch vorrätig sei, man es allerdings gerade nicht auszahlen könne, da das Computersystem abgestürzt sei. Ach so. Wir sollten doch bitte in einer halben Stunde noch einmal wiederkommen, dann funktioniere es bestimmt. *Geld problemlos anweisen lassen, überall auf der Welt.* Danke, Western Union, funktioniert ganz hervorragend. Zum wiederholten Male kurz vor dem Nervenzusammenbruch, zählen wir unsere übriggebliebenen Münzen und kalkulieren, ob es denn noch für ein Brötchen reichen könnte. Nach einer halben Stunde Wartezeit betreten wir, inzwischen bar jeglicher Hoffnungen, in diesem Land noch dem Hungertod entkommen zu können, erneut das vertrauenserweckende Money Corner. Und siehe da, das System funktioniert wieder! In wenigen Minuten werden wir wieder Bares in den Händen halten. Aber halt: Wir sind in Südamerika. Ganz so einfach ist das also nicht. Die Dame am Schalter übergibt uns nun das Bargeld, das wir umgehend nachzählen. Der Betrag unterscheidet sich beträchtlich von jenem, den die Western Union als Abhebungsbetrag festgelegt hatte. Als wir dies der Angestellten mitteilen, ernten wir anstelle einer Antwort nur ein müdes Lächeln und die restlichen Sol. Da hat die gute Frau doch einfach mal ihr Glück versucht und wollte sich 30 Euro des transferierten Geldes in die eigene Tasche stecken.

## Mysteriöse Erdloch-Piekerei im Amazonas-Regenwald

*Querwelteinreisetag 182, Puerto Maldonado.* Eine alles andere als gemütliche Fahrt mit dem Nachtbus bringt uns nach Puerto Maldonado, dem Ausgangspunkt für Reisen in den Amazonas-Regenwald. Die zahlreichen Serpentinen schleudern uns regelmäßig fast aus den Sitzen, der Bus muss zwischenzeitlich anhalten, um diverse Steine und Bäume von der Straße zu räumen, Polizisten halten den Bus an, um Passagiere auf Gott-weiß-was zu überprüfen und währenddessen schreien zwei Kinder unablässig, eines vor und eines hinter uns, als seien sie mit einem der Menschheit bislang nicht bekannten Virus infiziert.

In Puerto Maldonado werden wir abgeholt und mit dem Boot über den Río Madre de Dios zu unserer gebuchten Dschungellodge gefahren. Das Wetter ist herrlich, die Sonne scheint auf den breiten Fluss und wir sind umgeben von herrlichen Grüntönen und fliegenden Fischen, die immer wieder rechts und links des Bootes aus dem Wasser springen. Als wir nach einer Stunde die Lodge erreichen und das Boot am schlammigen Ufer hält, wagen wir samt Rucksack einen galanten Sprung vom Boot in den Dschungelschlamm, waten ein paar rutschige Treppenstufen hoch und sind endlich angekommen! Vor uns liegt eine wunderschöne Lodge, mitten im Amazonas-Regenwald. Wir folgen unserem Guide Indira, gespannt, was uns am Ende des schmalen schlammigen Weges erwarten wird. Wir überqueren eine kleine Brücke, unter ihr der grün-braune schlammige Flussarm des Río Madre de Dios und erreichen schließlich eine große, vollverglaste Haupthalle, die zugleich Anmeldung, Speisesaal und Aufenthaltsraum ist. Eingerichtet mit hellen Holztischen und Stühlen, einem Billardtisch und gemütlichen Sofas, fühlen wir uns sofort wohl. Von unserer Unterkunft hatten wir im Vorhinein wenig erwartet, da wir bereits gehört hatten, dass es mitten im Dschungel (verständlicherweise) selten luxuriös zugeht. Doch die Realität ist um einiges schöner als unsere Fantasie. Unser Bungalow hat ein eigenes Badezimmer, Ablageflächen und Haken (oh, welch Luxus, den wir in drei Monaten Asien ungefähr 1 1/2 Mal vorfanden), elektrisches Licht (ok, nur vier Stunden am Tag, aber reicht ja aus) und eine Veranda mit Hängematten.

Unsere erste Wanderung durch den Amazonas-Regenwald mit unserer Führerin Indira sowie Till und Julia, ein deutsches Paar, das ebenfalls heute angereist ist, geht es unweit der Lodge in den Wald hinein. Ein Schmetterling wählt mich als seine zukünftige Wohnstätte aus, macht es sich auf meinem Hut gemütlich und will trotz all des Gerüttels, das ich mit selbigem anstelle, diesen nicht mehr verlassen. Gemeinsam mit diesem neuen Gruppenmitglied setzen wir unsere Dschungelsafari fort. Ein kleiner Trampelpfad führt uns durch dichten Urwald. Es wimmelt von Insekten und anderem Getier. Auf den ersten Blick fällt uns gar nicht auf, was hier alles durch Büsche und Bäume kreucht. Doch Indira wird nicht müde, uns auf jede Spinne am Wegesrand hinzuweisen und so sehen wir irgendwann den Wald vor lauter Getier nicht mehr. Ruckartig bleibt Indira plötzlich stehen. Sie bückt sich, scheint irgendetwas zu suchen. Sie hebt einen schmalen, etwa 30 cm langen Stock auf und scheint mit ihrem Fund äußerst zufrieden. Mit dem Stock in der Hand nähert Indira sich einem kleinen Erdloch. Was darin wohl wohnen mag? Ein Dschungelkaninchen? Immer wieder piekt sie mit dem kleinen Stock in das Loch hinein, während wir sie gespannt beobachten. Nach einigen vergeblichen Versuchen, ist die Piekerei schließlich von Erfolg gekrönt. Doch beim Anblick dessen, was sie uns zeigen wollte, läuft es uns kalt über den Rücken. Etwas Tiefschwarzes schnellt aus dem kleinen Erdloch hervor, stürzt sich auf den kurzen Stock, den Indira noch immer in der Hand hält und beißt sich daran fest. Eine Tarantel! Kaum, dass wir sie erblicken und erschrocken aufschreien, ist sie schon wieder verschwunden. Indira versucht es noch einige Male und die handgroße Tarantel lässt sich noch einmal dazu hinreißen, den Stock anzugreifen. Danach bleibt sie bis auf weiteres in ihrem Loch verschwunden. Sie hat wohl realisiert, dass es sich bei uns nur um ein paar starrende Touris und nicht um eine wirkliche Gefahr handelt, die es zu beseitigen gilt. Jedenfalls hoffe ich das.

*Querwelteinreisetag 184, irgendwo im Amazonas-Dschungel.* Ich wollte schon immer mal an einem Seil durch den Dschungel jagen. Am *adrenalin day* bietet sich dazu die perfekte Gelegenheit. Nach dem Frühstück – es gibt Kaffee intravenös und zwei Brötchenkrümel, damit der Magen glaubt, etwas zu tun zu haben – holt Indira uns ab und bringt uns zum *Canopy-Walk*: in etwa 40 m Höhe sind eine Reihe von Hängebrücken angebracht, die einen herrlichen Blick auf den Dschungel und den Fluss ermöglichen. Außerdem gibt es hier eine Zipline. Wir können uns also wie Tarzan an ein Drahtseil (statt einer Liane) zwischen die Baumkronen hängen und den Dschungel aus einer anderen Perspektive und in einem Affenzahn erleben. Da dies zu den Dingen gehört, die fest auf meiner noch in Deutschland angelegten To-Do-Liste stehen, zögern wir nicht lange und lassen uns trotz der zweifelhaften Sicherheitsstandards darauf ein.

Mit einem Karabinerhaken, der sich zunächst nicht schließen lässt (was nur mir und niemandem des für diese Aktion fragwürdig ausgebildeten Personals auffällt), werden wir einzeln an ein Drahtseil gehängt. Jetzt muss ich nur noch Loslassen und schon beginnt die Reise, 40 m oberhalb des Dschungelbodens. Das mit dem Loslassen ist allerdings gar nicht so einfach, wenn sich unter einem so viel Nichts befindet. Nach einigen vergeblichen Versuchen, bei denen ich stets nur *einen* Fuß, niemals beide von der Plattform löse, schaffe ich es schließlich, mich vom sicheren Boden zu lösen und am Drahtseil hängend bis zur nächsten Plattform zu sausen. Ich spüre den Wind im Gesicht, der mir die Tränen in die Augen treibt, das aufgeregte Kribbeln in meinem Bauch, höre das Rasseln der Aufhängung, während sie das Seil entlangrauscht. Ein tolles Gefühl! Das Bremsen allerdings, für das man selbst verantwortlich ist und das nicht durch einen Stopper am Ende der Zipline automatisch geregelt wird, ist für mich eine kaum zu bezwingende Herausforderung. Bei dieser ersten Fahrt bremse ich gar nicht, was dazu führt, dass ich die Plattform, auf der ich angerauscht komme, beinahe in ihre Einzelteile zerlege. Doch da ich ja durchaus fähig bin, aus meinen Fehlern zu lernen, bremse ich bei der zweiten Fahrt. Diesmal allerdings viel zu früh, so dass ich elegant in der Mitte des Drahtseils wie ein nasser Sack hängenbleibe. Nun, man hat von hier aus ja auch eine wunderbare Aussicht. Das Personal reagiert kompetent und wirft mir eine mit Sand gefüllte Plastikflasche an einem morschen Strick zu, mit deren Hilfe ich mich wieder zur Plattform hangele. Bei Leslie funktioniert das Ganze etwas reibungsloser. Langweilig.

Was wäre eine Dschungeltour ohne Nachtaktivitäten? Nach Einbruch der Dunkelheit schwingen wir unsere Astralkörper auf ein Boot und begeben uns auf die Suche nach Kaimanen, die zur Unterfamilie der Alligatoren zählen. In der Dunkelheit sind sie leicht auszumachen, da ihre Augen das Licht reflektieren und gelblich aufflackern, sobald sie vom Lichtstrahl einer Taschenlampe erfasst werden. Während wir in absoluter Dunkelheit über den schwarzen, undurchdringlichen Fluss rudern, können wir einige am Ufer liegende Exemplare ausmachen. Die gelblich funkelnden Augen sind neben der Taschenlampe, die Indira in der Hand hält, die einzige Lichtquelle auf dem nächtlichen Río Madre de Dios.

## Machu Picchu und andere Unpässlichkeiten

*Querwelteinreisetag 187, Machu Picchu.* Mit akuter Scheißerei eingepfercht zwischen anderen Touristen nach Machu Picchu gekarrt werden: Sowas nennt man Abenteuer! Wir sind auf dem Weg nach Aguas Calientes, dem Ausgangspunkt für das Inka-Heiligtum. Leslie hat die Nacht mehr oder weniger schlafend auf den Badezimmerfliesen verbracht. Er ist heute also etwas... sagen wir, *unpässlich.* Da wir die Tour jedoch nicht verschieben können und sie einiges unseres hart ersparten Weltreisegeldes kostet, habe ich ihn mit Tabletten vollgestopft, in der Hoffnung, dass er nicht aufgrund unrechtmäßiger Exkrementebelästigung anderer Fahrgäste irgendwo in der Pampa des Buses verwiesen wird. Ich bin derweil froh, dass es mich ausnahmsweise mal nicht erwischt hat. Diese Freude währt eine ganze Stunde, bis auch ich, zugedröhnt mit *Vomex* und *Immodium akut* (wie froh bin ich in diesem Moment über meine ehrgeizig ausgestattete Reiseapotheke) körperspannungslos im ungefederten Bus hänge, dessen Fahrer ein Rennen gegen Unbekannt fährt. Bar jeglichen Lebenswillens erreichen wir am Nachmittag einen Parkplatz. Hier endet die Straße, weiter geht es von hier mit dem ekelhaft überteuerten Zug oder per pedes. Uns geht es zwar noch immer verbesserungswürdig, doch wollen wir es trotzdem zu Fuß versuchen, um das Geld für die unverhältnismäßig teure Zugfahrt zu sparen.

So machen wir uns auf den Weg, in der relativ festen Überzeugung, dass wir das schon irgendwie überleben werden. Es braucht lediglich ein paar Meter, bis wir, verlassen von jeglicher Art Lebensenergie und dem Tode nahe, in den Bananenbäumen hängenbleiben. Da sich das nicht so gemütlich anfühlt, wie es klingt, müssen wir wohl doch mit dem Zug fahren. Wir verschlafen die reizvolle Zugfahrt komplett und erreichen völlig benommen nach 45 Minuten Fahrt unser Ziel, Aguas Calientes. Wir schleppen uns ins Hotel, verschlafen den Rest des Tages und hoffen, so am nächsten Tag um 4 Uhr morgens wieder fit zu sein, um mit der Gruppe und dem Guide zusammen wandernd Machu Picchu zum Sonnenaufgang zu erreichen. Erstaunlich, wie naiv man manchmal sein kann. Die ganze Nacht über vegetieren wir in unserem Hotelbett vor uns hin, vor Gliederschmerzen stöhnend, das Schicksal verfluchend. Optimistisch stellen wir trotzdem den Wecker für den nächsten Morgen, da wir dann bestimmt wieder fit genug sind, um zwei Stunden bergauf zu laufen.

Pustekuchen! Als der Wecker am Morgen klingelt, kommt es bereits einem Marathon gleich, diesen überhaupt nur auszustellen. Wir überlegen kurz, ob wir, statt zu laufen, mit dem Bus nach Machu Picchu fahren sollten. Doch selbst dazu sehen wir uns nicht in der Lage. Wie uns wenig später mitgeteilt wird, müssen wir bis spätestens 10 Uhr das Hostel verlassen haben. Jeder kennt das: Wenn man krank ist, will man eigentlich nur zu Mutti und sich nicht damit beschäftigen müssen, wohin man stattdessen kann, um die Krankheit auszukurieren. Wir können kaum stehen, kriechen die ganze Zeit ins Badezimmer um... naja... zu tun, was man eben so tut, wenn man von einem Magen-Darm-Virus belästigt wird. Unser Tourguide erweist sich glücklicherweise als äußerst kompetent, organisiert uns ein neues Hostel und sorgt auch für den Rücktransport nach Cusco am nächsten Tag, da wir nicht in der Lage sind, mit dem Rest der Gruppe heute zurückzufahren.

Unser teures Ticket für Machu Picchu ist allerdings nur am heutigen Tag gültig. Daher müssen wir uns nun entscheiden: das berühmte Heiligtum der Inka komplett sausen lassen? Oder sich mit Schmerztabletten vollpumpen, die Signale des Körpers ignorieren und hoch da? Aufgrund der monetären Probleme, die uns bisher in Südamerika ereilten, kommt es nicht in Frage, erneut ein Ticket á 70 Euro für den nächsten Tag zu kaufen. Wir entscheiden uns daher für den Pillencocktail und machen uns völlig zugedröhnt gegen Mittag auf den Weg.

Ein Bus fährt uns den steilen Weg hinauf. Das Inkaheiligtum liegt auf einem Hügel inmitten hoher Berge, umschlossen von dichten Wäldern und ist nicht auszumachen, bevor man nicht unmittelbar davorsteht. Die Inkas erbauten die Stadt im 15. Jahrhundert in 2.430 m Höhe auf einem Bergrücken, zwischen den Gipfeln des Huayna Picchu und des Berges Machu Picchu in den Anden. Insgesamt 216 Bauten umfasste die Stadt, die auf Terrassen angelegt und durch Treppen miteinander verbunden waren. Sowohl die Terrassen als auch die sie verbindenden, etwa 3.000 Stufen sind bis heute weitgehend erhalten geblieben, ebenso die Kanalverbindung zwischen der Wasserquelle und den Brunnenbecken, die Außenmauern der Tempel sowie die mehrgeschossigen Wohnbauten. Man geht heute davon aus, dass die Stadt in ihrer Blütezeit bis zu 1.000 Menschen beherbergte. Doch bis heute kennt man weder den damaligen Namen, noch den Sinn und Zweck dieser Stadt, versteckt zwischen Bergen und Wald, hoch oben in den Anden. Es existieren keinerlei schriftliche oder mündliche Überlieferungen und so bleibt es bis heute ein Mysterium, warum die Stadt so plötzlich verlassen und nie wieder von den Inkas aufgesucht wurde. Erst im 20. Jahrhundert wurde sie wiederentdeckt und ist heute die bekannteste Sehenswürdigkeit Südamerikas. Etwa 2.000 Touristen besuchen Machu Picchu – täglich!

Unsere eingeschränkte physische Konstitution zwingt uns, die Szenerie größtenteils im Sitzen zu genießen, statt viel herumzulaufen. Das hat aber durchaus seinen Reiz, da wir die mystische Atmosphäre auf diese Art sehr viel intensiver in uns aufnehmen können. Wir blicken auf die terrassenförmig angelegten Häuser, bestaunen die perfekt an diese unebene Höhenlage angepasste Architektur, genießen die Sonne auf unseren Gesichtern, die kühle, frische Luft und sind froh, uns trotz der darmbedingten Widrigkeiten hier hoch gequält zu haben.

## Letzte Station: die Hauptstadt Lima

*Querwelteinreisetag 198, Lima.* Unsere letzte Station in Peru und damit auch in Südamerika ist Lima. Die Busfahrt dorthin wird 22 Stunden dauern. Wir freuen uns. Nicht. Unzählige Bergpässe und Serpentinen befördern die Übelkeit der letzten Tage wieder an die Oberfläche. Wir versuchen, uns mit dem buseigenen Entertainmentsystem abzulenken. Immerhin haben wir diesmal eigene Bildschirme, im Sitz des Vordermanns, wie im Flugzeug. Allerdings ist Leslies Bildschirm funktionsuntüchtig, daher verlassen wir unsere reservierten Plätze und setzen uns eine Reihe weiter nach hinten. Dort funktioniert mein Bildschirm nicht. Ach ja, schön. Dann halt einfach hübsch durch die Gegend starren.

Nachdem wir nach etwa 22 Stunden Busfahrt ohne Pause endlich die Hauptstadt erreicht haben, fahren wir mit dem Taxi zum Hotel, denn in Lima mit all seinem Gepäck zu Fuß zum Hostel zu laufen, ist keine glorreiche Idee. Oft haben wir schon gehört, dass Menschen hier wegen 20 Sol (umgerechnet etwa 6 Euro) umgebracht werden. Ein anderes alltägliches Abenteuer sind die allseits beliebten Express-Entführungen: Man wird in ein Auto geschleift und von den Entführern 24 Stunden festgehalten. In dieser Zeit heben eben jene Entführer alles Geld mit den Kreditkarten ab, die man bei sich hat. Wie gut, dass wir nach dem Diebstahl in Chile keine mehr besitzen. Praktischerweise kann man sowas auch direkt im Taxi erleben, wenn man sich das falsche aussucht. Da muss man gar nicht erst auf der Straße herumlaufen, um entführt zu werden, denn Taxifahrer sind häufig Teil dieser Machenschaften. Wir jedenfalls kommen sicher im Hostel an. Dieses stinkt nach Hundekotze. Unser Zimmer, bei *booking.com* als „*kleines Doppelzimmer*" beschrieben, beherbergt lediglich ein Einzelbett. Doch da wir ja inzwischen einiges gewohnt sind, atmen wir einfach durch den Mund, statt durch die Nase, und essen ein paar Tage nichts, damit wir zu zweit in das Einzelbett passen. Problem gelöst.

Lima erschließen wir uns auf dem kulinarischen Weg. In Baranco, einem bunten Touristenviertel, stoßen wir auf ein Straßenfest. Essen en masse lockt uns an. Wir bestellen mit Salsa gefüllte, frittierte Kartoffeln und ein kleines Wunderwerk aus Kartoffelbrei, dazu eine große Karaffe *Chicha Morada*-Saft, hergestellt aus schwarzem Mais. Ein landestypisches Getränk, das häufig am Straßenrand verkauft wird. Bisher fehlte uns der Mut, den Maissaft zu probieren, was weniger an dem Getränk selbst, als vielmehr in der Tatsache begründet lag, dass man ihm meist in riesigen, leicht bis mittelschwer angesifften Eimern begegnet, die von betagten peruanischen Frauen durch die Gegend geschleppt werden. Diese haben zusätzlich zwei bis drei Gläser in ihrem Equipment, aus denen zuvor schätzungsweise 150 andere Menschen getrunken haben und die nur kurz in einem kleinen Eimer mit Wasser ausgespült, bevor sie an den nächsten weitergereicht werden. Zusammengefasst: Wir haben uns bisher aus Angst vor Montezumas Rache nicht getraut, das Gebräu zu probieren. Nun bekommen wir einen eigenen Einweg-Plastikbecher gereicht. Der Saft schmeckt wie ein verflüssigtes Glühweinbonbon, mit einem Überschuss Nelken. Haben die letzten Wochen also nichts verpasst.

Nun heißt es aber Abschied nehmen. Abschied von Peru, Abschied von Südamerika und auch Abschied vom Backpacking. Unser Flug nach Kanada geht in wenigen Stunden und die nächsten Monate werden wir, sofern alles nach Plan läuft, in unserem Bulli unterwegs und damit deutlich unabhängiger und mobiler sein, als bisher. Wir hatten eine schöne und interessante Zeit in Peru, doch haben wir uns in keinem anderen Land je so unwohl gefühlt. Das mag auch mit dem Diebstahl unseres Rucksacks in Chile sowie dem Diebstahl unserer Jacken zu Beginn unseres Peru-Aufenthaltes zusammenhängen. Letztendlich verlassen wir den Andenstaat mit dem Gefühl, eine insgesamt ganz schöne Zeit gehabt zu haben, die es aber nicht unbedingt zu wiederholen gilt.

*Resümee Peru: 26 Tage; 9 Unterkünfte; 3 Nächte im Dschungel; 1 Nacht im Bus; 2 gestohlene Jacken; 5 „Und-täglich-grüßt-das-Murmeltier-Begegnungen" mit Hostelvater in Cusco; 2 Magen-Darm-Virusinfektionen; 1 durch Montezumas Rache leidvoll verendete Unterhose*

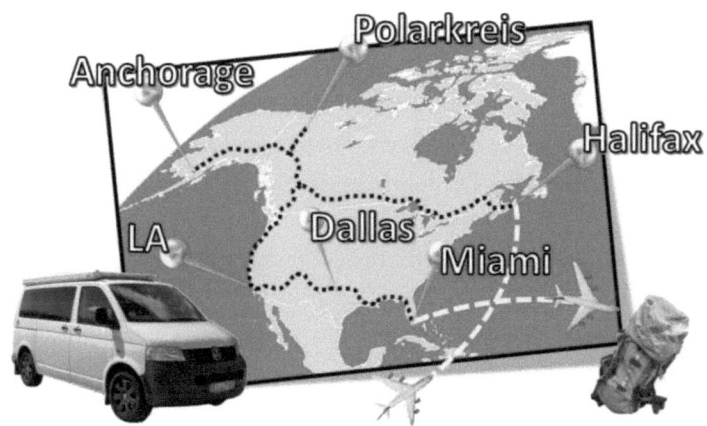

## KANADA:
### *Was ist nur mit denen los?* *(14.07.2015 - 04.09.2015)*

*Querwelteinreisetag 198, Halifax, Nova Scotia.* Wir erreichen Halifax, die Hauptstadt des Bundestaates Nova Scotia, am frühen Abend. Auf dem kleinen Flughafen geht es sehr entspannt zu und das Gepäck wartet bereits auf uns, als wir den Gepäckraum betreten. Wir nehmen den öffentlichen Bus in die Innenstadt, der etwas weiter entfernt vom Hostel hält. Unser nur leicht fragender Blick, als wir die Karte studieren, um herauszufinden, wie der Weg zum Hostel sich wohl gestalten könnte, wird unmittelbar vom Busfahrer bemerkt, der uns ausgiebig und mehrmals den richtigen Weg weist. Nur wenige Minuten später, auf dem Weg zum Hostel werden wir von zwei Frauen angesprochen, offensichtlich wieder aufgrund unseres desorientierten, ziellos umherschweifenden Blickes. Zufällig wohnen die beiden in dem Hostel, in dem wir reserviert haben und erklären uns hingebungsvoll und in aller Ausführlichkeit den Weg dorthin.

Diese fast schon übertriebene Freundlichkeit der Kanadier erleben wir im Laufe des Tages noch in vielen Situationen. Steht man am Straßenrand, in seinem Hirn gerade die Überlegung formierend, eventuell die Straße überqueren zu wollen, halten in beiden Richtungen bereits die Autos an, um geduldig darauf zu warten, dass man in aller Ruhe ebendiesen Gedankengang beendet und die Straßenüberquerung vornimmt. Auch wenn einige Meter weiter eigens eine Ampel für diesen Zweck errichtet wurde. Im Supermarkt darf man es gar nicht erst wagen, sich neben jemandem zu positionieren, der gerade vor einem Regal mit Lebensmitteln steht. Denn sobald man von dieser Person bemerkt wird, wird diese sich entschuldigen und den Bereich verlassen, damit man selbst freien Zugang zu den Produkten hat. Vermutlich verlässt eben jene Person den Laden dann ohne Brot, nur weil wir zufällig auch am Brotregal standen. Rempelt man versehentlich jemanden an, weil man gerade Ausschau nach Donuts o.ä. hält, wird die angerempelte Person sich sofort dafür entschuldigen, im Weg gestanden zu haben. Was ist nur los mit diesem Völkchen? Für uns, die wir in der ostwestfälischen Ellbogengesellschaft sozialisiert wurden, ist dies eine andere Welt.

Ob sich der Durchschnittskanadier wohl auch entschuldigen würde, wenn man ihm einfach grundlos eine runterhauen würde? Schließlich war sein Gesicht im Weg. Oder was wohl passieren würde, wenn man ihn mit dem Einkaufswagen überfahren würde? Wahrscheinlich würde der Durchschnittskanadier sich dafür entschuldigen, einen provoziert zu haben. Ich belasse es bei dem Gedankenspiel und werde es wohl vorerst nicht ausprobieren. Wer mich kennt, weiß schließlich um mein friedliebendes Gemüt. Lol.

Unser Hostel ist das schönste, in dem wir seit Wochen gewesen sind. Es ist sauber, gemütlich, begeistert mit einer perfekt ausgestatteten Küche und bequemen Betten. Und das Verrückteste: Dinge funktionieren! Die Wasserhähne sind zu unserer großen Überraschung festgeschraubt. Klingt seltsam, ist aber so. Nachdem wir uns in den letzten Monaten bereits daran gewöhnt hatten, stets mit der einen Hand den Wasserhahn festzuhalten, damit er sich nicht vollends aus seiner Verankerung löst, um mit der anderen Hand zu versuchen, ihm das kühle Nass zu entlocken, ist dies nun eine große Umstellung für uns. Wir registrieren weitere Verrücktheiten, wie abschließbare Klotüren, saubere Wände, funktionierendes Internet und eine Heizung. Crazy.

Unseren VW T5 haben wir von Hamburg nach Halifax verschiffen lassen, um die nächsten fünf Monate mit unserem eigenen Camper die Wildnis Nordamerikas zu erkunden. Glücklicherweise sind unser Bulli und wir, wie geplant, zeitgleich in Halifax angereist und so brauchen wir nur zwei Tage warten, bis wir ihn von der Spedition überreicht bekommen. Die Übergabe läuft problemlos und mittags sind wir wieder stolze Bullifahrer. Wir freuen uns schon seit Wochen auf die Wäschepakete, die wir vor unserer Abreise im Dezember im Auto deponiert hatten. Endlich mal wieder neue Klamotten – ein unvorstellbarer Luxus, wenn man ein halbes Jahr lang dieselben T-Shirts trägt.

Die Inspektion fördert allerdings auch Abgründe der menschlichen Seele zutage. Neben dem Wäschepaket hatten wir auch ein paar Spiele eingepackt. Und siehe da, *Scrabble* ist verschwunden! Der Verdacht drängt sich auf, dass sich entweder die Zollbeamten oder aber die Food-Kontrolleure, die unser Auto bei der Ankunft auf verbotene Lebensmittelimporte untersucht haben, an dem Spiel vergriffen haben. Sauerei! Vielleicht haben wir auch vergessen, es einzupacken. Das ist angesichts der kopflosen Prä-Weltreise-Wochen im Dezember zwar durchaus denkbar, doch ich setze auf diebische Food-Kontrolleure.

## Das Bielefeld Kanadas:
## Regen, Regen, Regen in Nova Scotia

*Querwelteinreisetag 201, Cape Breton Island, Nova Scotia.* Nordöstlich von Halifax liegt Cape Breton Island. Hier gibt es einen Nationalpark, in dem es viel Wald, Bären, Elche, Kojoten und an den Küsten auch Wale zu sehen gibt – jedenfalls theoretisch. Der 300 km lange *Cabot Trail* schlängelt sich rund um den Cape Breton Highlands Nationalpark, führt oberhalb des Meeres entlang und bietet immer wieder tolle Ausblicke, die Chance zum kostenlosen *Whale Watching* inklusive.

Da wir nicht nur das Auto, sondern auch uns bewegen wollen, wandern wir auf dem *Skyline Trail*, der laut Broschüre und Besucherzentrum die Chance auf unterschiedlichste Wildlife-Sichtungen bietet – und gleichzeitig vor eben diesen warnt. So klärt uns die Broschüre genauestens darüber auf, welches Verhalten angebracht ist, sollten wir einem Kojoten, Elch oder Bären begegnen. Allerdings ist es nicht ganz trivial, sich diese Informationen mal gerade in den Kopf zu hämmern, da für jedes Tier und auch noch abhängig von dessen momentaner emotionaler Befindlichkeit ein anderes Verhalten empfohlen wird. Zunächst wird man dazu angehalten, sich *laut* fortzubewegen. Am besten schreit und trampelt man also während der gesamten Wanderung. Gute Idee, so kann man doch die schöne Landschaft und die Stille der Natur so richtig gut genießen. Solange man allein ist, geht das ja noch in Ordnung. Sobald einem dann jedoch andere Wanderer begegnen, kommt man sich doch mitunter etwas lächerlich vor, exzessiv schreiend und trampelnd die Fremden zu passieren. Sollte es denn tatsächlich zu einer Tierbegegnung kommen, so heißt es weiter, sollte man sich an ganz einfache Grundregeln halten: Im Falle einer Begegnung mit einem Elch wird man dazu angehalten, sich ruhig zu verhalten, langsam zu entfernen, *hinter* dem Elch zu positionieren (??) und nach Möglichkeit einen Gegenstand zwischen sich und das Tier zu bringen. So weit, so gut. Was passiert nun im Falle eines unverhofften Rendezvous mit einem Kojoten? Diesbezüglich wird geraten, sich rückwärts von dem Tier zu entfernen (eine besonders gute Idee bei unebenem Gelände), sich vollkommen ruhig zu verhalten und dem Tier lautstark Angst einzujagen. Also ich weiß ja nicht, aber ich sehe da einen deutlichen Widerspruch: Soll ich nun ruhig bleiben? Das hieße nach meiner Definition, eben *keinen* Laut von sich zu geben. Oder soll ich dem Kojoten lautstark Angst einjagen? Das würde dann eher unschöne emotionale und physische Ausbrüche mit sich bringen. Wir sollten ob dieser Verwirrung also besser keinem Kojoten begegnen. Das einzige, das wir mit unserem ambivalenten Verhalten vermutlich erreichen würden, wäre eine emotionale Verwirrtheit des armen Tieres, die einen Aufenthalt in einer psychiatrischen Einrichtung notwendig machen würde.

Besonders interessant sind aber die Ratschläge in Bezug auf das etwaige Zusammentreffen mit einem Bären: ruhig bleiben. Den Bären nicht angucken. Sich langsam entfernen, währenddessen den Bären angucken (ja, genau, erst nicht angucken, dann doch...). Nicht rennen. Und das Wichtigste, und natürlich das erste, was mir in den Sinn gekommen wäre: auf *gar keinen Fall* auf Bäume klettern. Verdammt, die Option scheidet also schon mal aus. Kommt der Bär trotzdem näher (und das, obwohl man *nicht* auf einen Baum geklettert ist), empfiehlt es sich, sich selbst groß erscheinen zu lassen, zu schreien und Dinge zu werfen, um den Bären zu verjagen. Kommt er weiterhin näher, sollte man zum Tierabwehrspray greifen. Gute Idee, wäre es uns nicht in Chile gestohlen worden. Ist vielleicht auch besser so, da ich mich bei dem starken Wind, der heute herrscht, wahrscheinlich eher selbst außer Gefecht gesetzt hätte – was andererseits ideal gewesen wäre, denn der nächste Tipp lautet: Sollte der Bär trotz allem angreifen, tot stellen! Aber: nur dann, wenn der Bär aus Notwehr (!) angreift. Ist er hingegen gerade in Jagdlaune, darf man sich *auf gar keinen Fall* tot stellen. In diesem Fall gilt es nämlich, mit dem Bären zu kämpfen. Nun denn, nach dem Lesen dieser wertvollen Broschüre und dieser eindeutig uneindeutigen Instruktionen, freuen wir uns doch richtig auf die Wanderung. Auf ins Gefecht!

Obwohl wir nun Experten im Bereich der „Animal encounters" sind, bekommen wir außer ein paar endemischen, kanadischen Mücken kein Wildlife zu Gesicht. Toll, alles umsonst auswendig gelernt. Jedenfalls finden wir am Abend einen schönen Übernachtungsplatz, direkt am Meer. Hier bekommen wir auch endlich etwas von der Tierwelt zu sehen: Selbstmörder-Möwen. Zunächst erscheinen sie wie ganz normale Möwen. Bis man die Vögel plötzlich im Sturzflug, Kopf nach unten, mit Vollkaracho ins Meer stürzen sieht. Wahrscheinlich sind sie auf Fischjagd, aber Genaues weiß man nicht. Haben dazu keine Broschüre bekommen.

## Von Britannien nach Frankreich: New Brunswick & Québec

*Querwelteinreisetag 205, irgendwo östlich von Nova Scotia.* Wir verlassen Nova Scotia und überqueren die Grenze zum zweiten kanadischen Bundesstaat auf unserer Route, New Brunswick. Hier fahren wir vom Highway ab, um eine schönere Nebenstrecke zu fahren, die uns durch hübsche, kleine und typisch nordamerikanische Dörfer führt. Schicke Holzhäuser mit Veranden reihen sich entlang der Straße aneinander und in nahezu jedem kleinen Ort gibt es einen Antiquitätenladen, der bezüglich seiner Verkaufsobjekte an einen Indoor-Flohmarkt erinnert. Hinter den riesigen Grundstücken mit ihren akkurat gemähten Rasenflächen – Kanada muss den größten Absatzmarkt für fahrbare Rasenmäher haben – erheben sich die wilden, kanadischen Wälder, durchzogen von tiefblauen Seen und reißenden Flüssen.

In der kleinen Stadt Alma lernen wir während einer kurzen Fahrpause einen deutschen Rentner kennen, der mit seiner Frau vor 11 Jahren zum halbjährlichen Kanada-Auswanderer geworden ist. Das riesige Grundstück mit Haus in der Nähe von Moncton habe er vor 11 Jahren für 39.000 Euro gekauft und nun verbringt das Paar die Hälfte des Jahres in Kanada und die andere Hälfte in Deutschland, bei den Kindern und Enkeln. In Kanada könne man als Ausländer problemlos ein Haus kaufen, erzählt er uns, und bekomme dadurch sogar eine verlängerte Aufenthaltsgenehmigung. Statt der üblichen sechs Monate dürfe man dann 12 Monate bleiben. Danach müsse man für drei Monate ausreisen und dürfe anschließend wieder für 12 Monate in Kanada leben. Keine schlechte Regelung.

*Querwelteinreisetag 209, Québec City, Québec.* Die Hauptstadt der französischsprachigen Region Québec hat einige interessante Sehenswürdigkeiten und reichlich unnütze Fakten zu bieten. So ist Québec City als einzige Stadt nördlich von Mexiko City von Stadtmauern umgeben. In Québec wurden die erste Pfarr- und

Steinkirche, die erste Mädchenschule und die erste französisch-sprachige Universität Nordamerikas gebaut. Außerdem gab es in Québec das erste Museum und das erste Geschäftsviertel in ganz Nordamerika. Auch die älteste nordamerikanische Tageszeitung, der *Québec Chronicle Telegraph*, hat ihren Sitz hier. Zudem beherbergt die französischsprachige Stadt das angeblich meist fotografierte Hotel der Welt. Wobei wir uns fragen, wie genau sich so etwas feststellen lässt. Quebec wurde 1608 gegründet und besticht durch eine sehr europäisch wirkende Altstadt, mit vielen kleinen verwinkelten Gassen, Straßenkünstlern und Cafés sowie Restaurants an jeder Ecke. Wir erkunden die Stadt, wie es sich hier gehört, fußläufig und können dem Reiseführer nur Recht geben: Québec ist wirklich ein schönes Fleckchen Geschichte. Einzig das französische Gequatsche nervt. Da muss ich wieder erkennen, wie viel von meinen in der Schule und während eines Auslandssemesters in Frankreich hart erkämpften Sprachkenntnissen schon wieder irgendwo im Orbit verloren gegangen ist.

Nachdem wir zum Mittagessen die typisch frankokanadische Spezialität Poutine probiert haben, in Bratensauce und mit Käse garnierte Pommes, ist uns nun angemessen übel und wir setzten die Stadtbesichtigung fort. In einem der vielen Souvenirläden wird Leslie auf sein in Nepal erstandenes T-Shirt angesprochen. Wir kommen mit den Shopbesitzern über Nepal und das vor kurzem sich dort ereignete, schwerwiegende Erdbeben ins Gespräch. Sie erzählen uns, dass sie seit dem Erdbeben keine Ware mehr aus Nepal bekämen: akute Lieferschwierigkeiten. Überrascht fragen wir, welche Ware sie denn aus Nepal bestellten? Sie deuten auf die dicken Pullis im hinteren Teil des Ladens, die mit dem landestypischen Ahornblatt. Das typisch kanadische Souvenir kommt also aus Nepal. Oh, du schöne Globalisierung.

## Wasserfälle, Mennoniten und Zufälligkeiten in Ontario

*Querwelteinreisetag 211, Niagara Falls, Ontario.* Wir sind ganz nah dran. Wir hören bereits den Ehrfurcht einflößenden Trommelwirbel der Wassermassen. Die gewaltigen Niagarafälle sind nur noch wenige Kilometer entfernt. Das Parken direkt an den Fällen ist erwartungsgemäß völlig überteuert. 20 US-Dollar soll es kosten, die olle Karre abzustellen. Dieser Preis bewegt sich für uns natürlich fern jeglicher Vorstellungskraft. Schließlich sind wir als Weltreisende chronisch vom Pleitegeier verfolgt und so suchen wir uns einen abgelegenen, etwa 6 km entfernten kostenlosen Parkplatz. Mit 20 gesparten Dollars machen wir uns an diesem herrlich sonnigen Tag auf den Weg, immer entlang des Niagara River, bis zu den Fällen. Wir erwarten, offen gesagt, nicht besonders viel von den Niagarafällen. Auch wenn es zynisch klingt: Wir haben bisher die Erfahrung gemacht, dass die hochgelobtesten Sehenswürdigkeiten selten den hohen Erwartungen entsprechen können, die man aufgrund dieser Lobpreisungen an sie stellt. Oft sind es eher die kleinen, unerwarteten Dinge, die einen wirklich begeistern.

Doch ganz ehrlich: Meine Fresse, sind die cool! Die Niagarafälle sind bei weitem nicht die höchsten Wasserfälle – diesbezüglich rangieren sie auf einem mageren 50. Platz. Doch es sind die gewaltigsten. Die Wassermassen brausen mit einer solchen Wucht die Klippen hinunter, dass sie jedes gesprochene oder geschriene Wort mit sich in den Abgrund reißen. Dabei erzeugen sie einen Dunst, der sich über den Fällen zu einer riesigen Wolke verdichtet. Wirklich beeindruckend! Diesmal machen auch wir die typische Touri-Tour, und fahren, bewaffnet mit eleganten roten Regenponchos inklusive noch eleganterer Koboldmützen, mit dem Boot an die Fälle heran. Die Ponchos können nicht viel ausrichten, da der starke Dunst der tosenden Wasserfälle der Kleidung keine Chance gibt, trocken zu bleiben. Langsam nähern wir uns den Fällen, es wird immer lauter um uns herum, wir sehen nur noch Wasser, hören nur noch sein Rauschen sowie das Jubeln der anderen Passagiere. Das Boot versucht einige Minuten lang so nah wie möglich an den Wasserfällen zu verharren, was aufgrund der starken Strömung kein einfaches Unterfangen ist. Dabei fährt es in der Runde, damit jeder einen guten Blick und – viel wichtiger – ein gutes Fotomotiv bekommt. Den klatschnassen Gesichtern der Passagiere um uns herum sowie den unsrigen entspringt die pure Begeisterung.

Die Stadt Niagara Falls, die sich wie ein Geschwür an die beeindruckenden Wasserfälle gelegt hat, ist ein Vergnügungspark ohne Eintrittsgebühr. Neben tausenden von Fast-Food-Restaurants finden sich eine Reihe unterschiedlichster, vermeintlicher Attraktionen, wie *Luis Tussauds Wachsfigurenkabinett* (*Madame* muss wohl im Urlaub sein), auf dem Kopf stehende Häuser, Geisterbahnen und ein Riesenrad. Wir fühlen uns wie in einem schlecht imitierten Las Vegas und verlassen das Geschehen fluchtartig.

Wie üblich wollen wir auch heute Nacht auf einem Walmart-Parkplatz übernachten. Da man in Kanada in nahezu jedem Ort eine Filiale des Discount-Supermarktes findet und es Wohnmobiltouristen erlaubt ist, auf den monströsen Parkplätzen gratis über Nacht zu stehen, nutzen wir dieses Angebot häufig und revanchieren uns durch die Inanspruchnahme der supermarkteigenen Toiletten (gut, davon hat Walmart jetzt nicht soo viel) sowie diversen Einkäufen zur täglichen Versorgung. Der Walmart, dessen Parkplatz wir allerdings an diesem Abend als Nachtquartier auserkoren haben, erlaubt leider kein Übernachten. So werden wir an den Straßenrand verwiesen, direkt neben eine Baustelle. Naja, immer noch besser als 40 Dollar für einen diesem Stellplatz ebenbürtigen Campingplatz zu bezahlen. Die privaten Campingplätze sind in diesem Teil Kanadas nämlich derart hässlich, dass man lieber auf einer Plastiktüte unter einer Brücke schlafen würde. Während eines Gewitters.

*Querwelteinreisetag 213, Mennonite Country, Ontario.* Ich war noch nie bei Mennoniten. Und so eine Weltreise ist doch irgendwie dazu da, Dinge zu tun, die man sonst nicht tut. Oder Dinge, die man jedenfalls bisher noch nicht getan hat. Oder um Dinge zu tun, die man noch nie getan hat, weil man gar nicht wusste, dass man sie tun könnte. Jedenfalls tun wir es jetzt und fahren zu Mennoniten.

Mennonite Country, mitten in Ontario gelegen, wird von ursprünglich aus Deutschland und der Schweiz stammenden Mennoniten bewohnt, die zum Teil leben wie vor 200 Jahren. Bei der Fahrt durch die Örtchen St. Jacobs und Elmira sehen wir Pferdekutschen auf den Straßen, für einige Mennoniten das einzig genutzte Fortbewegungsmittel. Ein Museum in St. Jacobs vermittelt eindrucksvoll den Lebensstil der Gläubigen sowie die Geschichte ihrer Einwanderung nach Nordamerika. Schon in der Reformationszeit wurde diese Religionsgruppe, damals *Täufer* genannt, in Europa von Staat und Kirche verfolgt. Viele von ihnen wurden zur damaligen Zeit aufgrund ihres Glaubens umgebracht und sahen sich zur Emigration gezwungen. Ende des 17. Jahrhunderts kamen die ersten Mennoniten wegen der hier herrschenden Religionsfreiheit nach Nordamerika. Viele ließen sich zunächst in *Pennsylvania* nieder, wo im Jahr 1708 die erste mennonitische Kirche der USA eingeweiht wurde.

Die Auseinandersetzung mit der Geschichte und der Lebensart dieser Glaubensgemeinschaft lässt uns unseren westlichen Lebensstil, in dem das Wichtigste oftmals der (Nicht-)Besitz von Geld und Ansehen zu sein scheint, einmal mehr in Frage stellen. Die Werte, auf die in der Glaubensgemeinschaft der Mennoniten Wert gelegt wird, sind Gemeinschaft, Hilfsbereitschaft und Frieden. Hier wird niemand mit seinen Problemen allein gelassen. Es muss keine Firma engagiert werden, um ein Haus zu bauen, denn die ganze Gemeinschaft hilft mit und jeder bringt sich mit seinem Wissen und Können in die Gemeinschaft ein. Klingt das so falsch, so unerreichbar, so fremd? Nicht wenn man bedenkt, dass allmählich eine Bewegung durch die westlichen Gesellschaften geht, die ähnliche Aspekte wieder stärker in den Vordergrund stellt: verantwortungsvolles Handeln gegenüber anderen Menschen und der Natur (Fair Trade, Bio, Vegetarismus und Veganismus, Urban Gardening etc.) und die sich wieder stärker auf das Miteinander statt auf ein Gegeneinander besinnt (Öko-Dörfer, autarke Gemeinschaften etc.). Ein Tag, der zum Nachdenken anregt.

*Querwelteinreisetag 216, nahe Elliot Lake, Ontario.* Da wir nicht jede Nacht auf zumeist begrenzt idyllischen Walmart-Parkplätzen verbringen wollen, suchen wir uns hin und wieder auch mal andere Quartiere. Manchmal finden wir sie ganz zufällig, so z. B. heute, als wir an einem langen Fahrtag gerade eine Pause einlegen und dabei auf ein unbemenschtes, verlassenes Touristeninformationszentrum stoßen, das an einem Bach gelegen ist und keinerlei Verbotsschilder aufweist, die uns das Übernachten untersagen. Wir richten uns häuslich ein (bedeutet: Wir parken den Bulli) und bereiten gerade das Abendessen vor, als ein Mann, der offensichtlich die Anlage in Schuss hält, vor unserem Auto hält, um uns darauf hinzuweisen, dass die Stadt es nicht gerne sehe, wenn Leute hier campten. Ihm persönlich sei es zwar vollkommen egal, doch da es in dieser Gegend nicht sicher sei, müsse er uns von diesem Übernachtungsplatz dringend abraten. Denn vor etwa 20 Jahren sei mal jemand auf einem Campingplatz in der Nähe erschossen worden. Deswegen, so die Reinigungskraft, sei es sicherer, auf einem Campingplatz zu übernachten, anstatt hier in der Nähe des Highways. Ach so. Korrekt, diese Aussage ergibt *wirklich* keinen Sinn. Außerdem, wird uns nun weiter erklärt, sei auch ganz in der Nähe vor ein paar Jahren mal ein Toter neben der Autobahn gefunden worden. Um wen es sich dabei handelte, woher die Person kam und woran sie gestorben ist, sei unbekannt. Hmm. Trotz dieser diffus angsteinflößenden Hinweise, wollen wir die Nacht auf dem Parkplatz des Informationszentrums verbringen. Sicherheitshalber verstecken wir uns und den Bulli aber im Gebüsch, so dass wir vom Highway aus nicht zu sehen sind.

*Querwelteinreisetag 217, Elliot Lake, Ontario.* Es wimmelt von Deutschen. Man kann ihnen nicht entfliehen, sie verfolgen einen bis in das hinterletzte Kaff im hinterletzten Teil Kanadas. Auf einem Picknickplatz in dem kleinen Ort Elliot Lake im Norden Ontarios werden wir am Morgen von Spaziergängerinnen auf unser Auto und dessen Herkunft angesprochen. Eine der beiden Frauen hat deutsche Wurzeln. Unser ebenfalls ziemlich deutscher Migrationshintergrund ist ausreichend, um uns nun eine Einladung an den eigenen kleinen Hafen der deutschwurzeligen Spaziergängerin einzubringen. Wir dürfen in dieser Nacht unseren Bulli also direkt an ihrem Hafen parken. Die Wegbeschreibung wird in unsere Straßenkarte gekritzelt und wir wissen nun schon um 7 Uhr morgens, wo wir die Nacht verbringen werden. Mal was anderes!

Der Bootshafen am Ufer des Dunlop Lake gehört Katrin, ihrer Mutter und ihren beiden Schwestern. Auf dem bewaldeten Grundstück stehen ein großes Haus und eine kleine Holzhütte – das *Outhouse*, wie uns erklärt wird. Dabei handelt es sich um einen Verschlag, der eine Kloschüssel beherbergt, die über einem Erdloch drapiert wurde. Ein paar geschickt zusammengeklöppelte Holzbretter bieten Sichtschutz. Wir parken den Bulli mit Blick auf den See und gesellen uns zu Katrin und ihren Freunden, die bereits in gemütlicher Runde Bierchen trinken. Da wir mittags auf dem Parkplatz von McDonald's ein Ehepaar kennengelernt haben, das uns zum Pläuschchen zu sich nach Hause eingeladen hat, müssen wir uns frühzeitig wieder verabschieden. Katrins Freundin Doreen bietet uns nun noch an, bei ihr zu duschen. So eine Einladung schlägt man als verlotternder Weltreisender natürlich nicht aus, wenngleich das Angebot auch als Beleidigung verstanden werden könnte.

In Doreens Haus werden wir umgehend zu den zwei Badezimmern geführt, in denen sogleich die Fernseher angestellt werden, denn in beiden Bädern steht jeweils einer der insgesamt sechs sich in diesem Haus befindenden Fernseher. Nach dem Duschen bekommen wir noch zwei Packungen Salat mit auf den Weg und lehnen dankend das Angebot ab, unsere Wäsche hier waschen zu lassen.

Frisch geduscht und als Mensch verkleidet besuchen wir Peter und Inge. Das deutsche Auswandererpaar, seit 50 Jahren in Kanada lebend und schon lange die deutsche Staatsbürgerschaft nicht mehr besitzend, empfängt uns herzlich in ihrem Eicherustikal-Wohnzimmer, ausgestattet mit riesigen Schrankwänden und *Alte-Leute-Sesseln*, wie sie es nennen. Wir verbringen einige Stunden bei diesem netten, sich selbst und den jeweils anderen permanent auf die Schippe nehmenden Paar. So einzigartig wie ihre lauten Lacher übereinander, ist die Sprache, die sie verwenden: ein deutsch-englisches Potpourri á la „*I told you, you cannot das machen. That's ne Riesensauerei! Hold on, ich muss ins Bathroom…*". Sie erzählen uns, wie sie mit Anfang 20 ziemlich spontan ausgewandert sind. Dieser Handlung ging keine großartige Planung voraus. Peter war und ist überzeugter Pazifist und habe sich damals strikt geweigert, den Wehrdienst zu verrichten. Um dem sich daraus ergebenden Ärger zu entgehen, ist er zusammen mit seiner Frau Inge kurzerhand nach Kanada ausgewandert, was zur damaligen Zeit relativ einfach war. Sie sind geblieben und haben es nie bereut. Auch wenn sie noch immer einen deutschen Kern in sich verspüren, seien sie in erster Linie Kanadier, erzählen sie uns.

Trotz Katrins eindringlicher Warnung, keinesfalls den Bulli zu verlassen, ohne genauestens nach links und rechts geschaut zu haben, da uns hier mit einiger Wahrscheinlichkeit ein Bär auflauern könnte, bekommen wir in dieser Nacht keinerlei Wildlife zu Gesicht. Doch am nächsten Morgen sind wir keine fünf Minuten auf dem Highway unterwegs, da passiert es plötzlich! Nachdem wir eine Unendlichkeit darauf gewartet haben und immer wieder enttäuscht wurden, ist es nun endlich so weit. Nur einige Meter von uns entfernt, überquert ein Schwarzbär die Straße. Mitten auf dem Highway halten wir abrupt an und durchsuchen das Auto nach der Kamera, in einer Hektik, als ginge es um Leben und Tod. Der Bär stört sich nicht an uns und setzt währenddessen seinen intendierten Weg fort. Als ich die Kamera endlich in den Händen halte, entferne ich schnell die Schutzkappe von der Linse. Kamera einschalten, Autofokus einstellen, draufhalten und… *klick*. Foto geschossen, Bär im Gebüsch verschwunden. Ein Blick auf die Wiedergabefunktion der Kamera zeigt: Autofokus ist ein Arschloch! Dem Bild nach zu urteilen habe ich einen mitten auf der Straße platzierten, monströsen Kackhaufen fotografiert. Mehr lässt sich auch mit einer ausschweifenden Vorstellungskraft auf dem Foto nicht erkennen. Naja, das Erlebnis zählt ja. Bla bla.

*Querwelteinreisetag 218, Montreal River Harbour, Ontario.* Wir erreichen Montreal River Harbour, einen Ort mit etwa 3 1/2 Einwohnern, in den vor uns kein Tourist jemals einen Fuß gesetzt haben dürfte. Er liegt genau auf unserer Route und vor einigen Wochen hatte uns ein Paar, dass wir in Nova Scotia kennengelernt haben, angeboten, auf dem Grundstück seiner Eltern zu campen. Diese haben hier ein leerstehendes Cottage. Blöd ist nun allerdings, dass wir uns weder an die Namen des Paares noch an jenen der Eltern erinnern können. Wir laufen nun also bewaffnet mit einer Straßenkarte umher, auf dem besagtes Paar ein paar unleserliche Hinweise gekritzelt hatte, und sind auf der Suche nach jemandem, der diesen Hieroglyphen Sinn einflößen und uns unseren Übernachtungsplatz sichern könnte. Ein Bauarbeiter kennt zu unserem Glück einen Campingplatz in der Nähe, auf dem eventuell ein solches Cottage stehen könnte. Wir folgen seinen Wegbeschreibungen. Als wir besagten Campingplatz schließlich finden, erklären wir der Dame an der Rezeption zunächst vergeblich unser Anliegen. Sie würde daraufhin gerne die Tochter des Paares, dem das Cottage gehörte, anrufen, um in Erfahrung zu bringen, ob das alles mit rechten Dingen zugehe und es sich bei uns nicht nur um ein paar Landstreicher handelt, die sich gerade eine abenteuerliche Geschichte aus den Fingern saugen, um Gott weiß was mit dem Campingplatz anzustellen. Allerdings hat sie die Telefonnummer nicht. Unser offensichtlich einigermaßen vertrauenswürdiges Äußeres (hatten ja kürzlich erst geduscht), weckt letztendlich wohl doch ihr Vertrauen oder Mitleid und so weist sie uns den Weg zum Cottage. Wir verbringen die Nacht gratis auf dem Grundstück von John und Barry. Oder John und Barney. Oder Jone und Larry. Oder so, jedenfalls direkt am See. Ach, wie schön! Nächstes Mal müssen wir aber besser zuhören, damit wir auch wissen, bei wem wir uns dafür bedanken können. Naja, jedenfalls danke, Loan und Jerry. Oder so ähnlich.

## Augen auf und durch: Manitoba und Saskatchewan

*Querwelteinreisetag 221, irgendwo in Manitoba.* Fahrten auf kanadischen Highways sind ein Erlebnis. So begegnen einem währenddessen die landestypischsten Dinge. Immer wieder passieren wir Deckel von BBQ-Grills, die auf dem Highway ihre letzte Ruhestätte finden. Oder wir treffen auf schreiend gelbe Verkehrsschilder, die uns in aller Deutlichkeit darauf hinweisen, um Gottes willen und bloß nicht mit Schneemobilen auf den Highway zu fahren! Ähnlich abenteuerlich wie die Fahrten sind die Pausen.

Denn hier, in der Mitte des Landes, sind Windgeschwindigkeiten von gefühlt 80 km/h keine Seltenheit und so fliegt uns während der Mittagspausen, die wir häufig an Picknicktischen an Raststätten verbringen, regelmäßig die Müslimilch vom Löffel, während die Reiscracker wegen akuter Fluchtgefahr unter ständiger Beobachtung stehen.

Wir überqueren nun die Grenze zwischen Manitoba und Saskatchewan. Berge und Wälder verschwinden allmählich und der Blick weitet sich, bis wir nur noch Felder und Himmel sehen. Die unendlichen Kornfelder leuchten goldgelb in der Sonne, die schnurgerade Straße ist bis auf einige Trucks menschenleer und wir fahren immer weiter dem strahlend blauen Horizont entgegen. Absolute Weite, die durch nichts mehr unterbrochen wird. Keine Berge, keine Wälder, kaum Bäume. Hin und wieder ein paar Bisons auf den Weiden. Kanadische Prärie, wie man sie sich vorstellt. Viele rieten uns zuvor dazu, Manitoba und Saskatchewan mit geschlossenen Augen so schnell wie möglich zu durchsprinten, da es sterbenslangweilig sei. Und „sterbenslangweilig" ist hier im wahrsten Sinne des Wortes zu verstehen, da die Eintönigkeit der Straße und der Landschaft einen angeblich schnell in den Sekundenschlaf wiege, aus dem man gegebenenfalls nicht mehr aufwache. Wir hingegen genießen diese Weite und die puristische Landschaft, die auf Wesentliches beschränkt bleibt und ganz anders als dichte Wälder oder alles überragende Berge das Auge des Betrachters auf ihr ruhen lässt. Sie veranlasst nicht zu ständigem, hektischem Blickeschweifen, nach dem Motto „Ui, der *Berg da links ist ja noch viel gewaltiger als der Berg da rechts und sieh nur, der Berg da geradeaus...*"). Eine visuelle Wohltat. Wir sind in der absoluten Prärie, im totalen Nirgendwo, inmitten von Kanada angekommen.

Wir übernachten direkt am Highway, in dem kleinen Ort Chaplin. Auf dem hiesigen Campingplatz sind wir die einzigen

Gäste. Bei genauerer Betrachtung der Anlage scheint es, als seien die letzten Gäste 1982 abgereist. Es gilt das Prinzip der Selbstregistrierung, also werfen wir 10 Dollar in einen dafür vorgesehenen Umschlag und schon sind die Formalitäten erledigt. Wir spazieren durch das Mini-Dorf und fühlen uns in eine andere Zeit versetzt. Oder in einen Stephen King Roman. Ich muss an *Langoliers* denken, ein Buch über eine Gruppe von Menschen, die in eine Zeitschleife geraten und dort die einzigen Lebewesen sind. Mysteriös.

## Alberta: Das Tor zu den Rocky Mountains

*Querwelteinreisetag 224, Rocky Mountains, Alberta.* Endlich geht es in die Rocky Mountains! Wir fahren durch Kananakis Country, eine Gegend, die aufgrund der angrenzenden, weltbekannten Nationalparks Banff und Jasper häufig etwas in Vergessenheit gerät und daher noch nicht mit ähnlichen Touristenmassen zu kämpfen hat. Dies ist auch der Grund dafür, dass wir diesen Weg wählen. Der erste Anblick der Berge ist umwerfend. Nachdem wir tagelang durch die flache Prärie gefahren sind, in der praktisch das höchste Objekt ein Strommast gewesen ist, wissen wir die Andersartigkeit dieser Bergregion umso mehr zu schätzen.

Die Rockies zeichnen sich zunächst noch vage am dunstigen Horizont ab. Doch je näher wir kommen, desto höher, klarer, imposanter wird das Bergmassiv. Es sind nur wenige Menschen auf den Straßen unterwegs, wodurch wir problemlos am Straßenrand anhalten und Fotos schießen können. Wir wollen wandern, trauen uns aber nicht allzu tief in die Wälder hinein, da Dutzende Schilder darauf hinweisen, dass wir uns in *Bear Country*, im Bärenland, befinden. Begegnungen zwischen Mensch und Grizzly sind in dieser Gegend an der Tagesordnung. Ohne Bärenabwehrspray sollte man sich gar nicht erst in die hiesige Wildnis wagen. Da wir dies gerade dennoch tun, ein Abwehrspray aber nicht besitzen, wandern wir eher unruhigen Gewissens und beschließen daher, uns vor der nächsten Wanderung zunächst das teure Spray zu besorgen. Man muss es ja auch nicht übertreiben mit der Abenteuerlust. Das sind diese Momente, in denen wir eine Art Heimweh verspüren. Denn im Teutoburger Wald braucht man sich vor einem Rendezvous mit gefährlichen Wildtieren nicht zu fürchten. Wir haben in Deutschland jegliches potenziell gefährliches Wildlife so beharrlich und erfolgreich ausgerottet, dass man nun als Homo Sapiens beruhigt durch deutsche Wälder spazieren kann. Ist das nicht herrlich?

Unser Lager schlagen wir diese Nacht auf einem herrlich gelegenen Campingplatz auf, hinter uns die schneebedeckten Rocky Mountains und vor uns ein tiefblauer, klarer See. Wir wollen im See schwimmen gehen, doch es bleibt bei dem Versuch, denn die Wassertemperatur ist mit Worten nicht zu beschreiben. Es muss sich um Gletscherwasser handeln, auch wenn der Gletscher nicht zu entdecken ist. Dieser muss wohl irgendwo im Wald, hinter den hohen Tannen liegen. Um die Campingplatzstimmung zu befeuern (Achtung, Wortspiel!) wollen wir am Abend ein Lagerfeuer machen. Als die Parkwächterin am späten Nachmittag vorbeigefahren kommt und uns fragt, ob wir Feuerholz benötigen, rufe ich also lauthals: „*Yeeeeees*!!". Vorsichtshalber frage ich dann aber doch nochmal nach dem Preis, während die große und überaus robuste Frau bereits die Holzscheite von ihrem rostigen Truck auf unseren Stellplatz räumt. 10 Dollar für ein Tütchen. Ähm, nee, dann lieber doch nicht. Meine mit diesem naiven Schrei nach Feuerholz implizit herausgeschriene rhetorische Frage „*Was kostet die Welt*???" beantworte ich mir selbst demnach mit dem etwas bescheideneren Ausspruch „*Ach so. Nee, dann nehm' ich 'ne kleine Cola.*".

Stets vom Pleitegeier verfolgt, handeln wir infolgedessen nun gegen das Gesetz, sammeln ein paar Ästchen vom Boden der umliegenden Wälder und Wiesen zusammen und klappern die noch freien Stellplätze nach übriggebliebenem Feuerholz ab. Damit verstoßen wir höchst penetrant gegen kanadisches Provincial Park-Gesetz. Denn: Holz sammeln ist hier gesetzlich strengstens verboten! Man darf es also nur kaufen. Nun denn, unser Gratisfeuerchen erfüllt seinen Zweck, wärmt uns am Abend bei relativ kühlen Temperaturen und sorgt darüber hinaus auch für unser Abendmahl: Stockbrot an Konservenbohnen. Fühlen uns wie echte kanadische Cowboys.

*Querwelteinreisetag 227, Lake Luise, Alberta.* Eine morgendliche Bad-Begegnung auf einem Campingplatz im Nationalpark Banff fördert Abgründe der menschlichen Seele in Bezug auf den Umgang mit unserem Planeten zutage. In Nordamerika gilt bekanntermaßen: je größer, desto besser! Und das bezieht sich insbesondere auf die fahrbaren Untersätze. Hier ist man der festen Überzeugung, dass es sich nur mit einem extrem PS-starken Gefährt über einen Hügel fahren lässt. Dass dafür auch ein vergleichsweise kleiner Dieselmotor wie der unsrige ausreichend ist und man damit sogar noch locker einen Wohnwagen ziehen könnte, ist in nordamerikanischen Gefilden nahezu undenkbar. Die Erdatmosphäre sei doch so riesig, da sei es doch scheißegal, was man da hineinblase, so nun der Wortlaut eines Kanadiers, mit dem wir vor dem Eingang zum Klo ins Gespräch kommen. Er kann nicht glauben, dass man mit einem VW T5 einen Berg hinauffahren und ihn aufgrund vermeintlich fehlender Motorleistung nicht nur rückwärts hinunterrollen kann.

Nach diesem anregenden Gespräch machen wir uns auf den Weg zum Lake Louise, dem wahrscheinlich bekanntesten Postkartenmotiv der kanadischen Rocky Mountains. Wir sind gespannt, ob es uns so gut gefallen wird wie vor fünf Jahren, als wir das erste Mal hier waren. Damals war es Ende Mai, Nebensaison. Wir kamen mit dem ehrgeizigen und äußerst kostspieligen Ziel, mit dem Kanu über den türkis schimmernden See zu tuckern. Als wir diesen Wunsch den Angestellten des Besucherzentrums mitteilten, ernteten wir allerdings überraschte, mitleidige Blicke. *Wie denn das gehen solle?* Denn der bekannte, hübsche Lake Louise war zugefroren! Mit einem Kanu darüber zu paddeln, wäre wahrlich eine Herausforderung gewesen.

Das Wetter ist heute gewöhnungsbedürftig. Es regnet ununterbrochen. Die Wolken hängen tief, es ist nebelig und alles verbreitet eher Weltuntergangs- als Wanderstimmung. Da eine Wetterbesserung nicht in Sicht ist, wandern wir irgendwann trotz des monsunartigen Regens los. Etwa 14 km laufen wir auf einem Trail, der oberhalb des Sees entlangführt, begleitet von stetigem Regen und eiskalten Sturmböen. Doch trotz des verbesserungswürdigen Wetters ist die Landschaft herrlich. Immer wieder lichten sich die Bäume und geben den Blick frei auf den einsamen, von Bergen umgebenen, Lake Louise. Und da wir unsere hübschen roten Kobold-Ponchos tragen, die wir bei der Bootsfahrt zu den Niagarafällen bekommen haben, können wir einen kleinen Teil des Regens von einem großen Teil unserer Körper abhalten. Damit sehen wir zwar außergewöhnlich beschissen aus, aber Aussehen ist ja bekanntlich auch nicht alles.

## Die Vorzeigeprovinz British Columbia

*Querwelteinreisetag 231, irgendwo in British Columbia.* Es gibt schöne und es gibt weniger schöne Übernachtungsplätze. Und dann gibt es solche, die schön sind und erst hinterher irgendwie… unschön werden. So im Nachgang, wenn man im Morgengrauen mehr Informationen zu eben diesem Übernachtungsplatz erhält, als man je hätte haben wollen. Ein Spaziergang an diesem Morgen, hinein in den nur wenige Meter von unserem Schlafquartier entfernten Wald, macht deutlich, dass wir hier ganz besonders auf der Hut hätten sein müssen. Denn im Lichte des herannahenden Tages, entdecken wir an mehreren Bäumen deutliche, tief in das Holz eindringende, lang gezogene Kratzspuren. Und zwar in einer außerordentlichen Höhe, sodass sie nur mit höchst geringer Wahrscheinlichkeit von einem entflohenen puscheligen Hauskätzchen stammen können. Und da wir wissen, dass Bären auch klettern können, sind wir in diesem Moment froh, dem Kratzspurenverursacher nicht persönlich begegnet zu sein.

In diesem Zusammenhang müssen wir nun etwas wirklich Schockierendes zugeben. Wir sind nun offiziell registrierte Waffenbesitzer! Da wir aufgrund unserer wenig germanischen Namen ohnehin zumeist für Einheimische gehalten werden und uns hier so ungemein wohlfühlen, dachten wir uns, adaptieren wir doch den nordamerikanischen Lebensstil noch ein bisschen mehr und kaufen uns, typisch amerikanisch, eine Waffe. Nur zur Selbstverteidigung, versteht sich. Natürlich ist diese mit einer Seriennummer versehen und man muss ein wichtig klingendes Formular unterschreiben, in dem man versichert, die Waffe wie seinen Augapfel zu hüten und keinesfalls zu verlieren. Denn wenn jemand sie finden und damit Schindluder treiben sollte, würden wir dafür verantwortlich gemacht. Nach Unterschreiben dieser Erklärung wird uns direkt im Laden die korrekte Handhabung demonstriert. Kurz danach verlassen wir als stolze Waffenbesitzer das Geschäft. Wir haben nun ein Bärenabwehrspray. Im Baumarkt gekauft. Das ist quasi ein Pfefferspray, das speziell für bzw. gegen Bären entwickelt worden ist und eine Sprühweite von über 5 m hat. Man wird von den Parkverwaltungen im Jasper und Yoho Nationalpark dringend dazu angehalten, bei jeder Wanderung Bärenspray mitzuführen. Im Banff Nationalpark darf man einige Wanderungen ohne das Spray gar nicht erst antreten. Die Begegnungen zwischen Bären und Menschen häufen sich hier, auch aufgrund der steigenden Touristenzahlen. Ohne Bärenspray geht also nichts.

*Querwelteinreisetag 234, Mt. Robson Provincial Park, British Columbia.* Das Bärenspray sowie unsere seit nun fünf Wochen vor lauter Faulenzerei müffelnden Rucksäcke, kommen heute endlich wieder zum Einsatz. Wir werden den zweitägigen Berg Lake Trail wandern, einen der beliebtesten Mehrtages-Wanderwege in den kanadischen Rockies. Er zeichnet sich durch türkis-blaue Seen, Gletscher und freie Sicht auf den höchsten Berg der Rocky Mountains, Mount Robson, aus. 790 Höhemeter und 16 km Strecke müssen wir heute bewältigen, bis wir unser Zeltcamp erreichen. Das Wetter ist perfekt. Der Morgen ist noch kalt, sodass wir eingehüllt in diverse Schichten Jacken sowie Mütze, Schal und Handschuhe loslaufen. Die ersten 4 km gehen wir durch dichten, stark bemoosten Wald. Zum ersten Mal seit unserer Zeit in Nepal sind wir mit schwerem Gepäck auf dem Rücken unterwegs. Schließlich müssen wir mehrere Schichten Kleidung, Proviant, Schlafsäcke und Zelt tragen.

Am Vormittag erreichen wir den türkis schimmernden Kinney Lake, in dessen eiskaltem Gletscherwasser sich die schneebedeckten Berge spiegeln. Wenige Kilometer vor Erreichen unseres Tagesziels kommt der herausforderndste Abschnitt des gesamten Weges: Zwei Stunden lang geht es kontinuierlich steil bergauf. Die vielen Wasserfälle entlang des Weges – wir befinden uns nun im *Valley of the 1000 Falls* – bieten dabei immer wieder Grund zum Anhalten. Anders würden wir die Tortur allerdings auch kaum überleben. Am Nachmittag erreichen wir schließlich unser Camp. Es liegt direkt am Fluss mit Blick auf den Mount Robson. Ein paar Camper haben ihr Lager bereits aufgeschlagen. Die Lage des Platzes ist herrlich, doch der Fluss ist so laut, dass jegliche Kommunikation unmöglich wird. Naja, nach über 10 Jahren Beziehung kann man darauf ja auch mal getrost verzichten.

Nachdem wir das Zelt aufgebaut haben, kochen wir uns eine typische, ausgewogene Wanderermahlzeit: Tüten-Nudelsuppe. Um 21 Uhr liegen wir bereits im Zelt, da es draußen zum Verweilen inzwischen viel zu kalt ist. Drinnen allerdings auch. Wir haben ein spezielles Zelt, das von außen nicht nass wird. Dafür allerdings von innen. Und zwar richtig. Daher sind sowohl wir, als auch unsere Schlafsäcke am nächsten Morgen mit kanadischer Feuchtigkeit durchtränkt. Die Temperaturen, die am Tage noch um die 20 °C betrugen, fallen nachts auf 5 °C. Da wir ja eigentlich Bulli-Camper sind, sind wir für professionelles Zeltcampen nur unzureichend ausgestattet. Das heißt, wir sind stolze Besitzer von Luschen-Schlafsäcken, einem qualitativ eher niedrigwertigen *Lidl*-Zelt sowie Möchtegern-Isomatten, die eigentlich nur Matten sind, ohne Iso, da wir sie aus Kostengründen aus einer Schaum-Bettauflage von Walmart selbst gezaubert haben. So warten wir die ganze Nacht frierend auf den Sonnenaufgang, um endlich weiterwandern zu können und somit wieder Leben in unsere gefrorenen Glieder zu bekommen.

Um 6 Uhr morgens ist es dann endlich soweit. Nach einer weitgehend schlaflosen Nacht ist es endlich hell und wir können aufstehen. Frühstück gibt es mit Aussicht und inklusive Eiszapfen, die sich an unseren Körpern bilden. Heute geht es zurück und wir erreichen am frühen Nachmittag unseren Bulli. Zelt, Schlafsäcke und alles, was wir noch dabeihatten und was sich in der eiskalten Nacht mit der uns von allen Seiten umgebenden Feuchtigkeit vereinigt hat, wird nun ausgepackt und auf dem Parkplatz des Besucherzentrums in der Sonne getrocknet. Auch unsere Campingstühle packen wir aus und erholen uns, mitten auf dem Parkplatz sitzend, bei Kaffee und Keksen von der anstrengenden Wanderung.

*Querwelteinreisetag 239, Prince George, British Columbia.* Da wir heute Nacht zufällig nur einige Meter von einem typisch nordamerikanischen, von LKW-Fahrern besiedelten Diner übernachtet haben, lassen wir es frühstücksmäßig mal ordentlich krachen: French-Toast, Schinken und Eier für Leslie, Pancakes für mich. Und dazu Kaffee non-stop. Wie man es aus amerikanischen Serien und Filmen kennt, laufen die Kaugummi-kauenden Kellnerinnen hier tatsächlich mit einer Kaffeekanne in der einen und einem Notizblock in der anderen Hand hektisch durch das Lokal und füllen fleißig die Tassen auf, bis man vor lauter Kaffee kaum auch nur einen einzigen, in Sirup getränkten, Pancake zu verschlingen in der Lage ist. Mit eisernem Willen und einer gehörigen Portion Mut geht das dann aber doch und ich schaffe drei.

Wir haben nun einige Fahrtage vor uns, werden den Bundesstaat British Columbia verlassen und unseren Weg in den Yukon fortsetzen. Wir machen Halt in Prince George, der letzten Station mit erwähnenswerter Infrastruktur, bevor wir das Yukon Territory erreichen werden. Hier müssen wir einige Einkäufe erledigen: Lebensmittel, eine warme Decke, um uns für die eiskalten Temperaturen in Alaska zu wappnen und Alkohol (gleicher Zweck).

Heute machen wir mal eine Ausnahme und nehmen uns ein Motel. Nachdem wir an der Rezeption erwähnen, dass wir aus Deutschland kommen, zahlen wir 10% weniger für das Zimmer. Offensichtlich gibt es hier Nationalitäten-Rabatt. Auch schön. Mehrmals werden wir hier auf unser Auto angesprochen und bekommen allerlei Tipps für den weiteren Reiseverlauf. Auch ein älterer, grauhaariger Kanadier fragt uns, ob wir aus Deutschland kommen. Wir bejahen, woraufhin er uns ein Video eines Schwarzbären zeigt, den er während dessen Winterschlaf gefilmt hat. Erkennen kann man auf dem alten Samsung Klapphandy allerdings nur wenig und der Zusammenhang zwischen seiner Frage nach unserer Herkunft und dem unmittelbar darauffolgenden und wortlos präsentierten Video, ist mir schleierhaft. Aber auch dies gehört zu den alltäglichen Kleinigkeiten, die das Reisen interessant machen: Es gibt immer wieder Grund zum Staunen.

Nur schwerlich können wir uns am nächsten Morgen vom Motelzimmer trennen. Es ist warm, gemütlich und es gibt einen Fernseher (Luxus!) sowie eine Mikrowelle (Luxus pur!), was dazu führte, dass wir uns von ungesundem Mikrowellenessen ernährt haben, während wir die halbe Nacht fasziniert auf die flimmernden Bilder in dem schwarzen Kasten starrten, den man in der Zivilisation eben als „Fernseher" bezeichnet. Sowas haben wir lange nicht gesehen und wenn doch, haben wir während unserer Zeit in Asien und Südamerika wenig der dort präsentierten Inhalte verstehen können. Außerdem offeriert das Motelzimmer darüber hinaus eine Kaffeemaschine, was nun am Morgen zu einer Koffeinüberdosis führt. Nachdem wir dem chinesischen Motelbesitzer noch in aller Ausführlichkeit das Camperkonzept erklärt und unter enormen Anstrengungen versucht haben, unsere umfassenden Einkäufe (die einer Monatsration Lebensmittel für eine Fußballmannschaft entsprechen) im Camper unterzubringen, geht es nun endlich los in den Yukon.

## Und ab in die Wildnis: Yukon Territory

*Querwelteinreisetag 241, irgendwo zwischen British Columbia und Yukon Territory.* Die Landschaft verändert sich nun zusehends. Die dichten Wälder weichen allmählich borealen Landschaften. Außerdem verändern sich die Farben. Aus den sommerlich grünen Bäumen werden nun bereits gelbrote Herbstlandschaften. Das Laub weht über die Straßen, das Thermometer sinkt kontinuierlich.

Wir überqueren nun die Grenze zwischen British Columbia und dem Yukon, dessen Hauptstadt, Whitehorse, wir am Nachmittag erreichen. Der obligatorische erste Schritt in einer neuen Stadt, der Besuch im Touristenzentrum, klärt uns über die wichtigsten Dinge auf: Wie wird das Wetter? Was gibt es hier zu sehen? Wo kann man duschen? Bezüglich der Duschfrage erfahren wir, dass es in Whitehorse auch ein *Recreation Center* gibt, eine Art Gemeindesportzentrum, das sowohl Sportkurse als auch Duschen anbietet. Wir machen uns gleich auf den Weg zum Center und parken auf dem großen Parkplatz vor der Halle. Beim Betreten des Zentrums erfahren wir, dass der nächste Zumbakurs bereits in fünf Minuten beginnt. Also schnell in die Umkleide gesprintet, Fleece- gegen Sportsachen getauscht, aus der Umkleide herausgestürzt, sich planlos umgeschaut, da nicht bekannt ist, in welchem Raum der Kurs überhaupt stattfindet. Doch plötzlich ertönen die ersten Salsarythmen in einer Lautstärke, die keinen Zweifel an der Richtung ihres Ursprungs zulässt. In einer Basketballhalle erblicke ich von weitem bereits die tanzenden Frauen (ja, auch hier ist Zumba ein reiner Frauensport) und geselle mich eilig dazu, um die Aufwärmtänzchen nicht zu verpassen. Zumba im Yukon, das ist doch mal was anderes!

Neben der Basketballhalle, in der ich eine Stunde lang schwitzend den ehrgeizigen Arsch-Wackel-Bewegungen der Zumba-Trainerin folge, während Leslie sich im Pumpen übt, gibt es auch zwei Eisbahnen (klar, wir sind ja schließlich in Kanada), eine Soccer-Ebene und eine in etwa 15 m Höhe angebrachte, über den einzelnen Hallen freischwebende Laufbahn, damit man in Yukons eiskalten Winters seine Joggingaspirationen indoor ausleben kann. Statt der für jedes deutsche Fitnessstudio obligatorischen Rudermaschinen, finden sich im kanadischen Sportcenter natürlich Kajak- und Kanumaschinen, um auch während des langen Winters nicht aus der Übung zu kommen. Nachdem wir uns sportlich ausgetobt und den seltenen Luxus einer warmen Dusche genossen haben, bugsieren wir uns und den Bulli zu unserer Heimat in der Ferne: Walmart. Hier sind wir dieses Mal mit unserem Camper allerdings nicht allein auf weiter Flur. Denn außer uns haben noch etwa 30 andere Camper ihr Nachtlager auf dem

Walmart-Parkplatz in Whitehorse aufgeschlagen. Eine urige Camping-Atmosphäre entsteht, in der zwischen den eng nebeneinander geparkten Wohnmobilen und trotz der gruseligen Außentemperaturen diverse Gespräche entstehen. Viele scheinen sich hier häufiger aufzuhalten, den Parkplatz als Ausgangspunkt für Tagesausflüge zu nutzen und sich am Abend gegenseitig ihre Erlebnisse zu berichten.

*Querwelteinreisetag 244, Dempster Highway, Yukon Territory.* Das Bullidach ist undicht und es regnet rein. Bei angenehmen 2 °C Außentemperatur und Dauerregen muss also das Dach repariert werden. Das macht so richtig Spaß. Nicht. Nachdem das Bullidach fachmännisch mit tonnenweise PU-Schaum „repariert" (de facto: gnadenlos zugeklebt) wurde, verlassen wir nun die Hauptstadt des Yukon Territory, um unserem nächsten Ziel entgegenzusteuern: dem *Dempster Highway.* Diese Straße zieht sich auf einer Länge von 736 km durch die arktische Tundra und endet hinter dem Polarkreis, in der Stadt Inuvik in den Northwest Territories. Von dort aus geht es nur noch mit dem Boot oder dem Flugzeug weiter, eine Straße gibt es nicht mehr. Die Mehrheit der Bevölkerung in Inuvik sind Inuit, „Eskimos", Touristen gibt es nur wenige. Am Ende dieses Highways ist man also ganz offiziell am Arsch der Welt angekommen. 20 Jahre Bauzeit brauchte es für diese Strecke, die auf 716 km nicht geteert ist. Es ist die einzige Straße Kanadas, die über den nördlichen Polarkreis führt. Eine echte Abenteuerstrecke! Zu Beginn des Dempster Highways befindet sich noch eine Tankstelle mit Self Service. Seinerzeit gab es an dieser Stelle wohl auch mal ein Rasthaus und Motel, doch sind diese Gebäude schon vor einiger Zeit abgebrannt. Spätestens hier sollte man volltanken, denn die nächste Tankmöglichkeit findet sich erst wieder im 365 km entfernten Eagle Plains – ein Ort mit 7 Einwohnern.

In Broschüren und Reiseführern haben wir zuvor gelesen, dass man die Strecke keinesfalls ohne Ersatzreifen (Plural!) und ausreichend gefüllten Benzinkanistern antreten solle. Auch Hinweisschilder warnen zu Beginn des Highways eindrücklich vor dessen Befahren. Zu gefährlich sei die Straße, die ganzjährig den unvorhersehbarsten Wetterverhältnissen ausgesetzt ist. Eines der „*größten Highwayabenteuer Nordamerikas*", schreibt der Lonely Planet. Der Highway besteht lediglich aus einer Schicht Schotter, um den darunter liegenden Permafrostboden zu schützen, der andernfalls schmelzen und somit dafür sorgen würde, dass sich die Straße über kurz oder lang in Wohlgefallen auflöst. Zwei Flüsse müssen auf dem Weg mit Fähren überquert werden. Im Sommer. Im Winter hingegen bildet das Eis eine natürliche Brücke. Den Namen bekam der Highway von William Dempster, der diese Strecke regelmäßig bei Minustemperaturen mit dem Hundeschlitten gefahren ist. Ich hoffe, dass die Fahrt mit dem Bulli vergleichsweise angenehmer wird.

Bereits nach wenigen Kilometern auf dem Highway entdecken wir am Straßenrand eine Elchkuh mit ihrem Jungen. Die Tiersichtungen werden mit jedem Meter, den wir der Wildnis des Yukons näherkommen, häufiger. In dem Moment, als der Dempster nach einem ersten Alibi-Stückchen geteerte, sich in bester Verfassung befindende, zivilisatorisch wirkende Straße, zur Wildnis-Schotterpiste wird, passiert direkt vor unseren Augen ein riesiger pechschwarzer Wolf die Fahrbahn. Im ersten Moment dachten wir, es handle sich bei dem riesigen Tier um einen Bären, denn weder Farbe noch Größe erinnern im ersten Moment an einen Wolf. Als das Tier dann aber in unsere Richtung blickt, lassen sich die wolfsähnlichen Züge deutlich erkennen. Uns erinnert er an die Werwölfe in den *Twilight*-Filmen. Riesig, pechschwarz, geheimnisvoll. Nicht, dass wir sowas wie Twilight gucken würden. Gott bewahre. Kinderkram. Und selbst *wenn* wir so etwas gucken würden, wären wir natürlich im Team Edward.

Jedenfalls eine von uns. Aber wie schon gesagt, so ein Kinderkram ist natürlich unter unserem Niveau.

Unsere erste Nacht auf dem Dempster Highway verbringen wir im Tombstone Territorial Park. Mit einer Größe von etwa 2.200 km² ist er der zweitgrößte Park im Yukon. Landschaftlich ist der Tombstone geprägt durch Permafrostböden und weitläufige Täler, die von arktischer Tundra bewachsen sind. Auch boreale Wälder sind in den südlichen Gegenden des Parks zu finden sowie eine reiche Pflanzen- und Tierwelt. Neben einer Karibu-Herde, die regelmäßig im Park überwintert, leben Elche, Dall-Schafe, Grizzly- und Schwarzbären sowie zahlreiche Vogelarten in diesem Schutzgebiet.

Die Stellplätze des Campingplatzes sind parzellenförmig angelegt und voneinander abgegrenzt durch hohe Hecken. Den Stellplatz sucht man sich selbst aus und zahlt die Gebühren per Selbstregistrierung. Wir stecken also die verlangten 12 Dollar in einen Umschlag, den wir von einem Informationsstand im Park mitgenommen haben, schreiben Kennzeichen, Anzahl der Personen sowie Datum der Übernachtung darauf, reißen einen vorgesehenen Abschnitt ab, um ihn als Beweis für die Registrierung am Auto anzubringen und werfen den Umschlag anschließend in eine dafür vorgesehene Box. Auf dem Weg zurück zum Auto, geschieht dann das Unglaubliche. Wir haben den Vorhersagen nicht Glauben schenken wollen, doch sehen wir sie jetzt in erschreckender Weise bestätigt: Am 31. August 2015 fängt es hier im Yukon tatsächlich an zu schneien. Der Winter ist da.

Schockiert von diesem Wintereinbruch in dem für uns Mitteleuropäer mit einer gänzlich anderen Jahreszeit assoziierten Monat August, ziehen wir uns schnell in den Bulli zurück und kochen uns gerade einen tröstenden Kaffee, als es plötzlich an die Scheibe klopft. Wir kurbeln das Fenster auf der Fahrerseite herunter und werden mit Handschlag von einem in unendliche Schichten Fleece gehüllten, bärtigen Mittfünfziger begrüßt. Hermann kommt aus Paderborn, eine Stadt, die nur 40 km von unserer Heimatstadt Bielefeld entfernt liegt. Da trifft man sich als Ostwestfale auf einem Campingplatz im absoluten Nirgendwo nahe der Arktis – die Welt ist ein Dorf! Als Herrmann unser Auto mit dem Bielefelder Kennzeichen entdeckte, musste er einfach rüberkommen und nachschauen, wer sich da aus der schnöden Heimat in den eisigen Yukon verirrt hat, erzählt er uns lachend. Hermann ist Priester und reist inzwischen schon seit über zwanzig Jahren fast jedes Jahr nach Kanada. Früher sei er auch an andere Orte gereist, vor allem in den europäischen Norden. Doch seit er das erste Mal im Yukon war, hat diese Gegend ihn nicht mehr losgelassen. Jedes Jahr versucht er den Großteil seines Jahresurlaubs zusammenzukratzen, um so mindestens vier bis fünf Wochen in der wilden Einsamkeit Kanadas zu verbringen.

Hermann ist außerdem leidenschaftlicher Hobby-Fotograf und während der vielen Reisen ist ihm schon so manches wilde Tier vor die Linse gekommen. Auch Polarlichter fotografiert er gerne und zeigt uns einige seiner schönsten Aufnahmen. Um diese Fotos machen zu können, ist er stets über die aktuellen Polarlicht-Vorhersagen informiert und steht nicht selten mitten in der Nacht auf, um bei Minusgraden, die Kamera in den eisigen Händen haltend, auf das Erscheinen der sonderbaren Lichtschauspiele zu warten. Oftmals vergeblich, denn sobald sich in einem ungünstigen Moment eine Wolke vor den Himmel schiebt, ist von etwaigen Polarlichtern nichts mehr zu sehen. Ich bin beeindruckt von so viel Leidenschaft und frage mich, ob mir ein schönes Foto stundenlanges, frierendes Warten wert wäre. Ich kann es mir nicht vorstellen.

*Querwelteinreisetag 246, Dempster Highway, Yukon Territory.* Der bewölkte Morgen beginnt wie jeder Morgen in diesem unzugänglichen Teil Kanadas: mit dem Erproben unserer Fahrkünste auf dem durch Schnee und Regen unwegsam gewordenen Highway. Geteert ist hier schon lange nichts mehr und so besteht die Straße aus Schotter, Matsch, Pfützen und gigantischen Schlaglöchern, die bei jedem unfreiwilligen Kontakt mit dem Bulli diesen auseinanderzubrechen drohen. Der Bulli quietscht inzwischen an Stellen, von denen wir nicht mal wussten, dass sie existieren. Die Landschaft aber wird nun immer beeindruckender, je näher wir dem Polarkreis kommen. In der Ferne verbreiten die in Nebel gehüllten schneebedeckten Berge eine mystische Atmosphäre, während der Anblick der davorliegenden einsamen Tundragebiete, in denen wir nicht einen einzigen Wanderer entdecken, seltsam beruhigend auf uns wirkt.

In Eagle Plains, einer Zwischenetappe auf dem Dempster Highway, die auch einen Hauch von Infrastruktur zu bieten hat, machen wir einen Zwischenstopp und erhalten neben lächerlich überteuertem Benzin auch eine wertvolle Information: Die Fähren, die über die den Dempster Highway kreuzenden Flüsse fahren, sind aufgrund von Hochwasser außer Betrieb. Na herrlich. Nun bleiben uns zwei Optionen. Entweder, wir warten bis Samstag darauf, dass die Fähren wieder fahren, denn bis dahin soll das Hochwasser laut Vorhersagen soweit im Griff sein, dass die Flüsse wieder passierbar sind. Heute ist allerdings erst Mittwoch. Oder wir fahren bis zum Polarkreis und kehren anschließend um. Das Inuit-Dorf Inuvik müssten wir somit auslassen. Da wir zeitlich bereits unter einem gewissen Druck stehen, denn nach dem Yukon steht noch Alaska auf unserer Reiseroute und der Winter hält hier im hohen Norden ja bereits Einzug, entscheiden wir uns für die zweite Option.

Auch auf den letzten Kilometern geht es über Stock und Stein, das Fahren allein ist ein Abenteuer. Hinter jeder Biegung lauert das nächste Schlagloch, der nächste Stein, der das Potenzial hat, dem Bulli die Ölwanne zu zerschießen. Doch eröffnet sich ebenso alle paar Meter der Blick auf die nächste Bilderbuchlandschaft, den nächsten Grund, den Mund vor Staunen nicht mehr schließen zu können, die nächste Gelegenheit, um sicher zu sein: Kanada ist mit Abstand das schönste Land, das wir bisher bereist haben! Wir fahren unbeirrt weiter, wollen endlich den Polarkreis erreichen. Schließlich tut sich rechts eine Ausfahrt auf, wir biegen vom Highway ab und parken den Bulli vor einem großen Schild, das uns versichert, dass wir am *Arctic Circle*, am nördlichen Polarkreis angekommen sind. Wir steigen aus, sind mutterseelenallein hier in der Weite des Yukon. Und dann, während wir in aller Stille die schneebedeckten Berge und die unendliche Wildnis Kanadas betrachten, reißen die Wolken auf, aus der über uns hängenden grauen Wolkendecke schießen die Sonnenstrahlen wie Blitze hervor und tauchen die Szenerie in ein diffuses, mystisches Licht. Ein unglaublicher Anblick!

Unsere letzte Nacht auf dem Dempster, die wir auf einem Parkplatz verbringen, wird etwas Besonderes. Wie wir den Vorhersagen entnehmen, könnte es heute Nacht Polarlichter zu sehen geben – sofern der Himmel klar bleibt. Als wir also nach dem Abendessen gegen 22:30 Uhr langsam schläfrig werden, stellen wir uns den Wecker auf 2 Uhr nachts. Zu etwa dieser Zeit soll das Naturwunder zu sehen sein. Polarlichter, hier im Norden auch als *aurora borealis* bezeichnet, entstehen, wenn elektrisch geladene Teilchen von Sonnenwinden auf geladene Sauerstoff- und Stickstoffteilchen in der Erdatmosphäre treffen, diese ionisieren und sie somit zum Leuchten anregen. Mitten in der Nacht klingelt nun der Handywecker, mit einem Ton, den man zu dieser nächtlichen Stunde als noch viel unangenehmer empfindet als am Morgen. Wir sind ob dieser ungewohnten nächtlichen Lärmbelästigung völlig genervt, vergessen zeitweilig, dass es sich hierbei um einen freiwilligen Weckruf handelt und wir nicht etwa zur Arbeit müssen oder etwas ähnlich Gottloses zu tun haben. Wir versuchen, die Augen einen Spalt weit zu öffnen, wickeln die Jalousie vor dem Fenster hoch, blicken nach draußen in die pechschwarze Nacht, zum Himmel hinauf und… tatsächlich! Grünlich schimmernde Polarlichter schieben sich über den wolkenlosen, sternenklaren Himmel. Sie scheinen sich nicht zu bewegen, starr am Himmel zu kleben, doch sobald man nur kurz blinzelt und wieder hinaufblickt, befinden sie sich plötzlich an einer anderen Stelle, ohne dass man der Bewegung hätte folgen können. Die Farbe der Polarlichter, ob sie grün, blau oder eher rötlich sind, hängt von den unterschiedlichen Bestandteilen der Erdatmosphäre und von der Höhe ab, in der sich das Ganze abspielt. Üblicherweise werden grüne Polarlichter, wie wir sie gerade beobachten können, durch Sauerstoffatome in einer Höhe von 80 bis 150 km hervorgerufen. Etwa eine Stunde lang können wir das Spektakel beobachten, bis die Lichter im Nirgendwo verschwinden. Und plötzlich verstehe ich Hermann aus Paderborn ein wenig besser, der sich nachts die Finger abfriert, um einen Schnappschuss von diesem einzigartigen Anblick machen zu können.

*Querwelteinreisetag 248, Dawson City, Yukon Territory.* Wir sind in Dawson City: eine Stadt, die Ende des 19. Jahrhunderts gegründet wurde, als man in der Region Gold entdeckte und ehrgeizige Goldsucher von überall her in die Region einfielen. Der sagenumwobene Klondike-Goldrausch begann. Zur damaligen Zeit gab es noch keine Straße hierher und so war der Weg beschwerlich und nur mit Hundeschlitten oder Kanu zu bewältigen, später dann mit dem Schaufelraddampfer über den Yukon River. Zu Zeiten des Goldrausches brachte er die Goldsucher und ihre Familien von Whitehorse nach Dawson City. Für diese Strecke, flussabwärts, benötigte das Schiff 1,5 Tage. Für den Rückweg, flussaufwärts, hingegen etwa 4,5 Tage. Als schließlich ein Highway gebaut wurde, um die beiden Städte miteinander zu verbinden, wurde das Schiff nicht länger als Transportmittel benötigt. Mit dem Auto braucht man für diese Strecke heute 6 Stunden.

Zu seinen belebtesten Zeiten lebten in dem kleinen Ort, der praktisch über Nacht aus dem Boden gestampft wurde, etwa 40.000 Menschen. Doch der Goldrausch fand schnell wieder ein Ende und die Blütezeit der Stadt war bereits 1902 Vergangenheit. Zu diesem Zeitpunkt lebten noch etwa 5.000 Menschen in Dawson City. Heute beherbergt die Stadt lediglich 2.000 fest verankerte Seelen, zuzüglich der Unmengen von Touristen, die hier in den Sommermonaten einfallen. Viele der alten Gebäude wurden mühevoll restauriert, um das Ambiente der Stadt zu erhalten. Auch neue Gebäude müssen in diesem historischen Stil gebaut werden, um ein einheitliches Stadtbild zu gewährleisten. Während wir nun durch die Innenstadt und die Wohnsiedlungen laufen, registrieren wir erstaunt den Goldgräbercharme, den sich Dawson City bewahrt hat. Weniges hat sich hier in den letzten 100 Jahren verändert und so sind die Straßen noch immer ungeteert und die Häuser zwar restauriert, doch entspricht das heutige Stadtbild weitgehend jenem von 1898, wie wir den alten Fotos im Besucherzentrum entnehmen können.

Am Abend setzen wir mit der kostenlosen Fähre auf die andere Seite des Yukon River über, wo wir auf einem staatlichen Campingplatz direkt am Fluss einen Stellplatz finden. Typisch amerikanisch, grillen wir uns nach dem Abendessen Marshmallows über dem Lagerfeuer und freuen uns, als nach dem 10. schwarzen Probemarshmallow nur noch jeder zweite verbrennt und somit etwa 50% des zuckrigen Grillguts durchaus genießbar ist. Auf diese Weise feiern wir heute unseren vorerst letzten Tag in Kanada. Denn morgen verlassen wir das Yukon Territory und steuern unserem nächsten Ziel entgegen: Alaska!

Somit liegt das letzte Land unserer Weltreise nun unmittelbar vor uns. Das stimmt uns traurig. Außerdem hat uns Kanada so gut gefallen, dass wir befürchten, die Vereinigten Staaten werden da nicht mithalten können. Auch wenn wir bisher schon viele Highlights auf unserer Reise erlebt haben, sind wir uns einig, dass uns kein Land bisher so gut gefallen hat. Hier stimmt einfach alles: Die Natur ist unglaublich schön, das Land ist menschenleer, es gibt so viel Platz und die wenigen Menschen, die hier leben, sind freundlich und hilfsbereit. Auch wenn es hier sicher auch soziale Probleme gibt, eine Schere zwischen arm und reich, ist davon im täglichen Touristenleben nur wenig zu spüren. Man hat den Eindruck, der Großteil der Menschen hier ist einfach zufrieden. Kanada ist in jeglicher Hinsicht entspannt und das macht auch das Reisen sehr angenehm.

*Resümee Kanada: 59 Tage; 9 Nächte in 3 Unterkünften; 50 Nächte im Bulli an 45 Stellplätzen; 23 im Lagerfeuer verbrannte Marshmallows; 1 Polarlichtnacht; 1 Twilight-Wolfssichtung*

## USA:
## Land der Extreme (04.09.2015 - 04.12.2015)

*Q*uerwelteinreisetag 250, zwischen Kanada und USA. Über den *Top of the World Highway*, eine etwa 1.000 m über dem Meeresspiegel verlaufende Straße, die das Yukon Territory mit Alaska verbindet, reisen wir in die USA ein. Die Einreise verläuft problemlos. An der Grenze begrüßt man uns mit einem euphorisch herausgeschrienen *„Welcome to the United States!"*. Entgegen unserer Erwartungen interessiert unser Auto, mit den deutlich sichtbaren deutschen Kennzeichen, keinen Toten. Auch wir erwähnen das Auto den Grenzbeamten gegenüber mit keinem Wort, man will ja keinen unnötigen Stress heraufbeschwören.

### Bären, Wildnis und eine merkwürdige Begegnung in Alaska

Der erste Ort, den wir in den USA durchqueren, ist die reizvoll klingende Einöde Chicken. Ende des 19. Jahrhunderts wurde das Örtchen gegründet, als man hier auf Gold stieß. Der Legende nach soll die Entstehung des gewöhnungsbedürftigen Ortsnamens der Tatsache geschuldet sein, dass die Nahrungsquelle der ersten sich hier niedergelassenen Goldsucher die wildlebenden Ptarmigan-Hühner waren. Denn als 1902 eine Poststelle eröffnet werden sollte, brauchte der Ort einen Namen und das erste, was den Goldsuchern diesbezüglich in den Sinn kam, war ihre tägliche Nahrung. Da aber niemand so genau wusste, wie „Ptarmigan" geschrieben wird, machte man es sich einfach und wählte stattdessen „Chicken", die englische Bezeichnung für Huhn.

Im Sommer leben hier etwa 20 und während des Winters ganze fünf Menschen. Nach dem Besuch dieses aufregenden Fleckens Erde, in dem es aber immerhin das Wichtigste gibt, eine Bar, fahren wir weiter nach Tok. Dies ist der nächstgrößere Ort, in dem es eine nennenswerte Infrastruktur geben soll. Hatte man uns gesagt. Nun, Alaska ist zwar nicht groß (jedenfalls der bewohnbare Teil davon), doch offensichtlich muss es sich um ein anderes Tok gehandelt haben, von dem man uns zuvor erzählt hatte. Denn als wir die vermeintliche „Stadt" erreichen, ist alles, was wir entdecken können, eine geschlossene Touristen-Information, eine Tankstelle sowie einen Supermarkt, der ambitioniert damit wirbt, Fleisch in rauen Mengen zu führen. Na, da sind wir als Vegetarier ja äußerst angetan. Wir kaufen zwei Bananen, eine Tüte Bonbons und ein Brot für ungefähr 324 US-Dollar. Unter Berücksichtigung des momentanen Dollarkurses und vor dem Hintergrund der derzeitigen wirtschaftlichen Lage Europas entspricht dies umgerechnet etwa 324 Euro.

*Querwelteinreisetag 251, irgendwo in Alaska.* Etwa 320 Meilen trennen uns nun noch von unserem ersten richtigen Ziel in Alaska: dem Denali Nationalpark. Da uns der Winter bereits im Nacken sitzt und wir Alaska nicht in unüberwindbarem Schneechaos erkunden wollen, haben wir nun einen gewissen zeitlichen Druck und müssen den Park zeitnah erreichen. Doch als wir nun, bei strahlendem Sonnenschein, an einem herrlich am Fluss gelegenen Rastplatz vorbeikommen, entscheiden wir spontan, die schönen Sonnenstunden nicht im Auto, sondern genau hier zu verbringen. Wir parken den Bulli mit Aussicht auf Alaskas Bergpanorama und die herbstlichen Wälder, und lassen den Rest des Tages entspannt angehen. Wir gehen spazieren, lesen und sogar Yoga kann ich bei diesem Wetter direkt am Fluss machen. Momente wie diese zeigen uns immer wieder, dass wir für diesen Teil unserer Weltreise genau die richtige Reiseart gewählt haben. Wir können Rast machen, wo wir wollen, haben immer Essen, Getränke und Kochmöglichkeiten dabei. Ein Sandwich, eine kalte Cola oder ein heißer Kaffee – kein Problem. Unser Nachtlager schlagen wir dort auf, wo es uns gefällt und wir müssen nicht tagtäglich mühevoll nach einem Motel suchen, das möglichst günstig und möglichst wenig abgeranzt ist. Camping bedeutet für uns, gerade hier in Nordamerika, pure Freiheit!

*Querwelteinreisetag 253, Denali Nationalpark, Alaska.* Seinen Namen erhielt der Park durch den 6.190 m hohen Berg in seiner Mitte, der von den Ureinwohnern *Denali (der Hohe)* genannt wurde. Fast 25.000 km² Fläche umfasst der Nationalpark, 400.000 Touristen kommen jedes Jahr nach Zentralalaska, um hier zu wandern, auf Berge zu klettern oder wilde Tiere zu beobachten. Insbesondere Grizzlybären, Elche, Karibus und Wölfe lassen sich im Denali entdecken. Neben der aufregenden Fauna ist der Denali Nationalpark allein aufgrund seiner atemberaubenden Landschaft einen Besuch wert. In den Höhenlagen besteht die Landschaft aus Gletschern, Felsen und nur noch wenig Vegetation. Nach unserer ersten Wanderung durch diese schöne Umgebung gönnen wir uns etwas ganz Besonderes: Luxusduschen zum unglaublichen Preis von jeweils 4,50 US-Dollar. Nein, wir haben nicht die ganze Dusche gekauft, sondern lediglich für ein sechsminütiges Tete-á-Tete mit ihr bezahlt. Allerdings war das einzig Luxuriöse an den Luxusduschen der Preis.

Da der Nationalpark lediglich auf den ersten 15 Meilen mit dem eigenen Fahrzeug befahren werden darf und der Rest des Parks nur mit Shuttlebussen erreichbar ist, fahren wir mit einem solchen weiter in den Park hinein, um die Chance auf ein paar Tiersichtungen zu haben. Der reiseführende, langhaarige und langbärtige Busfahrer Craig erklärt vor der Abfahrt die wesentlichen Funktionen des Busses. Wie werden die Fenster geöffnet? Wo befinden sich die Notausgänge? Dabei deutet er mit beiden Händen in die jeweiligen Richtungen, in denen sich die Notausgänge befinden, zeigt, wie man sie öffnet und ich warte währenddessen auf das Starten der Turbinen. Denn ich fühle mich schlagartig in ein Flugzeug versetzt, in dem kurzröckige Flugbegleiterinnen die wesentlichen Sicherheitsbelehrungen gestikulieren.

Statt eines schicken Röckchens trägt der Busfahrer Craig allerdings formloses Hemd zu langem Bart und langen Haaren, die statt nach unten nach oben wachsen (durchaus vergleichbar mit Leslies Kopfbehaarung).

Dieses Erscheinungsbild bekräftigt nun meine Theorien bezüglich der Hintergründe des hier tätigen Personals, die ich bereits nach einigen Stunden Aufenthalt im Nationalpark entwickelte. Wahrscheinlich darf das nun Folgende nicht öffentlich kundgetan werden – ich bitte daher um diesbezügliche Verschwiegenheit. Denn ich bin überzeugt, einem amerikanischen Staatsgeheimnis auf der Spur zu sein. Schaut man sich die Angestellten hier einmal genauer an, fallen einem geschulten Blick die Ähnlichkeiten in deren Erscheinungsbild ins Auge. Alle Männer tragen Bart. Und zwar einen ziemlich langen. Alle Frauen tragen Brille. Und zwar eine ziemlich große. Sowohl Männer als auch Frauen tragen Haare. Auf dem Kopf. Und zwar ziemlich umfassend, so dass ihre Gesichter zumeist zu mindestens Dreivierteln davon verdeckt werden. Oder sagen wir *versteckt* werden, denn dieser einheitliche Phänotyp lässt ja ganz offensichtlich nur eine Vermutung zu: Der Denali Nationalpark wurde *nicht*, wie in allen Broschüren und Reiseführern behauptet, zum Schutz der Natur gegründet. Es handelt sich hierbei ganz klar um ein Zeugenschutzprogramm. Denn wo könnte man Leute besser verstecken als im hohen, kalten Norden Alaskas? Ganz klare Sache: Ich bin hier einem gut gehüteten Geheimnis auf der Spur! Um diese Hypothesen zu bekräftigen, weiß die Wissenschaftlerin in mir natürlich, dass eine einmalige Beobachtung nicht ausreichend ist, um Repräsentativität zu gewährleisten. Ich müsste also nochmal im Frühling wiederkommen, um die Möglichkeit auszuschließen, dass es sich bei der Langbärtig- und Langhaarigkeit sowie der gesichtsversteckenden Bebrillung lediglich um eine dem Saisonende geschuldete Verwahrlosung handelt. Bis dahin bin ich aber weiterhin der Überzeugung, dass einer der ältesten Nationalparks der USA lediglich zum Zwecke eines ausgeklügelten Zeugenschutzprogramms gegründet wurde.

Während der Bus nun langsam die Parkstraße entlangfährt, entdecken wir in den weiten Tundraebenen die ersten Grizzlybären. Wie der Busfahrer Craig erklärt, handelt es sich bei den Bären um ein etwa dreijähriges Geschwisterpaar. Sie seien vermutlich soeben aus dem Elternhaus ausgezogen, denn diese Phase der bärigen Adoleszenz sei der einzige Lebensabschnitt, in dem die Tiere die Anwesenheit eines Artgenossen akzeptieren. Wissen die beiden dann erst einmal, wie es „draußen" so läuft, gehen sie ihrer eigenen Wege. Die Anwesenheit eines anderen Bären wird danach nur noch während der Paarungszeit akzeptiert. Selbstverständlich.

Im Denali Nationalpark werden seit seiner Gründung im Jahr 1917 Schlittenhunde für die meisten Arbeiten verwendet. Ein großer Teil des Parks besteht aus Wildnis, in der es weder Besucher noch Straßen gibt. Zu den Auflagen für die durch den Staat geschützten Areale gehört es, diese Wildnis nicht mit motorisierten Fahrzeugen zu stören. Um also in die entlegenen Teile des Parks zu gelangen, bedarf es einer Alternative. Daher „beschäftigt" man hier 35 Schlittenhunde, die in Teams von bis zu 12 Tieren während des Winters jegliches Material in die entlegenen Teile des Nationalparks transportieren, das zum Bau von Hütten oder zu Forschungszwecken benötigt wird. Während des Sommers sind die Hunde hingegen mit dem Amüsement der Besucher beschäftigt.

So sitzen auch wir an diesem kalten, nebeligen Septembermorgen auf Holzbänken, beobachten inmitten anderer eifriginteressierter Touristen die wuscheligen, blauäugigen Schlittenhunde und lassen uns im Rahmen einer so genannten *Sled Dog Demonstration* von den Parkrangern erklären, wie genau der Arbeitstag eines Hundes aussieht. Sobald der erste Schnee fällt, erklärt die rustikale Rangerin mit roten Wangen energisch, werden die Hunde nach ihrer langen Sommerpause langsam wieder an ihre Winterarbeiten gewöhnt. Zunächst werden Touren unternommen, die nur wenige Stunden dauern, schließlich müssen die Tiere erst einmal langsam ihren Sommerspeck abbauen und körperlich wieder fit werden. Anschließend werden die ersten Touren gefahren, die mit einer Übernachtung in der Wildnis einhergehen. Nachdem sich die Hunde allmählich wieder an das harte Arbeitsleben gewöhnt haben, werden ab März die anstrengenden Projekte umgesetzt, die über mehrere Wochen gehen.

Die Rangerin erläutert, nach welchen Kriterien die Hundeteams zusammengestellt werden. Die *Leader*, jene Hunde also, die an vorderster Schlittenfront für das Finden der Wege im hohen Schnee verantwortlich sind, tragen die meiste Verantwortung. Nur wenige Hunde sind für diese Aufgabe geeignet. Die in zweiter Reihe laufenden Hunde übernehmen das ordnungsgemäße Kurvenlaufen. Sie sind darauf trainiert, Kurven weiträumig zu nehmen, um auf diese Wiese sicherzustellen, dass der Schlitten in der Bahn gehalten wird. Direkt vor dem Schlitten laufen die körperlich stärksten Hunde: Sie müssen in ihrer Position die meiste Kraft aufwenden, um den Schlitten in Schwung zu bekommen. Welcher Hund für welche Position geeignet ist, klärt sich bereits im Welpenalter. Die Neugeborenen werden bereits früh daraufhin beobachtet, welche Rolle ihnen in einem Schlittenteam am meisten entspricht. Sind sie der „Leadertyp" oder gehören sie eher zu den Mitläufern? So gebe es qua Geburt und genetischer Ausstattung erhebliche Unterschiede in der Charakteristik der Hunde, die bereits im Welpenalter erkennbar sind, erklärt die Rangerin. Dem kann ich mit den mir als Soziologin so sympathischen und fast immer anwendbaren Erziehungs- und Sozialisationsargumenten diesmal wohl nicht beikommen.

Wenn man ein paar Tage in einem geografisch so abgeschiedenen Gebiet wie dem Denali Nationalpark verbringt, kommt irgendwann unwillkürlich die Frage auf: Was sind das eigentlich für Menschen, die es in den eiskalten Norden, in diese den Großteil des Jahres gottverlassene und raue Gegend zieht – also abgesehen natürlich von jenen, die sich im Zeugenschutzprogramm befinden? Und wie sieht deren Alltagsleben wohl aus? Eine Rangerin, die ganzjährig im Park lebt (ja, auch während der 10 Monate Winter!) erzählt im Rahmen eines Vortrags im Besucherzentrum aus ihrem Leben. Wie sie während des Winters den Großteil ihrer Zeit mit Schneemobilfahren verbringt. Wie sie dabei 150 Meilen mit voll Karacho in jede Richtung fahren kann, ohne je einem anderen Menschen zu begegnen. Wie sie sich mit den anderen wenigen Menschen, die hier eine kleine vertraute Gemeinde bilden, regelmäßig zum Eisgolf spielen trifft. Wie Hochzeiten gefeiert werden, bei denen jeder etwas zu essen mitbringt und die man auf den Fotos, die sie nun an die Wand des Vortragsraums wirft, von den anderen Gemeindefesten nur dadurch unterscheiden kann, dass ein paar der Gäste ihr Flanellhemd förmlich in die Hose gesteckt tragen. Sie erzählt davon, wie ihr ebenfalls als Ranger arbeitender Schwager im Winter mit der Crossmaschine über gefrorene Seen und entlang metertiefer Gletscherspalten rast. Wie die kleine Gemeinde hilft, wenn sich ein neues Mitglied ein Haus nicht leisten kann: So gibt einfach jeder 10.000 US-Dollar dazu, als zinsloses, informelles Darlehen. Das sei hier draußen völlig normal und gehöre zur alltäglichen Nachbarschaftshilfe, erzählt sie lächelnd. Ich denke kurz darüber nach, ob ich dies zuhause in Bielefeld auch mal versuchen sollte. Einfach am Martinstag mit einem Jutebeutel durch die Straßen ziehen und statt der üblichen Süßigkeiten 10.000 Euro Darlehen verlangen, um mir mein Traum vom Eigenheim zu erfüllen. Offen gesagt habe ich Bedenken, dass dieses Unterfangen von Erfolg gekrönt sein würde. Ist wohl doch ein ganz anderes Leben, hier draußen in der Wildnis Alaskas.

*Querwelteinreisetag 257, Seward, Alaska.* Alaskas Städte sind hässlich. Weder Fairbanks noch Anchorage können uns mit ihren Reizen betören. So haben wir eine sehr unruhige Nacht in Alaskas Großstadt Anchorage hinter uns, denn es war Freitag und Walmart scheint *der* Treffpunkt für die coolsten unter Alaskas Jugendlichen zu sein, die hier die alaskanischen Driftmeisterschaften auszutragen scheinen. Es war wohl schwierig, sich auf einen Gewinner festzulegen, denn die Rennen über den, abgesehen von unserem Bulli, leeren Supermarktparkplatz dauerten die ganze Nacht.

So halten wir uns nicht lange in den urbanen Zentren des nördlichsten Bundesstaates der USA auf, sondern steuern nun wieder die Wildnis an. In *Seward,* einer Kleinstadt am Rande des Kenai Fjords Nationalpark im südlichen Alaska, finden wir einen staatlichen Campingplatz, der unmittelbar an der Küste liegt und somit direkten Meerblick bietet. Hier am Hafen kann man hervorragend Otter beim Mittagessen beobachten. Die pelzigen Tiere schwimmen dazu an die Stege heran, kratzen sich eine Handvoll Muscheln von den Holzbalken, schwimmen ein paar Meter zurück ins freie Wasser, legen sich in gemütlicher Position auf den Rücken, deponieren die gesammelten Muscheln nun auf ihrem Bauch und schieben sich diese schließlich, auf dem Rücken schwimmend, mit ihren Pfoten nacheinander ins Maul, um sodann laut schnaufend Muschel für Muschel mit den Zähnen zu knacken und zu fressen. Einem Otter scheint das Knacken von Muscheln allerdings zu trivial zu sein. Er nimmt es stattdessen gleich mit einem überdimensionalen Fisch auf, der um einiges größer ist. Der Otter nimmt nun zunächst eine bequeme Sitzposition ein, legt sich also im offenen Wasser schwimmend auf den Rücken und versucht nun, sich seine Beute auf den Bauch zu hieven, um diese dann genüsslich zu verspeisen. Naturgemäß ist dies nicht ganz einfach, da der flutschige Fisch immer wieder hinunterzugleiten droht und der Otter alle 10 Sekunden immer wieder zum Boden tauchen muss, um seine Beute aus den Meerestiefen nach oben zu befördern und seine Mahlzeit fortsetzen zu können. Ein herrliches Schauspiel!

Am frühen Abend, wir haben uns aufgrund der einsetzenden Kälte bereits in den Bulli zurückgezogen, vernehmen wir plötzlich ein seltsames Geräusch. Vorsichtig ziehen wir die Vorhänge beiseite und versuchen, den Grund für die merkwürdige Geräuschkulisse herauszufinden. Im Halbdunkel entdecken wir eine Gestalt, die langsam unser Auto umrundet. Einmal. Zweimal. Sollen wir uns lieber einschließen oder dem Feind mutig ins Gesicht blicken und ihn fragen, was er will? Nach einer kurzen Diskussion über das Für und Wider entscheiden wir uns für Letzteres, ziehen die Schiebetür zur Seite, treten aus dem Bulli, auf alles vorbereitet, als plötzlich die Gestalt aus dem Dunkel hervorprescht. Die Anspannung ist kaum auszuhalten. Schnell stellt sich dann aber heraus: Bei der mysteriös anmutenden, dunklen, gedrungenen Erscheinung handelt es sich um eine ältere Dame namens Sigrid. Sigrid hat ein unnatürlich ausgeprägtes Interesse an VW Fahrzeugen und ist aus diesem Grund auf uns aufmerksam geworden. Kaum ist unsere Anspannung der Erleichterung gewichen, wirft sie uns alle möglichen und unmöglichen Fragen über unser Auto an den Kopf. Ohne an dieser Stelle eine Diskussion über typische geschlechterspezifische Verhaltensweisen eröffnen zu wollen, waren wir eine solche Verhaltensweise bisher nur von Männern gewöhnt. Sigrid ist gebürtige Deutsche, wie sie uns nun lebhaft erzählt und lebt seit 1960 in den USA. Sie ist ein großer VW-Fan und versucht schon seit Jahren, einen VW Bulli aus Deutschland in die USA zu importieren. Allerdings sei es nicht erlaubt, einen T5 zu importieren, erzählt sie uns nun wütend. *„Kurzfristig habe ich überlegt, euch einfach eine Beule ins Auto zu fahren. Dann hätte ich euer Auto vielleicht günstig abkaufen können"*.

Lachend und zugleich etwas beängstigt laden wir Sigrid trotzdem in unseren Bulli ein und eine aufregende Diskussion über Selbstausbau, Bodenfreiheiten und selbst gezimmerte Aufstelldächer entzündet sich. Sigrid reist schon seit Jahrzehnten durch ganz Nordamerika, am liebsten allerdings durch den wilden Norden. Ihren Pick-Up hat sie komplett alleine zum Camper ausgebaut. Als wir uns später voneinander verabschieden, lädt sie uns dazu ein, sie auf unserem weiteren Reiseweg in San Bernadino, östlich von Los Angeles, zu besuchen. Wir wissen noch nicht, ob dieser Abstecher in unsere Reiseplanung passt. Aber eine Frau wie Sigrid trifft man sicher nicht alle Tage.

*Querwelteinreisetag 259, an der Grenze zu Kanada.* Um an unser nächstes Ziel, Haines im südlichen Teil Alaskas, zu gelangen, müssen wir zunächst wieder die Grenze zwischen Alaska und dem Yukon überqueren. Wir gehen davon aus, dass die Grenzformalitäten sich in… naja… Grenzen halten werden, da wir ja bereits ein Visum für Kanada haben. Pass zeigen, hübsch gucken, nett winken und schon sind wir wieder *back on the road*. Dachten wir. Mööp! Während wir bei der Grenzüberquerung in die USA vor einigen Tagen im Vorhinein Schlimmstes erwartet hatten — schließlich können wir diesbezüglich aus einem reichen Fundus an Erfahrungen mit Grenzbeamten US-amerikanischer Flughäfen schöpfen, bei denen man während des unsympathischen Einreiseinterviews mit zweifelnden Röntgenblicken durchbohrt wird und irgendwann nicht umhin kommt, sich selbst zu fragen, ob man nicht vielleicht doch ein religiöser Fundamentalist sein könnte und neben den hübschen Sommerkleidern nicht vielleicht auch eine selbstgebastelte Bombe in den Samsonite gepackt hat — verlief die Grenzüberquerung in Alaska ja äußerst problemlos. Da gab es keine Fragen zum Auto oder unlauteren Absichten.

Nun, an der Grenze zu Kanada hingegen, ist das Prozedere etwas weniger entspannt. Langsam fahren wir an das Fenster der kleinen Grenzstation heran. Strenger Blick. Kein Ton entweicht der Kehle der Grenzbeamtin. Ich reiche auf gut Dünken einfach mal die Reisepässe durch das Fenster. Kann ja nicht verkehrt sein. Sie nimmt die Pässe entgegen, ohne uns dabei aus den Augen zu lassen. Wir kommen uns höchst verdächtig vor. Dann die Fragen: *Wo wohnen wir? Wann sind wir das erste Mal nach Kanada eingereist? Wie lang waren wir in den USA? Wie geht die Reise weiter? Wann geht unser Rückflug?* Bezüglich der letzten Frage müssen wir nun kreativ improvisieren, da wir bisher noch keinen Rückflug gebucht haben. Da das irgendwie verdächtig wirken könnte, fliegen wir nun – soweit Kanada denkt – im Dezember von Miami aus heim. Während die starrgesichtige Grenzbeamtin uns befragt, werden wir von ihrem Kollegen beobachtet, der sich währenddessen im hinteren, halbdunklen Teil des Grenzbeamtenhäuschens positioniert hat. Die Starrgesichtige und der Kollege, der wohl kürzlich seine Promotion in Lügologie erfolgreich abschloss, scheinen ein eingespieltes Team zu sein. Das Spielchen: böser Bulle, böser Bulle. Sie fragt und starrt. Er starrt nur, beobachtet jede unserer Gesichtsregungen. Die Schweißausbrüche, die uns angesichts der unangenehmen Situation ereilen, scheinen jedoch unverdächtig und so werden wir zur Weiterfahrt entlassen. Doch halt! Der Lügologe hält uns zurück. Wir warten. Er starrt. Dann kommt die Frage: „*What are you going to do with the car?*", was werden wir also mit dem Auto machen, wenn wir zurück nach Deutschland fliegen? Ähm. „*Gonne ship it home?!*", wir verschiffen es zurück nach Hause, lautet unsere verwirrte Antwort. Der Grenzbeamte starrt. Nickt. Entlässt uns. Man, das war aufregend.

Wir drei, also Leslie, ich und der für seine ambitionierte Schweißproduktion bewunderte Ex-Moderator von ProSieben, der sich angesichts der vergangenen aufreibenden Minuten zwischenzeitlich unter Leslies Achseln dazu gesellt hat, machen nun erst einmal ein Päuschen. Wir belohnen uns mit Zimtrollen für diesen furchtbaren Stress. Und dann müssen wir auch schon wieder die Zeit umstellen, da wir uns hier im Yukon wieder in einer anderen Zeitzone befinden. Also ist es nun eine Stunde später. Man, so eine Weltreise kann echt anstrengend sein.

*Querwelteinreisetag 261, Haines, Alaska.* In Haines treffen wir Sigrid wieder. In ihrem Camper kommt sie uns direkt auf der Ortsstraße entgegen. Gemeinsam fahren wir zur berühmten Brücke am Ende der Stadt, wo wir hoffentlich Adler und Bären zu sehen bekommen werden, die sich hier laut Reiseführer die vielen, leicht zugänglichen Lachse schmecken lassen. Bereits auf dem Weg zur Brücke kreisen über uns riesige Weißkopfseeadler. Da diese sich aber in großer Höhe befinden, können wir sie mit den Augen kaum ausmachen, dafür aber umso deutlicher hören. Denn mit einer Flügelspannweite von über 2 Metern, lässt sich das Flügelschlagen bereits wahrnehmen, lange bevor man die Vögel am Himmel entdeckt.

An der Brücke angekommen, entdecken wir schon den ersten Grizzly, der konzentriert damit beschäftigt ist, sich Fische aus dem schmalen Fluss zu angeln. Er scheint alleine unterwegs zu sein, wie es für ausgewachsene Bären die Regel ist, und hält sich etwas abseits der Menschenmassen. Nur wenige Minuten später erscheint vor unserer Kameralinse *das* Motiv, auf das jeder wartet, der 1.001 Alaska-Reportagen gesehen hat: Etwa 40 m von uns entfernt taucht aus dem Wald plötzlich eine Bärenmutter mit zwei Jungen auf! Mit langsamen Schritten bewegt sie ihren massigen, hellbraunen Körper die kleine Anhöhe hinunter und steuert direkt auf die von Menschen und Autos gesäumte Straße zu. Die beiden Bärenkinder rennen ihr mit tapsigen Schritten hinterher. Eigentlich sollte man mindestens 200 m Abstand zu einem Bären halten, sonst kann es schnell gefährlich werden. Vor allem dann, wenn es sich um ein Weibchen mit Jungen handelt. Aber jetzt mal im Ernst: Wer entfernt sich schon, wenn er das erste Mal ein solches Spektakel in der freien Natur zu sehen bekommt? Außerdem waren wir zuerst da! Soll doch der Bär sich entfernen. Plötzlich fängt die Bärenmutter an zu traben und ist nun nur noch wenige Meter von uns entfernt. Grizzlybären können eine Geschwindigkeit von über 60 km/h erreichen. Da verwundert es kaum, dass sowohl wir als auch alle anderen zu ihren Autos rennen, um sich in Sicherheit zu bringen. Die Tiere hingegen laufen nun entspannt mitten über die Straße. Sie erreichen die andere Seite der Brücke, wo sie am Ufer des Flusses auf Fischjagd gehen. Während wir nun unaufhörlich Fotos von der fischfangenden Bärenmutter und den spielenden, sind raufenden Bärenkindern schießen, kreisen riesige Weißkopfseeadler unmittelbar über unseren Köpfen, für die wir angesichts der beeindruckenden und angsteinflößenden Bärenpräsenz jedoch kaum einen Blick erübrigen können.

*Querwelteinreisetage 266, Atlin, British Columbia, Kanada.* Draußen ist es kalt, wir schmeißen den Kamin an. Nein, wir haben unseren kleinen Bulli nicht in amerikanischer *bigger-is-better*-Manier in eine Luxus-Wohnmobil-Version mit Badewanne, Mikrowelle und Kaminofen verwandelt. Wir sind in einer Blockhütte in Atlin, einem Ort, der zur kanadischen Provinz British Columbia gehört. Die Hütte verfügt über eine Terrasse und zwei Etagen: Unten befinden sich Küchenzeile, Esstisch und Sofaecke mit ultragemütlichem Lese-Schaukelstuhl, den ich nach Ende unseres Aufenthaltes unauffällig in den Bulli zu schmuggeln gedenke. In der offenen oberen Etage, die über eine steile Treppe zu erreichen ist, befindet sich das kleine Schlafzimmer. Geheizt wird mit einem Holzofen, denn draußen herrschen inzwischen selten mehr als 5 °C. Es gibt Strom, wodurch wir Licht und den Luxus eines Wasserkochers haben. Fließendes Wasser gibt es nicht – das uns zur Verfügung stehende Wasser befindet sich in Kanistern mit einem Fassungsvermögen von je 20 Litern. Auch auf ein Badezimmer müssen wir in der rudimentären Blockhütte in der kanadischen Wildnis verzichten. Stattdessen gibt es ein *Outhouse*, ein kleines Häuschen mit Plumpsklo, das sich etwa 20 m von der

Hütte entfernt befindet. Immerhin genießen wir den Luxus einer eigenen Sauna. Diese wird allerdings mit einem Holzofen betrieben, dessen Benutzung einiges Geschick erfordert, wie der Eigentümer Barry uns bei der Ankunft erklärte. So sollte man auf gar keinen Fall und wirklich *niemals* mehr als zwei Holzscheite in den Ofen werfen, denn sonst brennt die Sauna. Das wäre natürlich äußerst ungünstig. Irgendwie.

„*No risk, no fun*", denken wir uns und wollen die gemeingefährliche Sauna einmal ausprobieren. Uns an die Warnungen des Eigentümers erinnernd, werfen wir also zunächst nur zwei Holzscheite in den Ofen. Eine halbe Stunde später schaue ich nach dem Rechten: Holz weggefackelt, Sauna kalt. Blöd. Nochmal zwei Holzscheite nachgelegt. Halbes Stündchen später: Holz weg, Sauna lauwarm. Immerhin. Nochmal Holz nachgelegt, diesmal etwas risikofreudiger: drei Holzscheite! 15 Minuten später: Feuer brennt noch, Sauna warm. Gut. Nach insgesamt zwei Stunden Saunaerwärmungsprozess zeigt die Nadel des Thermometers 160. Celsius, Fahrenheit, nordkanadische Saunaeinheiten? Keine Ahnung! Jedenfalls ist es die Zahl, die laut Barry auf dem Thermometer angezeigt werden sollte, um die Funktionstüchtigkeit der Sauna zu gewährleisten. Na dann: Lasset das Saunaabenteuer beginnen! Die Holzsauna ist groß genug, damit wir beide bequem auf den langen Holzbänken liegen können. Zudem ist sie inzwischen auch ausreichend erwärmt, um uns ganz nach Saunavorschrift ordentlich zum Schwitzen zu bringen. Für den kalten Aufguss nach jedem der drei Saunagänge nutzen wir das eisige Wasser aus dem eigenen Bach, denn Barry gab uns mit auf den Weg: „*You can use the water from my creek.*". Ganz schön lässig, so ein eigener Bach.

Aber was machen wir hier überhaupt, in einer klolosen Blockhütte im kanadischen Nirgendwo, wo wir unser Zuhause doch eigentlich immer dabei haben? Wir wollen einfach mal ein paar Tage an einem Ort bleiben, aufrecht stehen können (ist in unserem Bulli ohne Hochdach ja nicht möglich, sofern man nicht einer von Schneewittchens sieben Zwergen ist), in einem großen Bett schlafen, aber trotzdem so richtig in der Wildnis sein. Wir verbringen herrliche Tage in dieser Einsamkeit, trinken reichlich *Fireball* (ein mit Zimt verfeinerter Whiskey – schmeckt gar nicht mal so gut), um uns warm zu halten und fühlen uns nach dieser Zeit des Faulenzens gestärkt für das nächste Abenteuer: *Oregon, wir kommen! Aber koch' noch keinen Kaffee, es wird eine Weile dauern.*

## Die grüne Lunge der USA: Oregon

*Querwelteinreisetag 278, Bend, Oregon.* Nach einer unruhigen Nacht auf einem Casinoparkplatz, auf dem ein Mitcamper die ganze Nacht seinen Generator hat laufen lassen (vermutlich, um in dem riesigen Reisebus Heizung und Klimaanlage gleichzeitig betreiben und sich die Socken im buseigenen Ofen erwärmen zu können – was eben so nötig ist, wenn man ein echter Camper ist), erreichen wir heute Bend in Oregon. Die letzten Tage haben wir im Prinzip nur mit Fahren, Essen und Schlafen verbracht. So schnell wie nur möglich wollten wir dem kalten Winter entfliehen, der uns in den letzten Wochen im Yukon und in Alaska in seiner eiskalten Mangel hatte, um endlich wieder wärmende Sonnenstrahlen auf unseren Gesichtern zu spüren. Aufwachen, ohne gefrorene Füße und gefrorene Fensterscheiben. Knapp 3.000 km waren es bis hierher, nach Oregon, wo das Wetter endlich wieder freundlicher ist.

Vor einigen Wochen haben wir im Mt. Robson Provincial Park in Kanada den Amerikaner Steve kennengelernt, in dessen Brust ebenfalls ein Bulli-Herz schlägt und der uns angeboten hatte, bei ihm vorbeizuschauen, sollte unsere Weiterreise uns zufällig durch Bend führen. Also riefen wir Steve vor einigen Tagen an, um unseren Besuch anzukündigen. Und entgegen der weitläufig verbreiteten Vorurteile bezüglich der Oberflächlichkeit der Amerikaner, konnte er sich an uns und das von ihm gemachte Angebot erinnern und freut sich auf unseren Besuch.

Wir erreichen Bend am späten Nachmittag, wo Steve und seine Frau Cindy uns in einer Shoppingmall treffen. Ich vermute, die beiden wollen sich zunächst ein genaueres Bild von den verlotterten Weltreisenden machen, die sie damals so unbedarft zu sich nach Hause eingeladen haben. So gehen wir etwas essen und trinken, um uns in gemütlicher Atmosphäre kennenzulernen und beiderseitig ausschließen zu können, dass es sich bei dem jeweils anderen Paar um gesuchte Massenmörder handelt. Als nach einem angenehmen, unterhaltsamen und äußerst schmackhaften Abendessen schließlich die Rechnung kommt, dürfen wir absolut keinen Cent bezahlen und da wir uns während des Abendessens offensichtlich wenig bedrohlich verhalten haben, laden Cindy und Steve uns zu sich nach Hause ein.

Im Konvoi fahren wir aus der Stadt heraus zu einer kleinen Farm, auf der die beiden seit mehreren Jahren Esel, Enten und Hunde halten. Wir sind davon ausgegangen, in unserem Bulli auf ihrem Grundstück zu übernachten. Als wir nun aber die Farm erreichen und den Bulli abstellen, ruft Cindy uns von der Veranda bereits zu: „*Take your stuff, you're going to sleep in our guest room!*". Wir dürfen also im Gästezimmer übernachten. Ihre Tonart erlaubt keine Widerworte und so raffen wir unsere Übernachtungsutensilien zusammen, schließen den Bulli ab und folgen Cindy in den sandfarbenen Bungalow, in dem wir mit lautem Gebell begrüßt werden. Die zwei Hunde des liebenswerten Paares, einer davon dick, der andere blind, springen aufgeregt zwischen unseren Füßen umher, während wir durch das eingeschossige Haus geführt werden. Eines der zwei Schlafzimmer fungiert heute Nacht als unser Refugium. Cindy schaltet das Licht ein und als wir das Zimmer betreten, ergreift uns sofort ein wohliges Zuhausegefühl. Es ist angenehm warm und auf dem Tisch stehen Getränke und sogar eine Käseplatte für uns bereit. Bei so viel unerwarteter Gastfreundschaft fühlen wir uns gleich noch viel wohler.

Wir trinken ein paar Gläschen Wein und Bier zusammen und diskutieren zunächst über amerikanische Politik, wobei wir schnell realisieren, dass es hier nicht viel zu diskutieren gibt: Wir befürworten alle eher die demokratische als die republikanische Richtung. Daher schweifen wir schnell zu einem spannenderen Thema ab und unterhalten uns über typisch deutsche und amerikanische Stereotype. Resümee dieser Diskussionen: Deutsche sind ordentliche Langweiler, Amerikaner hingegen fette Ignoranten.

Schlaftrunken betreten wir am nächsten Morgen die Küche und bekommen umgehend von Steve einen Kaffee in die Hand gedrückt. Auch das Frühstück ist bereits in Vorbereitung: Es gibt Eier von den hauseigenen Enten. Da kann auch ich nicht nein sagen und genieße das wohlschmeckende Rührei als Ausnahme von meiner sonst größtenteils veganen Ernährungsweise. Das Tagesprogramm besteht anschließend aus einem Spaziergang über das Grundstück (ja, richtig, *so* groß ist das Grundstück), während Steve und Cindy mit nachbarschaftlichem Tratsch aufwarten und einem Besuch der Freundin Jenny, die uns unbedingt kennenlernen will, da wir Deutsche sind. Das ist offenbar ausreichend, um Interesse zu befördern. Steve erzählt derweil von den vielen unterschiedlichen Jobs, in denen er im Laufe seines Lebens bereits tätig war. So arbeitete er als Gärtner, Tourguide und Ausstellungsgestalter im Museum. In seiner Heimatstadt Los Angeles hat er in jungen Jahren als Tischler gearbeitet. Wenn er des Tischlerns zeitweise mal überdrüssig war, fuhren er und sein Chef für ein paar Tage zum Surfen an den Strand. Die Arbeit musste dann eben eine Zeitlang warten.

Nach dem Frühstück müssen wir uns am nächsten Morgen schweren Herzens voneinander verabschieden. Obwohl wir nur eine so kurze Zeit miteinander verbracht haben, fällt uns allen der Abschied schwerer als gedacht. Zur Erinnerung schießen wir einige Gruppenfotos von uns und den Bullis, versichern uns gegenseitig, in Kontakt zu bleiben und machen uns nun auf den Weg zu unserem nächsten Ziel: Kalifornien!

## Kalifornien – Hilfe, ich bin im Ashram!

*Querwelteinreisetag 281, Grass Valley, Kalifornien.* Wir sind auf dem Weg in einen Ashram. Statt entsprechend des *California way of life* surfend den Pazifik entlangzusausen, mich an weißen Sandstränden in der Sonne zu aalen oder am Venice Beach in der Freiluft-Muckibude meinen Körper zu formen, werde ich die nächsten fünf Tage mit Yoga und Meditation in einem hinduistischen Kloster in der Sierra Nevada verbringen. Warum ich das mache? Eigentlich weiß ich das nicht. Vielleicht, weil ich *Eat, Pray, Love* gelesen habe und daraufhin das dringende Bedürfnis verspürte, auch mal in einem Ashram zu leben. Zwar nicht für drei Monate, aber für einen ersten Eindruck reichen ja auch fünf Tage. Außerdem ist mir Yoga recht sympathisch, wenngleich ich noch eine blutige Anfängerin bin. Und dann gibt es da noch die eine Frage, die ausreicht, um irgendwie alles zu legitimieren: *Wenn nicht jetzt, wann dann?* Oder der ebenfalls immer anwendbare Klassiker: *Man lebt nur einmal.* Alles in allem finde ich die Idee, das Leben in einem kalifornischen Ashram hautnah mitzuerleben, einfach spannend und da dieser sogar auf unserer Reiseroute liegt, will ich es einfach mal ausprobieren.

Der Ashram liegt ziemlich abseits, am Rande der Sierra Nevada und ist nur über eine etwa 10 km lange, mit allerhand Schlaglöchern versehene, ungeteerte Rumpelstraße zu erreichen. Während wir so dahin rütteln und uns den Weg zwischen den

Schlaglöchern bahnen, werde ich zunehmend aufgeregter. Zum einen kann ich mir nicht vorstellen, wie ich das ganze überhaupt finden werde, da es für mich eine gänzlich neue Erfahrung darstellt. Bisher bin ich noch nicht einmal in einem christlichen Kloster gewesen. Zum anderen werden Leslie und ich das erste Mal seit Beginn der Weltreise getrennt voneinander sein, da er sich nicht dazu hinreißen lassen konnte, fünf Tage lang zu meditieren, zu singen und Yogaverbiegungen zu praktizieren. Darüber hinaus haben mich auch die auf der Homepage des Ashrams erwähnten Hausregeln etwas verunsichert und für einen Großteil des mich im Vorhinein ab und zu ereilten Unbehagens gesorgt. Keine enge Kleidung. Kein Parfum oder ähnlich intensiv riechende Produkte. Weder Alkohol noch Zwiebeln oder Knoblauch dürfen sich dem Ashramgelände nähern, denn es handelt sich um einen traditionellen Ashram. Dunkle Kleidung wird auch nicht allzu sehr geschätzt. Dementsprechend möge man sich also bitte verhalten oder müsste andernfalls mit sofortiger Wirkung das Gelände verlassen. Nun bin ich ja irgendwie recht untalentiert in traditionellem Verhalten bzw. ist mir auch relativ schleierhaft, was genau damit gemeint sein könnte. Die Vielzahl der aufgestellten Regeln scheint mir dem eigentlichen Ziel eines Aufenthaltes hier, also sich und seinen Geist zu entspannen, nicht unbedingt zuträglich zu sein.

Als wir nun das Gelände des Ashrams erreichen und ich mich im Büro anmelde, wird von all diesen, auf der Homepage dargestellten, Regeln nichts mehr erwähnt. Es wird mir lediglich der für alle, sowohl für Ashramgäste wie mich als auch für die dauerhaft hier Lebenden, geltende Tagesablauf erklärt: 6 bis 7:30 Uhr Meditation, 8 bis 10 Uhr Yoga, danach Essen. Am Nachmittag geht es weiter mit Yoga, von 16 bis 18 Uhr, Abendessen um 18 Uhr und anschließend eine Stunde Karma-Yoga. Dabei verrichtet man eine zugeteilte, selbstlose Arbeit, um den Ashram in irgendeiner Weise zu unterstützen. Ich werde nach dem Essen selbstlos beim Abwasch helfen. Eine Stunde Arbeiten am Tag – ein Lebenskonzept, das mir durchaus sympathisch ist. Um 20 Uhr beendet man den Tag schließlich mit gemeinsamem Singen und Meditieren.

Leslie muss das Grundstück nun verlassen und ich beginne mit meinem Ashram-Aufenthalt. Nachdem ich meine Sachen in die mir zugeteilte Mehrbetten-Holzhütte geräumt habe, die ich während meines Aufenthaltes für mich alleine haben werde, steht bereits der erste Programmpunkt an: zwei Stunden Yoga. Da ich in der ganzen Yoga-Sache wahrlich noch keine Expertin bin, kann ich angesichts all der seltsamen Verrenkungen, die fortgeschrittene Yogis hier an den Tag legen, nur entsetzt mit dem Kopf schütteln. Wenn ich ihn denn noch bewegen könnte. Während also die Yogaprofis in der Gruppe – das sind alle, außer mir – gemütlich in einem mehrminütigen Kopfstand verweilen und ich ihnen dabei desillusioniert zuschaue, da ich schon Probleme mit dem *Delfin* habe (hierzu platziert man Ellenbogen und Unterarme sowie Zehenspitzen auf dem Boden und bewegt den Körper dabei vor und zurück), denke ich bereits darüber nach, was es wohl zum Abendessen geben könnte. Nachdem ich mir minutenlang das bevorstehende Abendessen in allen erdenklichen Formen und Farben visualisiert habe, ist der Rest der Gruppe dann auch endlich mit den angeberischen Kopfständen fertig und es folgt eine kurze Meditation. Die Idee hierbei ist natürlich, ganz im Moment zu verweilen. Immer wieder versuche ich also eine meditative Grundhaltung einzunehmen und mich dabei, wie angeraten, auf den Punkt zwischen meinen Augenbrauen zu konzentrieren. Das will jedoch angesichts der Essensgerüche, die bereits in den Yogaraum wehen, nicht recht funktionieren und so konzentriere ich mich viel stärker auf einen Punkt, der geografisch viel weiter unten angesiedelt ist… meinen *Magen!* Ich soll mich auf mein Mantra konzentrieren, um erfolgreich zu meditieren, heißt es nun von Seiten des Yogatrainers. Mein Mantra? *Essen, Essen, Essen…*

Als wir schließlich nach zwei Stunden Yoga alle völlig in uns ruhen – vor allem natürlich jene, die zuvor einige Minuten auf dem Kopf in sich ruhten und denen aufgrund dessen wahrscheinlich auch die Essensgerüche nicht derart erfolgreich in die Nase gestiegen sind, wie mir – wird endlich zum Dinner geklingelt. Natürlich bin ich die Erste am Buffet, kenne jedoch die hier geltenden Grundregeln noch nicht. Eine davon besagt offensichtlich, dass jene, die den Essensraum als erste betreten, einander an den Händen nehmen und einige *Hare Krishnas* und *Om Namah Shivaja*s (frei übersetzt: *Grüße den Gott Shiva*) singen, um sich auf diese Weise für das bevorstehende Essen zu bedanken – obwohl man ja im Voraus nicht mal weiß, wie es schmecken wird. Sinnvoller wäre es da doch, sich *nach* dem Essen zu bedanken. Falls es gut war. Zu dem melodischen Hare Krishna-Dankesgesinge knurrt mein Magen im Rhythmus. Endlich ist auch diese Hürde überwunden und wir können zuschlagen. Auf den Teller kommen Nudeln, Reis, Gemüse, Suppe und Salat. Alle Speisen sind vegetarisch, größtenteils sogar vegan. Und wenn man sich über die Gerichte noch etwa ein Kilo Salz schüttet – also den Salzstreuer in eine senkrechte Position über den Teller führen, währenddessen ausufernde Gespräche über den Sinn des Seins mit anderen Ashramhabitanten führen und nach etwa einer Viertelstunde den Streuer wieder absetzen – schmeckt das Essen sogar ziemlich gut.

Um 20 Uhr steht der alltägliche *Satsang* an. Dies bezeichnet in der indischen Philosophie und in den daraus abgeleiteten spirituellen Lehren ein Zusammensein von Menschen, die durch gemeinsame Meditation und Versenkung nach der höchsten Einsicht streben. Auch im Ashram kommen wir nun am Abend zu diesem Zweck zusammen. Ich tue es den anderen, bereits versierteren Ashrambewohnern, gleich und bewaffne mich mit einem Meditationssitzkissen, einer Decke sowie einem Gesangbuch. Anschließend suche ich mir einen Platz im hinteren Teil des Meditationsraums, positioniere mich meditativ hochwertig und warte in ernster Stille auf die ersten Worte des Swamis, des hinduistischen Mönches, der die Sitzung leitet. Abgesehen von einem kleinen Licht im vorderen Teil des Raums ist es absolut dunkel. Mit leisen Worten leitet der Swami nun die Meditation ein. Dazu sollen wir uns eine bequeme Sitzposition suchen, in der wir in der nächsten halben Stunde bewegungslos verharren können (schwierig!). Anschließend werden wir dazu angehalten, unsere Gedanken loszulassen, uns ganz auf das Hier und Jetzt zu konzentrieren: die Gedanken kommen lassen, sie von außen betrachten (nur *wie*, da sie ja *in* meinem Kopf sind – wo soll ich denn bloß hin, um sie von *außen* betrachten zu können?) und wieder gehen lassen. Sollte man durch seine Gedanken von der Meditation abgelenkt werden, so rät der Swami, gilt es, sich auf einen Punkt zwischen den Augenbrauen zu konzentrieren und dabei bei jedem Ein- und Ausatmen sein persönliches Mantra zu wiederholen. Da ich als blutige Meditationsanfängerin aber noch kein persönliches Mantra habe (geschweige denn eine Ahnung, wie so etwas überhaupt aussehen könnte), darf ich auf das universelle Mantra *Om* zurückgreifen. So soll ich bei jedem Einatmen *Om* denken. Und bei jedem Ausatmen ebenfalls. Nach einigem Om-begleitetem Ein- und Ausatmen führt dies nun allerdings zu Schnappatmung. Meine Gedanken sind indes mit der Angst vor plötzlichem Erstickungstod beschäftigt und befinden sich daher eher in der Notaufnahme des nächstgelegenen Krankenhauses als zwischen meinen Augenbrauen. Nun ja, aber man weiß ja, dass Meditation der Übung bedarf. Also nicht aufgeben, weiterhin *Om* denken, ein- und ausatmen und sich auf die Augenbrauen konzentrieren. Obwohl meine Augen natürlich, wie sich das beim Meditieren gehört, die ganze Zeit über geschlossen sind, scheine ich trotzdem mit meinen inneren Augen auf die Region zwischen den Augenbrauen zu starren, denn ich bekomme dieses „Schiel-gefühl". Das sind diese unangenehmen Kopfschmerzen, die entstehen, wenn man mal besonders bescheuert aussehen will und seinen Gegenüber eine Zeit lang anschielt. Da ich aber bereits im Kindesalter beigebracht bekommen habe, dass die Augen davon irgendwann stehenbleiben können und ich dann für immer einzigartig fragwürdig aussehen würde, muss ich das nun unbedingt unterlassen. Auch wenn es sich nur um *internes* Schielen handelt. Ist wahrscheinlich genauso gefährlich wie *externes* Schielen.

Irgendwann bekomme ich das innere Schielen in den Griff und kann mich endlich auf die Meditation konzentrieren. Jetzt, wo meine Gedanken nicht mehr mit der Lösung des Schiel-Problems beschäftigt sind, bemerke ich, dass mein Bein eingeschlafen ist. Und die linke Pobacke. Ich weiß, dass ich besagte Körperteile jetzt dringend bewegen müsste, um Schlimmeres zu verhindern. Aber dies ist ja eine *silent meditation*, eine leise Meditation also, und das impliziert auch, sich eine halbe Stunde lang nicht zu bewegen. Großartig. Ich muss nun einfach rebellisch sein und strecke meine Beine kurz aus, um sie zum Leben zu erwecken. Funktioniert! Nun bin ich aber wirklich gewappnet für völlige Konzentration und eine Menge hochkonzentrierter *Oms*. Und los! Kaum habe ich diesen Gedanken gefasst – bzw. korrekterweise kommen lassen, kurz beobachtet und wieder gehen lassen – beendet der Swami die halbstündige Meditation und leitet das *Chanting*, das gemeinsame Singen, ein. Na sieh mal einer an, die Zeit ist ja wirklich wie im Flug vergangen. Meditieren? Läuft bei mir!

Bei dem an die Meditation anschließenden Chanting singt der Swami Verse in Sanskrit, die von den anderen nachgesungen werden. Dies ist allerdings weniger ein Singen, wie man es aus der Kirche kennt, sondern eher ein melodisches Gemurmel, manchmal leise, manchmal laut und mit Trommelbegleitung. Es folgt eine Art Bibelstunde, nur ohne Bibel: Dazu wird ein Abschnitt aus einem hinduistischen Lehrbuch vorgelesen, um die Zeilen als Inspiration für eine philosophisch-spirituelle Tagesgestaltung zu nutzen bzw. sie als Denkfutter mit ins Bett zu nehmen. Zum Abschluss werden Gebete gesprochen und der sich im vorderen Teil des Raumes befindende, mit hinduistischen Götterfiguren geschmückte Altar wird von einem indischen Priester mit Rauch und Glockenklingeln geweiht. Statt geschmackloser Oblate, wie man es vom katholischen Gottesdienst kennt, gibt es zum Abschluss ein Stückchen Obst. Vor dem Hintergrund, dass man zuckerhaltige Lebensmittel im Ashram mit der Lupe suchen muss, gehört dies zu den Highlights meines Tages.

Als ich nach der Meditation gerade im Begriff bin, meine Schuhe wieder anzuziehen, komme ich mit einem deutschen Yogalehrer ins Gespräch. Er stellt sich mir mit seinem spirituellen Namen vor. Das mit diesen spirituellen Namen ist so eine Sache: Jeder Yogi wird im Ashram nicht bei seinem ursprünglichen, von den Eltern vergebenen und in der Geburtsurkunde notierten Namen genannt, sondern trägt einen spirituellen Namen. Der Grund für diesen personenbezogenen Neologismus entzieht sich meinem Verständnis. Es handelt sich dabei allerdings nicht um einfach erinnerbare Namen wie Seppel oder Peter, sondern um Aneinanderreihungen gruselig vieler Konsonanten und diverser, dazwischengeschobener Vokale, die in ihrer Summe in meinen Ohren weder einen Klang noch einen Sinn ergeben. Besagter Yogalehrer stellt sich nun also auch mit einem solchen Namen vor, der ungefähr wie *Schatzurami* oder *Schnatzupami* oder *Shunghautamki* klingt. Diese Neubenennung wird vermutlich auf die Idee einer spirituellen Neugeburt oder etwas ähnlich... *Interessantem...* zurückzuführen sein. Im Alltag wird ein derartiges orthografisches Fantasiegebilde allerdings zur echten Herausforderung. Immer dann nämlich, wenn man die spirituelle Neugeburt ansprechen möchte. Da man sich den Namen auch nach dem zehnten Nachfragen nicht merken kann und es irgendwann peinlich wird, ein weiteres Mal nachzufragen, sind einem die Hände bzw. in diesem Fall die Zunge gebunden. Man kann eine Frage an jemanden, mit dem man sich bereits einige Male unterhalten hat, ja auch nicht mit „*Hey, Mister*" einleiten. Also warum kann ich Oliver (denn das ist sein „richtiger" Name) nicht einfach Oliver nennen, sondern muss stattdessen seinen zungenbrecherischen, spirituellen Namen benutzen, der mehr Silben hat, als ich Haare auf dem Kopf? Vielleicht kommt mir die Antwort darauf ja beim Meditieren. Oder beim Durchlaufen des magischen Labyrinths. Nein, ich meine nicht das Gesellschaftsspiel, bei dem man auf intelligente Weise Karten hin und herschieben muss, um Schätze zu sammeln. Ich meine ein richtiges, aus einer Ansammlung von Steinen auf dem Gelände des Ashrams errichtetes Labyrinth, welches man mit einer hochphilosophischen Frage im Kopf betritt und das man, so heißt es, mit der Antwort auf eben diese wieder verlassen wird. Werde das mit der Frage nach der Sinnhaftigkeit spiritueller Namen, die kein linguistisch normalbegabter Mensch auszusprechen im Stande ist, mal ausprobieren.

Als ich zu Beginn meines Aufenthaltes von dem täglichen Pflichtprogramm hörte, fragte ich mich, wie da noch Zeit bleiben sollte, um mich selbst zu finden. Schließlich wäre ich ja mehr damit beschäftigt, den Meditationsraum, den Yogaraum, die Küche oder den Essenssaal zu finden. Doch es ist erstaunlich, wie viel Zeit trotz vier Stunden täglichen Satsangs, vier Stunden Yoga, zwei Stunden Essen und acht Stunden Schlafen übrigbleibt. Rein rechnerisch: sechs Stunden! Verrückt. Und dabei gibt es so wenige Beschäftigungsmöglichkeiten. Oder präziser: so wenige Ablenkungsmöglichkeiten. Kein Fernseher. Kein Computer. Niemand, der angerufen werden müsste. Nichts, dass zu erledigen, einzukaufen oder aufzuräumen ist. Und auch kein Reiseführer, der gelesen, keine Route, die geplant und keine Übernachtungsmöglichkeit, die gefunden werden müsste. Ich weiß überhaupt nichts mit mir anzufangen und habe den Eindruck, verlernt zu haben, wie es ist, einfach absolut *gar nichts* zu tun. Eine für mich und wohl auch für viele andere Menschen völlig ungewohnte Situation.

Am Abend wird eine *Puja* veranstaltet. Dabei werden die Götterstatuen, die den Altar im Meditationsraum schmücken, neu eingekleidet. Mit dieser Zeremonie wird die Fähigkeit zelebriert, Neues anzunehmen und Veränderungen als Teil des Lebens zu akzeptieren. Der indische Priester sitzt nun vor dem Altar, um sich herum schart er eine Vielzahl mit Wasser gefüllter Töpfchen auf metallenen Tabletts und eine Schale voller Blumen sowie vor sich hin qualmende Räucherstäbchen. Die Götterstatuen werden nun ausgezogen, gewaschen und in neue Kleider gehüllt. Ein etwas, nun, gewöhnungsbedürftiges Ritual. Anschließend werden sie mit Blumen beworfen und mit Wasser aus den verschiedenen Töpfen übergossen. Dazu singt der Priester unablässig Verse in Sanskrit. Nachdem die drei Swamis es ihm gleichgetan haben, wird nun auch allen anderen die Möglichkeit dazu gegeben. Einer nach dem anderen erhebt sich von seinem Platz, kriecht auf allen Vieren zum Altar, verbeugt sich vor eben diesem, nimmt eine Handvoll Blütenblätter, wirft sie über die Statuen, denkt sich dabei wohl etwas höchst Spirituelles und entfernt sich dann wieder, um dem Nächsten Platz zu machen. Ich halte mich dezent zurück.

Etwas, dass meinen Ashram-Aufenthalt von Zeit zu Zeit beeinträchtigt, sind die jeden Tag gegen 11 Uhr wiederkehrenden Kopfschmerzen. Verzweifelt, mit dem Kopf in den Händen, sitze ich auf der Terrasse meiner Hütte, als Carol, eine 48-jährige Kalifornierin, die bereits zum zweiten Mal Urlaub im Ashram macht, mich fragt, was denn los sei. Ich erkläre ihr das Problem und sie mir die Ursache: schwerwiegende Entzugserscheinungen! Denn im Ashram ist neben den Grundnahrungsmitteln Zwiebeln und

Knoblauch auch Kaffee verboten. Kaffee!!! Carol sei gestern bereits aus dem Ashram geflüchtet, erzählt sie mir nun hinter vorgehaltener Hand, um in die nächste Stadt zu fahren und einen Cappuccino zu trinken. Und obwohl ich keine exzessive Kaffeetrinkerin bin, komme auch ich an einem normalen Tag auf etwa zwei bis drei große Tassen. An Arbeitstagen natürlich auf das Doppelte. Und fallen die einfach so weg, reagiert mein Körper offensichtlich mit größtem Unbehagen. Großflächig aufgetragen hilft mir Japanisches Heilpflanzenöl über die schlimmste Kopfschmerzphase hinweg, wobei ich nicht sicher bin, ob dies, von einem Ashram-ethischen Standpunkt aus, besser ist, als Kaffee. Denn auch starke Geruchsstoffe, wie Parfum und mit hoher Wahrscheinlichkeit auch Pfefferminzöl, sind im Ashram verboten. Die Kopfschmerzen bessern sich schließlich während der nachmittäglichen Yogapraxis, die heute draußen stattfindet und während derer wir, jetzt im Herbst, mit Eicheln von über uns hängenden Bäumen beschossen werden. Dies ist besonders entspannend während der Meditationsphasen.

Am letzten Abend meines Ashram-Aufenthaltes erwartet mich ein Highlight: Der Guru wird zu uns sprechen. In diesem Fall handelt es sich dabei um eine Frau. Auch so ein Guru ist in unserer hoch komplexen, globalisierten und vernetzten Welt sehr beschäftigt und daher gezwungen, viel zu reisen. Demnach kann sie nicht so häufig im Ashram zugegen sein, um den Bedürftigen geistige Leitung zu geben. Was tut man in diesem Fall also, im Jahr 2015? Logisch, man skypt mit dem Guru! Wie jeden Abend versammelt sich der Ashram auch heute zum gemeinsamen Meditieren. Die Meditation dauert statt der regulären 30 Minuten heute allerdings nur 15 Minuten und anstelle der üblicherweise anschließend vermittelten Weisheiten durch die Swamis, räumen diese nun ihre Plätze, um der großen Leinwand Platz zu machen, die nun vor dem Altar mit den hinduistischen Statuen platziert wird. Es folgt ein technisches Hick-Hack, das auf belustigende

Weise zeigt, dass auch in einem Ashram ausgefochten werden muss, wer das technisch versierteste Alpha-Männchen ist. Es dauert nicht lange und der Guru erscheint dem im Lotussitz geduldig wartenden Ashram-Völkchen in 16:9. Ashram 4.0.

Der Guru stammt ursprünglich aus Vietnam, ist 60 Jahre alt und hat sich die sympathische, typisch asiatische Aussprache englischer Wörter bewahrt. Sie erkundigt sich nun eingehend, wer heute alles anwesend sei, wobei sie bei jenen, deren spirituelle Namen ihr bekannt sind, ein fröhliches, von enthusiastischem Nicken begleitendes „*Aaaahhhh*" von sich gibt. Jene allerdings, deren Namen sie auf Anhieb nicht zuordnen kann, ernten ein harsches „*Who?? I don't know this person!*". Diese peinlichen Situationen werden von den Betroffenen einfach gelinde weggelächelt. So lernt man es ja hier auch: immer schön freundlich bleiben. Im weiteren Verlauf der Skype-Sitzung wird über die Notwendigkeit von Yoga in der heutigen, stressigen Zeit referiert, in der jedes Wehwehchen sofort mit Pillen behandelt werde, obwohl es sich oft um psychosomatische Leiden handle. Der Geist, nicht der Körper müsse in diesen Fällen behandelt werden, heißt es, und zwar nicht mit Medikamenten. Der Guru erzählt darüber hinaus, dass sie sich zurzeit mit Bauchschmerzen plage und ihr Arzt ihr daraufhin eine Magenspiegelung vorgeschlagen habe. Dies nimmt sie nun als Beweis dafür, dass insbesondere Mediziner zu wenig über Yoga wissen, denn es sei ja offensichtlich, dass in ihrem Fall lediglich der Energiefluss aufgrund des vielen Arbeitens und Reisens gestört sei. Sie müsse nur das Prana wieder ordentlich fließen lassen, um sich besser zu fühlen. Ein Arzt, geschweige denn eine Magenspiegelung seien da überflüssig. Meine Meinung dazu: ja und Nein. Sicher hat die Schulmedizin nicht immer die geeignetsten Mittel und neigt oft dazu, mit Kanonen auf Spatzen zu schießen. Es gibt durchaus alternative Verfahren, die hin und wieder besser helfen können. Andererseits jedoch zweifle ich daran, dass man bei intensiven, wiederkehrenden und genau zu lokalisierenden Schmerzen einzig auf den korrekten Pranafluss als Heilmittel setzen sollte.

Am Vormittag meines letzten Tages im Ashram, räume ich meine Holzhütte und mache mich abholbereit. Ich entschließe mich, die Gelegenheit einer letzten Dusche zu nutzen, denn wie ich aus Erfahrung weiß, wird sich eine solche Möglichkeit nicht allzu schnell wiederholen. Den mit Leslie vereinbarten Abholzeitpunkt kann ich so allerdings nicht einhalten und unterrichte ihn per SMS über meine Verspätung. Diese Nachricht hatte er allerdings noch nicht gelesen, als er, seinerseits bereits verspätet, 20 Minuten nach der vereinbarten Abholzeit ins Büro des Ashrams stürzt, dabei vergisst, die Schuhe zuvor auszuziehen (daher ohnehin schon unten durch ist) und leicht panisch nach meinem Verbleib fragt. Leslie war dieser Ashramaufenthalt ohnehin von Beginn an suspekt. Die Tatsache, dass ich nun nicht zur vereinbarten Zeit am Treffpunkt erschienen bin, gießt Öl in Leslies Bedenken-Feuer. Als er nun im Büro des Ashrams nach mir fragt und zunächst niemand meinen Namen zu kennen scheint, ist dies Leslies Stimmung nicht gerade zuträglich. Sein latent aggressives Verhalten führt nun wiederum zu Irritationen bei den tiefenentspannten Ashram-Angestellten. Derweil vermutet Leslie, aufgrund des abweisenden Verhaltens der Angestellten, die ihm keinerlei Informationen über meinen Verbleib geben wollen, dass ich versehentlich oder gezwungenermaßen einer Sekte beigetreten bin und er mich nie wieder sehen wird. Da die Angestellten ihrerseits Angst vor diesem wütenden, fremden Mann haben, wollen sie ihn auch nicht zur Hütte einer ihrer „Schützlinge" lassen. Daher wird zunächst ein Botschafter geschickt, um abzuklären, ob ich denn überhaupt gefunden werden möchte. Es wäre ja auch möglich, dass ich mich aus gutem Grund und eventuell unter falschem Namen im Ashram versteckt halte. Diese besondere Vorsicht ist zugleich nachvollziehbar und beängstigend. Beängstigend, da ich mich vor dem Hintergrund der vorsichtigen Reaktion der Angestellten frage, ob solche Situationen wohl häufiger vorkommen. Und wenn ja: warum? Und was sagt das über die Leute aus, mit denen ich die letzten fünf Tage verbracht habe? Sofern ich meinem Ashram-Vertrauten Oliver aka Schatzuprami (oder so ähnlich) Glauben schenken darf, handelt es sich bei dauerhaft im Ashram Lebenden generell nur in etwa 10% der Fälle um Menschen, die aus spirituellen bzw. religiösen Gründen hier seien. Die übrigen 90% suchten hingegen weniger nach einem Glauben, als nach einem günstigen Unterschlupf. Denn um hier dauerhaft zu leben, braucht man nichts zu bezahlen: Arbeit gegen Kost und Logis. Ein guter Deal, wenn man mit finanziellen Problemen zu kämpfen hat. Laut Oliver sei es für viele auch die Möglichkeit, der Verpflichtung zur Zahlung von Alimenten zu entgehen. Basierend auf Olivers Ausführungen, würde ein Ashram demnach eine ähnliche Funktion erfüllen, wie das Studienfach Soziologie: ein sicherer Hafen für all jene, die keine Ahnung haben, was sie mit ihrem Leben anfangen sollen.

Um die Geschichte über mein zeitweiliges Verschwinden im Ashram zu einem Ende zu bringen: Ich wurde gefunden, auf dem Weg zum Ausgang, und wir konnten unverletzt zu unserer Weiterfahrt aufbrechen. In der nächstgelegenen Stadt gibt es für mich nur ein Ziel: McDonald's! Kaffee in jeder Größe für einen Dollar! *Coffee, XXL, please!*

Mit Koffein im Blut, die Entzugserscheinungen der letzten Tage nicht mehr spürend, lasse ich meine Zeit im Ashram nun Revue passieren. Aller Anfang ist schwer. Das traf definitiv zu. Ich hatte anfangs doch arge Schwierigkeiten damit, mich auf das gemeinsame Chanting einzulassen und Zeremonien, wie der exhibitionistischen Götterverehrung, hinreichenden Respekt entgegenzubringen. Doch solche Situationen schulen den Geist darin, Toleranz zu üben und einmal mehr zu erkennen, wie unterschiedlich Menschen denken, handeln und leben. Ich werde mir zuhause zwar keinen Altar mit Gottesstatuen, die ich wöchentlich aus- und anziehe, während ich sie mit Wasser besprenkele und Texte in Sanskrit summe, aufstellen. Trotzdem war der Ashram-Aufenthalt eine spannende Erfahrung und ich habe erkannt, wie wenig es eigentlich zu einem glücklichen Leben braucht: einen Garten, um Lebensmittel anzubauen, ein Dach über dem Kopf, nette Menschen um einen herum, einen einigermaßen strukturierten Tagesablauf und vielleicht etwas Taschengeld, um sich hin und wieder einen kopfschmerzvernichtenden Cappuccino zu gönnen.

## Die kalifornische Küste und Bananen als Seelentröster

*Querwelteinreisetag 285, San Francisco, Kalifornien.* Der erste Blick auf San Francisco bietet sich uns von einem Aussichtspunkt nördlich der Bucht. Von hier aus hat man einen unverstellten Blick auf die Golden Gate Bridge, die zu unserem Glück an diesem Morgen einmal nicht von dem sonst üblichen Nebel vereinnahmt wird. Die rote Hängebrücke ist 2,8 km lang, etwa 25 m breit und wurde im Jahr 1937 fertiggestellt. Sie wird auf beiden Seiten von zwei jeweils 227 m hohen Pylonen gestützt und führt über die Meerenge der San Francisco Bay.

Es ist noch früh und so sind wir hier oben fast alleine. Wir parken den Bulli, holen Schüsseln, Müsli und Milch aus den Schränken, kochen pechschwarzen, dampfenden Kaffee und setzen uns damit auf eine Mauer, wo wir bei sonnigen 20 °C mit Blick auf das nebelfreie Wahrzeichen San Franciscos unser Frühstück genießen. Im Hintergrund läuft zur Einstimmung die bekannte Hippie-Hymne von Scott McKenzie aus den 60-er Jahren („...lalala... *going to Saaaan Francisco... laalaaaa... flowers in your haaair...").* Gott, ist das kitschig!

Wir wollen die Golden Gate Brücke zu Fuß überqueren und parken den Bulli auf einem Wanderparkplatz unterhalb des nördlichen Endes der Brücke. Während wir eifrig damit beschäftigt sind, unser vergleichsweise großes Gefährt in eine der limitierten Parkboxen zu manövrieren, werden wir durch das offene Autofenster von einem Radfahrer angesprochen. Wir führen ein Gespräch über das *Wo* und *Wie* unserer Reise. Mahmut merkt an, dass er es stets sehr interessant finde, *„getting to know people who are different"*, also Menschen kennenzulernen, die anders seien. Ist das jetzt ein Kompliment oder eine Beleidigung? Die meisten Menschen machten immer nur das Gleiche, folgten einfach den Konventionen, ohne je ernsthaft zu hinterfragen, ob das überhaupt sinnvoll sei und auch dem entspreche, was sie sich vom Leben wünschten. Er selbst hingegen sei anders. Mahmut kommt ursprünglich aus Tunesien, erzählt er uns nun, habe aber schon überall auf der Welt gelebt, alles Mögliche gemacht, in jedem nur erdenklichen Job gearbeitet und findet Menschen interessant, die ihrerseits ebenfalls aus den alltäglichen Strukturen ausbrechen, um einfach mal zu tun, worauf sie Lust haben. Er redet begeistert von San Francisco, wo er sich so wohl fühle, wie bisher nirgends sonst auf der Welt. Hier gebe es viele verrückte Menschen, die „ihr Ding" machten, viele Künstler und Aussteiger. Dazu eine reiche Kulturszene und viel Natur, doch trotzdem sei die Stadt nicht so ungemütlich wie viele andere Großstädte, z. B. Los Angeles. Wir tauschen E-Mail-Adressen aus und machen uns anschließend auf den Weg über die Golden Gate Bridge, hinein in die Stadt, während unsere Reisebekanntschaft auf seinem Rennrad davonfährt.

2,8 km sind es über die Brücke in die Innenstadt. Die sollten sich fußläufig doch relativ entspannt zurücklegen lassen. Dachten wir. Der Weg zieht sich dann aber doch in die Länge, insbesondere aufgrund des lauten Straßenverkehrs – immerhin gibt es hier sechs Fahrspuren. Auf der Nordseite der Brücke laufen wir bei strahlendem Sonnenschein los, sind dementsprechend sommerlich gekleidet in kurzen Hosen und T-Shirts. Doch nach etwa der Hälfte der Strecke geraten wir plötzlich in eine andere Klimazone. Die Sonne weicht dichtem Nebel, links und rechts der Brücke lässt sich das Meer nur noch vage erahnen. Die uns Entgegenkommenden, also jene von der „anderen Seite", starren uns wie extraterrestrische Wesen an. Egal, ein Zurück gibt es nun nicht mehr. Wir quälen uns durch den eiskalten Nebel. Als wir endlich das südliche Ende der Brücke erreichen, wartet die Sonne auf uns. Zwar etwas weniger ehrgeizig als auf der anderen Seite, doch immerhin frieren wir nun nicht mehr und müssen unser hart erspartes Weltreisegeld nicht für eine neue Strickjacke ausgeben. Wir bahnen uns den Weg durch Menschenmengen hindurch, hinunter in die Stadt, entlang der in der Sonne glitzernden San Francisco Bay. Es ist Sonntag und die Stadt ist voll. Direkt über der Bay sowie der Innenstadt wird eine Flugshow veranstaltet. Dazu haben sich in der Innenstadt Unmengen Schaulustiger eingefunden, die entlang des Wassers ihre Campingstühle und BBQ's aufgebaut haben, um während des Würstchen-Grillens freie Sicht auf das Event zu haben. Ein irgendwie typisch amerikanischer Sonntagnachmittag.

*Querwelteinreisetag 288, Pacific Coast Highway, Kalifornien.* Wir sind nun unterwegs auf dem *Pacific Coast Highway*, der entlang der Pazifikküste der USA verläuft und eine Vielzahl atemberaubender Ausblicke, aufregender Städte und kleiner malerischer Ortschaften miteinander verbindet. Der malerischste Teil der Strecke beginnt in Monterey. Zwischen San Francisco und Los Angeles lässt sich diese Straße grob in zwei Abschnitte gliedern, wobei der nördliche Teil in erster Linie durch die Landschaft beeindruckt: Das Aufeinandertreffen von steilen Felsabhängen und tiefblauem Meer, die weißen Schaumkronen, die durch gewaltige Wellen an die zu dieser Jahreszeit menschenleeren Strände geschoben werden, die endlose Weite des pazifischen Ozeans, das gleißende

Licht der kalifornischen Sonne. Man verliert sich schnell in dieser Landschaft, die für uns als Deutsche unnatürlich groß und überdimensioniert wirkt. Wenig hat sie mit deutschen Ostseebädern á la Timmendorfer Strand gemeinsam.

Kurz hinter Carmel-by-the-Sea, einem traumhaft gelegenen Ort, der viele auf Klippen gelegene Häuser mit unverstelltem Meerblick versammelt, biegen wir links des Highways in den Los Padres Forest ab. Am Ende einer langen, serpentinenreichen Straße erreichen wir schließlich einen winzigen Campingplatz. Hier lernen wir Luis kennen, einen 65-jährigen Amerikaner, der uns nun von seiner Zeit im Vietnamkrieg erzählt. Er verurteile die USA und ihre Kriegs- und Außenpolitik aufs Härteste und fühle sich aus diesem Grund nicht mehr mit seinem Land verbunden. Spätestens in zwei Jahren wolle er daher das Land verlassen, nach Vietnam gehen und dort seinen Lebensabend verbringen. Als Reaktion auf unsere erstaunten Blicke erzählt er weiter, er habe schon vor langer Zeit seinen Frieden mit dem südostasiatischen Land gemacht, das er in den Siebzigerjahren als Kriegsschauplatz kennenlernte. Anders hätte er die Geschehnisse nicht verarbeiten können. Seit nunmehr 20 Jahren verzichtet Luis auf einen festen Wohnsitz, reist durch das ganze Land und finanziert dieses Lebensmodell durch die Pension, die er von der Army bekommt. Kurz nach dem Krieg sei er traumatisiert gewesen, habe mit Drogen und Alkohol versucht, sich zu betäuben, um das Erlebte vergessen zu können. Es sei unglaublich schwierig gewesen, mit den Dingen, die man während des Krieges erlebt und getan habe, fertig zu werden. Mit Tränen in den Augen erzählt Luis, wie er an einem heißen, sonnigen Tag einen Vietkong erschossen und anschließend dessen Taschen durchsucht habe. Wie er dabei ein Bild fand, das der Mann in seiner Hosentasche bei sich trug und auf dem er zusammen mit seiner Frau und Tochter zu sehen war. In diesem Moment sei Luis plötzlich klar geworden, dass die Vietkong nicht die unmenschliche, feindliche Maschinerie seien, die er und seine Kameraden in ihnen sahen, sondern Menschen mit Gefühlen, Familien und Zukunftsplänen. Diese Erkenntnis habe ihn zutiefst erschüttert, da sie nicht in Einklang zu bringen war mit dem unmenschlichen Feindbild der kommunistischen Bösewichte, das die USA von den Vietkong zeichnete und das den amerikanischen Soldaten immer und immer wieder in die Köpfe gehämmert wurde. In diesem Moment, als er neben der Leiche des Vietkongs kniete und das Foto in der Hand hielt, habe sich der Schleier vor seinen Augen gelichtet und ihm sei klargeworden, dass der Krieg und das, was er gerade dort tat, schlicht und ergreifend absoluter Unsinn sei.

Lange habe er anschließend mit dem zu kämpfen gehabt, was er in Vietnam erlebt hatte. Eines Tages war es dann ein Arzt, der so penetrant auf ihn einredete, seinen Lebensstil zu ändern, da er andernfalls nicht mehr lange leben würde und ihn somit dazu brachte, einen anderen Weg einzuschlagen. Luis marschierte in einen Bioladen, um sich über eine gesündere Lebensweise zu informieren. Diese Entscheidung hat sein Leben verändert. Damals hat er begonnen, sich intensiv mit dem Thema Ernährung auseinanderzusetzen. Dies ist nun etwa 40 Jahre her und seitdem lebt er streng vegan. Er ernährt sich ausschließlich von rohem Obst, Gemüse, Nüssen und hin und wieder etwas Quinoa oder roten Linsen. Keinerlei tierische Produkte und kein Brot. Laut seinem Arzt habe er die Blutwerte eines 30-Jährigen und war seit Jahrzehnten nicht mehr krank. Nicht einmal eine Erkältung habe ihn ereilt. „*You wanna know how to life the right way? Look what others do – and then do the opposite!*". *Wenn du richtig leben willst*, gibt Luis uns zum Abschied mit auf den Weg, *mache stets das Gegenteil von dem, was die anderen machen.*

*Querwelteinreisetag 290, Santa Barbara, Kalifornien.* Die Luft ist stickig und schwer. Seit fünf Jahren hat es in Santa Barbara nicht mehr geregnet. Doch laut Wetterbericht soll sich das genau heute

Nacht ändern. Die Santa Barbaraner sind deswegen schon ganz aufgeregt, insbesondere die Kinder, da viele von ihnen Regen noch gar nicht kennen. Die Vorstellung, dass es Menschen gibt, die bestimmte Wetterphänomene nicht kennen, finde ich faszinierend. Wie Afrikaner, die noch nie Schnee gesehen haben. Oder Bielefelder, die das erste Mal die Stadt verlassen und die Sonne sehen.

Im örtlichen Besucherzentrum wird uns mitgeteilt, dass es nicht möglich sei, innerhalb der Stadtgrenzen gratis zu übernachten. Stattdessen empfiehlt man uns einen Campingplatz, der 30 Meilen südlich liegt. 45 US-Dollar solle der „nur" kosten. Duschen oder etwas anderes als eine Toilette gebe es dort allerdings nicht. Da wir wenig motiviert sind, 45 US-Dollar für einen Parkplatz mit Klo auszugeben, fahren wir nun rat- und rastlos in der Stadt umher, in der Hoffnung, vielleicht doch noch auf eine Übernachtungsmöglichkeit zu stoßen. Mitten in einer Wohngegend entdecken wir eine VW-Werkstatt mit großem Parkplatz. Warum nicht dort einfach mal nachfragen? Ein VW mehr oder weniger auf dem Werkstattparkplatz fällt doch gar nicht auf.

Wir betreten das kleine, quadratische Büro der Werkstatt und reihen uns artig in die Schlange der wartenden Kunden ein. Als wir endlich an der Reihe sind, tragen wir unser Anliegen vor, erklären, dass wir auf Weltreise sind und für eine Nacht einen Stellplatz zum Übernachten brauchen. Die unentwegt in das Büro strömenden Kunden (man kennt einander mit Vornamen), schnappen immer wieder kleine Teile unserer Reiseerzählungen auf, die wir dem Werkstattbesitzer darlegen, um uns und unser Anliegen etwas vertrauenswürdiger werden zu lassen, und lassen es sich nicht nehmen, Fragen oder passende Anekdoten aus dem eigenen Leben anzubringen. Offensichtlich sind wir vertrauenswürdig oder nervig genug und bekommen schließlich eine Parkbucht zugewiesen, in der wir übernachten können. Sogar einen

Schlüssel zum außerhalb der Werkstatt gelegenen Badezimmer bekommen wir vom Werkstatbesitzer ausgehändigt sowie seine Telefonnummer, für den Fall der Fälle. Ein gratis Schlafplatz mitten im teuren Santa Barbara inklusive Badezimmer – besser geht's nicht! Wir verbringen eine entspannte Nacht auf dem Werkstattparkplatz, doch als wir am nächsten Morgen aufwachen, müssen wir registrieren: Es hatte wieder nicht geregnet. Arme Santa Barbaraner.

*Querwelteinreisetag 292, Los Angeles, Kalifornien.* Wir waren bisher zweimal *in Los Angeles.* Beim ersten Mal fanden wir es toll, absolut beeindruckend, sagenhaft. Wie aus dem Fernsehen halt. Beim zweiten Mal fanden wir es komplett beschissen. Laut. Voll. Ungemütlich. Abgesehen von der Sonne, die hier meistens scheint, konnten wir bei unserem letzten Besuch keine weiteren Vorzüge der Millionenstadt mehr entdecken. Nun, aller guten Dinge sind drei und so geben wir L.A. noch eine letzte Chance, um uns eine (vorerst) abschließende Meinung zu bilden.

Wir fahren hoch in die Berge, zum *Griffith Observatorium,* das eine tolle Sicht auf die Stadt bietet. Wir genießen die Aussicht auf Downtown Los Angeles, mit den schnurgeraden Straßen, die irgendwo in der Ferne am Horizont enden, mit den vielen Wolkenkratzern und den trockenen, von spärlicher Vegetation bewachsenen, nun im Spätsommer goldgelb leuchtenden Hollywood Hills mit ihrem legendären Schriftzug, der uns erst wieder so richtig klarmacht, dass wir wahrhaftig in L.A. sind – *Bulli goes to Hollywood.* Es ist Mitte Oktober, die Sonne scheint und es ist noch immer sommerlich warm. Natürlich wollen wir dem Bulli auch den Sunset Strip zeigen und fahren durch Beverly Hills mit all seinen prächtigen Bauten der Superreichen (und den mexikanischen Gärtnern sowie Reinigungskräften, die die Anwesen in Schuss halten) bis wir schließlich den Hollywood Boulevard erreichen. Hier gibt es den berühmten *Walk of Fame* zu besichtigen, die vielen in Beton gegossenen Sternchen mit den Namen berühmter Hollywood-Persönlichkeiten.

Als wir nach unserer Sightseeing-Tour „noch kurz" etwas einkaufen wollen, erinnern wir den Grund, aus dem uns diese Stadt nach unserem letzten Besuch so verhasst war. Denn einen Supermarkt zu finden ist ein nahezu aussichtsloses Unterfangen, da man in L.A. eher eine edle Boutique, einen mexikanischen Grill auf vier Rädern mit der Lizenz für Salmonellen oder aber 34 7/11 (ein das Nötigste führender Tankstellen-Shop) auf drei Quadratmetern findet, jedoch keinen simplen Supermarkt. Zufällig stoßen wir auf ein offenes WLAN-Netzwerk und können mithilfe von Google die Koordinaten eines Supermarktes recherchieren. Neun Minuten Fahrt von unserem Standpunkt aus, heißt es. Perfekt! Statt der berechneten neun benötigen wir aufgrund des einzigartigen Verkehrschaos' allerdings 35 Minuten für den Weg zum Supermarkt, der Rückweg dauert noch länger. Eigentlich hatten wir geplant, uns den Sonnenuntergang am Strand in Malibu anzuschauen, doch aufgrund unseres schlechten Zeitmanagements und des Verkehrs ist dieser Plan nicht umsetzbar. Es ist bereits dunkel.

Unser abschließendes Resümee bezüglich Los Angeles? Wir wissen es nicht! Es ist eine durchaus hübsche Stadt, vor allem, wenn man durch die Hollywood Hills fährt oder durch Beverly Hills spaziert, um die pittoresken, von Palmen gesäumten Villen zu bestaunen. Man sollte so wenig wie nur möglich mit dem Auto unterwegs sein. Denn 6-spurige Autobahnen (pro Fahrtrichtung, wohlgemerkt!) machen halt einfach keinen Spaß. Abgesehen von dem Verkehr ist die Stadt schon irgendwie cool und wir werden sie wohl auch bei unserem nächsten USA-Trip nicht links liegen lassen.

*Querwelteinreisetag 293, San Bernardino, Kalifornien.* In San Bernardino, etwa 60 Meilen östlich von Los Angeles, werden wir von Sigrid erwartet. Wir hatten die deutsche Auswanderin in Alaska kennengelernt und kommen nun ihrer Einladung nach, sie zu Hause zu besuchen. Sigrid wohnt in einer typisch amerikanischen Mittelschicht-Siedlung unweit des Stadtkerns, in einem kleinen Haus mit drei Zimmern. Es ist flach, ockerfarben, hat einen kleinen Garten und einen Parkplatz, den wir zum Unterstellen unseres Bullis und damit als Nachtquartier nutzen. Dieses sei aber nur ihr Ersatzhaus, erzählt sie uns bei frisch gebackenem Kuchen. Sie habe es günstig ersteigert, für die Zeit, wenn sie älter wird (also älter als ihre derzeit blutjungen 77 Jahre) und in ihrem „richtigen" Haus in den Bergen aufgrund des Schnees im Winter und der damit verbundenen Unwägbarkeiten nicht mehr wird wohnen können. Ergibt natürlich Sinn, so ein Ersatzhaus. Für den Fall der Fälle. Darüber sollten wir auch mal nachdenken. Vielleicht sollten wir aber zunächst mit *einem* Haus anfangen. Der Grund, aus dem das Haus so günstig versteigert wurde, liegt in seiner Geschichte: So habe der Vorbesitzer im Garten ein überaus lukratives Crystal Meth-Labor unterhalten. Davon bekam die Polizei irgendwann Wind, nahm ihn fest, buchtete ihn ein und bums: Haus günstig abzugeben! Willkommen bei *Breaking Bad*!

In ihrem Haus in den Bergen, das sie uns am nächsten Tag zeigt, hat Sigrid zwei Werkstätten. Der Trend geht also offensichtlich zur Ersatzwerkstatt. Ausgestattet sind diese mit einem Sammelsurium von Werkzeugen, Holzplatten, Eimern, diversen Tischkreissägen, Standbohrmaschinen sowie allem, was man eben noch so braucht, um als 77-Jährige den Alltag zu gestalten. Fast alles an und in dem roten Haus hat Sigrid alleine gebaut bzw. repariert, erzählt sie uns nun stolz. So baute sie auch ihren Carport selbst, wofür sie die Stützpfeiler natürlich sorgsam einbetoniert hat. Sie hat Schlösser eingebaut, Hütten für die Aufbewahrung von Feuerholz im Garten gezimmert und angefangen, eine

Hebevorrichtung zu konstruieren, mit der sie ihren Camperaufbau von ihrem Pickup befördern kann. Was hat eine solche Frau wohl beruflich gemacht, bevor sie vor 15 Jahren in den Ruhestand gegangen ist? Richtig, sie hat bei einer Versicherung gearbeitet. Absolut naheliegend. Schon immer habe sie sich dafür interessiert, wie Sachen gebaut werden, wie Autos funktionieren etc. Doch zur damaligen Zeit, als sie mit 14 Jahren einen Beruf erlernen musste, gab es für Mädchen nicht viele Möglichkeiten. Einen technischen Beruf zu erlernen, gehörte nicht dazu. So landete Sigrid im Einzelhandel. Nach ihrer Auswanderung in die USA, im Alter von 20 Jahren, ist sie dann bei der Versicherung gelandet – und geblieben. Wäre sie noch einmal jung, würde sie heute Ingenieurswissenschaften studieren, erzählt sie uns mit traurigem Blick.

Unser letzter Tag bei Sigrid ist ein Sonntag und Sigrid hat uns gefragt, ob wir mit ihr zusammen in die Kirche gehen möchten. Da wir ja im Grunde konfessionslos sind und auf unserer Reise bereits einige religiöse Stätten unterschiedlicher Ausprägung besucht haben, warum nicht mal völlig verrückt sein und sonntags in die Kirche gehen? Immerhin handelt es sich dabei um eine Freikirche und damit um etwas, was wir bisher auch noch nicht von innen gesehen haben.

Das Gebäude, in dem der Gottesdienst stattfinden wird, hat mit einer konventionellen Kirche nur wenig gemein. Es handelt es sich um ein gewöhnliches Gebäude, ohne Buntglasfenster, Weihrauch und Orgel. Unsere erstaunten Blicke entlocken Sigrid ein umtriebiges Geheimnis: Diese Kirche war in ihrem früheren Leben eine Bar! Vielleicht fühlen wir uns deshalb auf Anhieb so wohl hier. Wir betreten das optisch einem Bürobunker ähnelnde, kaum wie ein Gotteshaus anmutende, in seinem früheren Leben als Sündenpfuhl fungierende, merkwürdig herkömmliche Gebäude, das der hiesigen Gemeinde als christlicher Versammlungsort dient und werden sogleich überschwänglich von einem dreiköpfigen Empfangskomitee begrüßt. Sigrid stellt uns kurz vor und das Komitee versichert, exorbitant über alle Backen strahlend, wie unglaublich *„amazing"* es sei, dass wir hier sind. An der Getränketheke füllen wir uns große Becher mit heißem Kaffee und begeben uns mit den Kirchenkaffee-to-go-Bechern in den Raum, in dem der Gottesdienst stattfindet.

Wir sichern uns Plätze in der letzten Reihe und sind wie von den Socken, als der Gottesdienst um 9 Uhr von einer jungen Rockband eingeleitet wird, die mit Schlagzeug und Gitarre dem Herrn frönt. Auf einer Leinwand sind im Hintergrund derweil die jeweiligen Songtexte zu lesen, um den wogenden Kirchenmitgliedern das Mitsingen zu erleichtern. Denn das überraschend junge, überraschend zahlreich erschienene Publikum sitzt hier nicht andächtig auf steinharten Kirchenbänken, um in lupenreinem Sopran oder Bariton das von Orgelklängen unterlegte, jahrhundertealte Kirchengedudel mitzusingen, das an vorderster Front von einem stets irgendwie gruselig klingenden Pastor intoniert wird. Hier stehen die Menschen auf, klatschen, singen lauthals und oftmals schief mit. Die Arme werden nach oben gestreckt, die Handflächen geöffnet, die Augen geschlossen und es scheint, als würden manche direkt in diesem Moment Jesus begegnen. Wir fühlen uns wie auf einem Konzert der angesagtesten Rockband. Mit dem Unterschied, dass hier nicht die Liebe zu einem hübschen Mädchen, sondern jene zu Gott besungen wird.

Nachdem die Band sich unter lautem Gejohle seitens des euphorischen Publikums verabschiedet hat, betritt nun der Pastor die Bühne. Eine in schwarze Gewänder gehüllte Autoritätsperson bleibt aus, denn der Pastor trägt Jeans und Hawaiihemd. Wir sind positiv überrascht, ob der offensichtlich fehlenden Steifheit regulärer Gottesdienste. Die Predigt hat heute falsche Prediger zum Thema. Wild gestikulierend und rhetorisch vorbildlich versucht das Gemeindeoberhaupt nun davon zu überzeugen, dass es sowohl außerhalb der Kirche, als auch in ihrer Mitte, Menschen gebe, die Falsches lehrten und predigten. In manchen Glaubensrichtungen, würde etwa vermittelt, nur getaufte Menschen kämen in den Himmel. Dies sei natürlich „*Bullshit*", heißt es nun vom sich immer stärker in Wallung redenden Hawaiihemd-Pastor. Ein anderes Beispiel für falsche Lehren sei Afrika (offensichtlich der gesamte Kontinent). Der dort teilweise praktizierte Voodoo-Glaube sei ebenfalls totaler „*Bullshit*". Offensichtlich ist alles, was nicht den in diesem Betongebäude mit zwielichtiger Vergangenheit gepredigten Werten entspricht, zwangsläufig gleichzusetzen mit den Verdauungsprodukten gehörnter, unkastrierter Hausrinder. Meine Kirchendogma-Warnbrille färbt sich von pastelligem mädchenrosa allmählich zu blutrot. Das Gerede von falscher und richtiger Religion geht mir allmählich gehörig auf die Nerven. Ich bin nicht mehr weit davon entfernt, aufzuspringen und meinerseits laut „*Buuuullshiiit*!!" zu rufen. Doch aus Respekt vor Sigrid und da ich Toleranz für eine theoretisch ziemlich tolle Eigenschaft halte (insbesondere bei anderen), halte ich mich mit derlei Ausrufen zurück.

Ungestört von meinen cholerischen Gedankenspielen, fährt der Pastor fort und klärt uns nun über Jesus und die Funktionsweise von dessen Liebe auf. Häufig werde fälschlicherweise gepredigt, man käme auf direktem Weg in die Hölle, wenn man nicht unentwegt nur Gutes tue, nicht sündige bzw. sich von seinen Sünden reinwasche. Der Pastor versichert uns nun aber, diese Annahmen entsprächen nicht der Wahrheit, denn Jesus liebe die Menschen unabhängig von deren Handlungen. Man müsse nur an ihn glauben – das sei die einzige Bedingung. Tut man dies, steige man nach dem Tod automatisch in den Himmel auf. Tut man es nicht, käme man in die Hölle, ebenfalls ganz automatisch. Man muss da nicht extra noch einen entsprechenden Antrag stellen oder so. Nach meinem Verständnis bedeutet das Folgendes: Unabhängig davon, was ich als Atheistin tue, ob ich also jeden Tag Gutes vollbrachte, alle Menschen liebte, niemals auch nur einen bösen Gedanken hegte, kein böses Wort je meiner Kehle entfleuchte – wenn ich bei alldem von der Existenz Gottes und/oder Jesus' nicht gänzlich überzeugt bin, lande ich postwendend in der Hölle. Das finde ich ja irgendwie ziemlich unbefriedigend. Daraus ließe sich im Umkehrschluss die Konsequenz ziehen: Ich werd' jetzt Arschloch, denn schlimmer kann es aufgrund meines Atheismus' eh nicht mehr werden. An der Himmel-Hölle-Front stehe ich ja ohnehin bereits auf verlorenem Posten.

Gott sei Dank fragt Sigrid nach Ende des Gottesdienstes nicht nach, wie es uns gefallen hat. Ich hätte nicht lügen wollen, doch die Wahrheit wäre vermutlich auch nicht gut angekommen. Vielleicht hätte ich in diesem Fall das stets passende Adjektiv nutzen können, das auch gerne verwendet wird, um etwa auf die Frage „*Wie hat es denn geschmeckt?*" zu antworten, nachdem eine gute Freundin ein scheußliches Gericht kreiert hat: „*...interessant...*". Beim Verlassen des Gebäudes stellt uns Sigrid ihrer Freundin Wilma vor, mit den zweifelhaften, wahrscheinlich irgendwie spirituell eingefärbten Worten „*They're still looking for their way*", sie suchen noch nach ihrem Weg. Äh, ja, ganz recht. Wir suchen tatsächlich nach dem Weg. Und zwar dem schnellsten hinaus aus dieser Kirche!

### Vegas, Baby! Und der Südwesten

*Querwelteinreise 295, Las Vegas, Nevada.* Wir können es kaum erwarten und wollen nun endlich los, auf ins Getümmel, ab in den Sündenpfuhl. Vegas, Baby! Wir nehmen eine Auszeit vom Camping und buchen uns in einem billigen Motel ein, unweit des berühmten *Strips,* der Hauptstraße. Nur wenige Meter entfernt von unserer abgerockten Moteltür reihen sich all die bekannten

Casinos aneinander: *Bellagio*, *Caesar's Palace*, *MGM Grand* und die anderen aufmerksamkeitsheischenden, sich in ihren glitzernden und leuchtenden Fassaden gegenseitig übertreffenden Touristen-residenzen. Vegas ist eine andere Welt, die wenig mit der Realität zu tun hat. In den Kasinos ist es immer dunkel, kein Lichtstrahl dringt von außen in sie hinein. Man könnte tagelang durch die miteinander verbundenen Hotelanlagen schlendern, ohne sich zu langweilen – und ohne je das Tageslicht zu sehen. Nie weiß man, wie spät es ist, denn Uhren findet man hier kaum. Und so weiß man eben auch nicht, wie lange oder wieviel Saldo man bereits am Pokertisch sitzt. Die umherlaufenden, trinkenden, lallenden, weinenden, schreienden, *woo-enden* und äußerst aufgehübschten Menschen stehen im umfassenden Gegensatz zu unserer verlot-terten, verarmten, weltreisenden Erscheinung.

Da wir ja kein Geld zu verspielen oder zu vertrinken haben, registrieren wir – anders als die meisten Menschen hier – bewusst den Tag-Nacht-Wechsel und begeben uns mit Einbruch der Dunkelheit zum Bellagio, welches die Kulisse für eines der be-kanntesten Events in Las Vegas darstellt: das Wasserballett. Mehrmals in der Stunde verwandelt sich der hoteleigene See in einen gigantischen Springbrunnen. Über 1.000 Düsen sorgen dafür, dass jede Nacht bis zu 150 m hohe Wasserfontänen zur Musik tanzend in den glitzernden Himmel schießen. Zu unter-schiedlichsten Liedern tanzen die leuchtenden Fontänen vor dem blauen Nachthimmel: von „*Fly me to the Moon*" von Frank Sinatra über „*Billie Jean*" von Michael Jackson bis hin zum schmalzig-schönen „*My heart will go on*" von Celine Dion. Einfach toll! Ob-wohl Las Vegas keine ernst zu nehmende Stadt ist und vielmehr einem Spielplatz gleicht, ist es definitiv einen Besuch wert! Eine solche Atmosphäre findet man auf der Welt wohl kein zweites Mal.

*Querwelteinreisetag 297, Grand Staircase Escalante NM, Utah.* Rote Steine, blauer Himmel, Einsamkeit. So stellt man sich den amerikanischen Südwesten vor. Wir fahren durch das im Süden Utahs gelegene riesige Gebiet des *Grand Staircase Escalante National Monument.* Das fast 7.700 m² große Naturschutzgebiet ist das größte der USA und liegt in einer ihrer entlegensten Gegenden. Rote Felsformationen, Wildnis, Wanderwege, wolkenloser Himmel, wenige Menschen und ominöse Insektengeräusche prägen diese wunderschöne Landschaft. Wir bewundern die riesigen Felsen, die direkt über unseren Köpfen in den Himmel ragen, als wir zwischen ihnen eine schmale Spalte entdecken. Aus ihrem Inneren dringen mysteriöse Laute. Wir treten in die schmale Felsspalte hinein und sehen zwei Männer, die auf einem Felsen sitzend ordinären Flöten indianische Klänge entlocken. Die Akustik ist grandios und die Klänge hallen lautstark von den Felswänden wieder. Es ist ein intensiver Moment, der so unglaublich gut zu der einsamen, mystischen, von uralten Indianerlegenden geprägten Atmosphäre des geschichtsträchtigen Südwestens passt. Die Flötenspieler sitzen hier jede Woche ein bis zwei Stunden, erzählen sie uns nun, spielen ihre Instrumente und genießen die tolle Akustik der Höhle. Es gibt keinen Hut oder ein ominöses Flöten-Etui, in das man Geld hätte werfen können bzw. sollen, die beiden spielen einzig für sich selbst.

*Querwelteinreisetag 298, Burr Trail, Utah.* Der Südwesten ist neben seiner tollen Landschaft auch bekannt für seine abenteuerlichen Offroadstrecken. Eine davon ist der Burr-Trail, der östlich verlaufend zum Capitol Reef und zum Arches Nationalpark führt. Durch den Regen der letzten Tage und den damit einhergehenden Überflutungen ist die Straße nun allerdings teilweise enorm abgesackt, tiefe Furchen erschweren das Fahren erheblich. Stellenweise müssen wir unsere Beachball Schläger als Sandschaufeln benutzen, um uns den Weg zu ebnen. Als wir nach einigen Stunden wieder auf asphaltierten Boden stoßen und entspannt die ebene Straße entlangfahren, entdecken wir rechts der Straße, hoch oben versteckt in den Felsen, etwas, das unsere Aufmerksamkeit erregt. Die weißen Umrisse heben sich von den rötlichen Felsen deutlich ab. Ob das wohl ein Wohnmobil ist? Doch wie sollte es *dorthin* gekommen sein? Rechts der Straße entdecken wir einen schmalen Weg, der eher einem Trampelpfad als einer Straße gleicht. Tiefe, besorgniserregende Schlaglöcher ebnen den Weg, auf dem wir uns langsam, Zentimeter für Zentimeter durch das unwegsame Gelände schlängeln.

Wir erreichen unbeschadet das weiße Ungetüm, das wir von der nun ziemlich weit entfernten Straße aus entdeckt hatten: Ein riesiges LKW-artiges Wohnmobil mit Schweizer Kennzeichen, das sich hier einen tollen Stellplatz im wunderschönen Nirgendwo erkämpft hat. Der Weg verliert sich unmittelbar hinter dem Gefährt in der felsigen Landschaft. Weiter geht es hier nicht mehr. Wir fahren ein Stück zurück und entscheiden spontan, in einiger Entfernung zu den Schweizern und noch immer ein ganzes Stück von der Straße entfernt, unser Nachtlager mit toller Aussicht auf die Escalante-Landschaft aufzuschlagen. Ein Felsplateau eignet sich dabei hervorragend als Terrasse und wir stellen Tische und Stühle heraus, schnappen uns Bücher und Sonnenbrillen und machen es uns gemütlich. Wir befinden uns nun hoch oben, oberhalb der rötlich schimmernden Felslandschaft. Hinter uns die einzige Straße, die sich so nennen darf, am Ende der stahlblaue Horizont, unter uns tiefe Canyons, hochaufragende Felsspitzen und um uns herum: Einsamkeit. Zwei Tage bleiben wir hier und da dies so nicht geplant war und sich unsere Lebensmittelvorräte langsam dem Ende neigen, backen wir uns ganz Cowboy-selbstversorgermäßig unser Brot einfach selbst: Mehl, Wasser und Salz zusammenwerfen, in der Pfanne backen – lecker!

*Querwelteinreisetag 300, Arches Nationalpark, Utah.* Bei Wanderungen in den felsigen Landschaften des US-amerikanischen Südwestens sollte man alles sich der Schwerkraft promiskuitiv Hingebende anketten. Insbesondere Handys. Die Luder. Die fallen sonst nämlich mit perverser Vorliebe in Schluchten. Und sie aus diesen Tiefen wieder hinauszubefördern, ist erwartungsgemäß ein aussichtloses Unterfangen. Glücklicherweise handelt es sich in diesem Fall nicht um eines unserer Telefone, sondern um das eines anderen Touristen, der die irrwitzige Idee hatte, damit ein Foto einer Schlucht im Arches Nationalpark zu schießen. Sowohl Foto als auch Handy dürften jedoch nun bis nach der nächsten Eiszeit in den Tiefen des amerikanischen Kontinents verschwunden bleiben. Um vor dem letztmaligen Verschwinden in ebendiesen Tiefen aber nochmal so richtig schön das Mitgefühl, die Schadenfreude sowie das Gelächter möglichst vieler Mitmenschen zu erwecken, fällt das Kommunikationsmedium nicht einfach so, ganz heimlich, still und leise in die Tiefe. Nein, erst schlägt es noch einige Male auf dem Felsplateau auf, gibt sich Zentimeter für Zentimeter dem glatten Boden und der Schwerkraft hin, begleitet von lautstarken „Oh's" und „Ah's" der versammelten Touristenschaft. Denn dieses Spektakel ereignet sich zur absoluten Prime Time, nämlich kurz vor dem Sonnenuntergang am *Delicate Arch*, der Hauptsehenswürdigkeit im Arches Nationalpark. Jeder der hier auf den Sonnuntergang Wartenden, nimmt also Anteil am schmerzlichen Verlust des modernen Butlers. Der nun ehemalige Besitzer versucht das Ganze mit Humor zu nehmen und lächelt die Tränen tapfer weg. Hoffentlich kann er trotzdem das späte Sonnenlicht genießen, das diese außergewöhnliche Felsformation rot erstrahlen lässt. Jene allerdings, die sich zu nah an den Bogen heranwagen, um ein besonders tolles Motiv zu erhaschen, werden von den anderen Fotografierenden lauthals weggeschrien. Niemand sollte sich dem Bogen zu dieser Tageszeit nähern, da er auf den Fotos von unzähligen Fotografen

auf immer verewigt sein wird. Und das wollen die Fotografierenden in den seltensten Fällen.

*Querwelteinreisetag 301, Moab, Utah.* Es gibt so Dinge, die man
nur auf Reisen erleben kann. Dazu gehört sicher das Kennenlernen liebenswürdiger, schweizerischer Weltreisender während des
Kloputzens. Wäre mir in Bielefeld wohl so nicht passiert, denn
dort beschränken sich die Erlebnisse auf die zwischenmenschli-
che Interaktion mit Meister Propper oder mit mir selbst, da ich
während des Putzens in der Regel emsig vor mich hin zu fluchen
pflege. Unsere Kloputzbekanntschaften Inga und Bert sind seit 1
1/2 Jahren auf Weltreise. Zunächst bereisten sie Europa, waren
in Irland, Schottland und anschließend in Belgien, Frankreich,
Italien und Spanien. Seit einem halben Jahr sind sie mit ihrem
Allradauto nun in Nordamerika unterwegs. Ihr Haus haben sie
für fünf Jahre vermietet, erzählt Bert, während er das tragbare
Klo über den müffelnden Ausguss hält. Dies sei der Zeitraum,
den sie für ihre Weltreise eingeplant haben. Während einer so
langen Zeit den Kontakt zu Freunden aufrechtzuerhalten sei
jedoch eine Herausforderung. Die Kontaktaufnahme müsse
schon von ihnen kommen, sonst passiere gar nichts. So versuchen sie, etwa einmal in der Woche mit ihren fünf Patenkindern
zu telefonieren und den Kontakt zu Freunden über E-Mails zu
halten. Man müsse sich auch nach den kleinen Dingen und Geschehnisse daheim erkundigen, sonst entfremde man sich schnell,
erzählen sie ernst. Ja, das kennen wir.

*Querwelteinreisetag 302, Canyonlands Nationalpark, Utah.* Off-
road? Kann er! Seine diesbezüglichen Kompetenzen kann unser
Bulli heute im Canyonlands Nationalpark unter Beweis stellen.
Denn wir wollen uns den Shafer-Trail vornehmen, eine beliebte
Offroadstrecke im Nationalpark. Dort, wo der Trail von der as-
phaltierten Straße abbiegt, weist ein überdimensionales, rostiges
Schild darauf hin, dass der Zutritt nur für Allradwagen gestattet

sei. Naja, wir legen das jetzt mal großzügig aus, schließlich hat unser Bulli *alle Räder*.

Steil geht es bergab, die Straße windet sich Serpentine für Serpentine auf rotem Sand, übersät mit faust- bis menschgroßen Steinen, immer weiter die Schlucht hinunter, auf einer Straße, die gerade genug Platz für *ein* Auto bietet. Gegenverkehr ist angesichts der Breite der Straße nicht vorgesehen. Ab und zu gibt es schmale *Turnouts*, die ein Ausweichen im Falle eines entgegenkommenden Autos ermöglichen sollen. Allerdings ist es nur schwer vorstellbar, dass diese Turnouts genug Platz schaffen, um einem entgegenkommenden Allrad-Ungetüm aus dem Weg fahren zu können. Die vorgeschriebene Maximalgeschwindigkeit von 24 km/h können wir auch bei bestem Willen nicht knacken, wir sind deutlich langsamer unterwegs. Zu unserer großen Überraschung sind wir diesmal aber nicht, wie sonst üblich, die einzigen, die sich an die Geschwindigkeitsbeschränkungen halten. Auch den zwei Allradautos, die uns in gebührendem Abstand folgen, könnte man während des Fahrens problemlos die Reifen besohlen. Sie überholen uns aber schließlich, als wir eine Toilettenpause einlegen. Einer der Fahrer hält an, kurbelt die Scheibe herunter und fragt besorgt: „*You know where you're going??*", ob wir wüssten, wohin wir fahren. „*Sure*", na klaro, versichern wir mit einem gewinnbringenden, selbstbewussten Grinsen. Die besorgten Blicke, die wir ob der rütteligen Charakteristik der bereits gefahrenen Strecke und dieser beunruhigenden Frage anschließend austauschen, sehen die Amerikaner nicht mehr. Nun, wir sind ja Abenteurer und haben außerdem spektakuläre Offroadreifen und so geht es mit leerer Blase und voller Energie weiter auf dem Shafer-Trail. Wir sind im Tal der Schlucht angekommen und folgen der Strecke bis zum Aussichtspunkt, der einen fantastischen Blick auf den Colorado River bietet. Die Sonne beginnt langsam unterzugehen und taucht die Schlucht in ein warmes, rötliches Licht. Ein toller Anblick!

Da wir die Strecke nicht in tiefster Dunkelheit zurückfahren wollen, machen wir uns allmählich auf den Rückweg. Der Bulli bewältigt die ihm gestellten Herausforderungen mit einem müden Lächeln und wir erreichen problemlos und noch bei Tageslicht unseren Stellplatz auf einem Campingplatz in der *Indian Creek Recreation Area,* der eine Toilette sowie Picknicktische und Feuerstellen gratis bereitstellt. Mal wieder durch und durch deutsch, haben wir bereits am Morgen unsere Campingstühle möglichst platzeinnehmend auf dem Grundstück drapiert, welches wir damit für uns reserviert haben und wodurch wir allen anderen signalisierten: nix da, gehört uns! Das ist wie mit dem Badetuch auf der Hotelliege im Malle-Urlaub. Im Vergleich zu dem Schweizer Ehepaar Inga und Bert, welches uns den Tipp für diesen Campingplatz gab, ist unser Verhalten allerdings noch moderat. Auch sie hatten sich ihren Stellplatz vor der Einfahrt in den Park gesichert, jedoch Tisch und Stühle nicht nur hingestellt, sondern auch noch angekettet. „*Wir sind Schweizer, wir ketten alles an*", lautete die einleuchtende Erklärung.

Die Nacht wird laut, da eine größere Herde *Woo-Girls* in unmittelbarer Nähe kampiert. Woo-Girls sind jene Gattung Mensch, die einfach alles, was annähernd positiv, nett, schön etc. ist, mit einem lautstarken, langgezogenen „*Woooooooo*" kommentiert. Und auch diese Woo-Girls, die sich nun auf diesen Campingplatz in die nordamerikanische Wildnis verirrt haben, bewooen alles, was ihnen be-woobar erscheint. Und das Ausmaß des aus ihrer Sicht Be-woobaren ist enorm. Während wir aufgrund der Lärmbelästigung wach liegen und uns (mal wieder) fragen, was zum Teufel nur mit diesen Amis nicht stimmt, trösten wir uns mit dem tollen Blick in den heute sternenklaren Nachthimmel. Dabei entdecken wir sogar ein paar Sternschnuppen! Woooooooo!

*Querwelteinreisetag 304, Monument Valley, Utah/Arizona.* Monumnt Valley: Ich glaube, jeder hat beim Klang dieser Worte Assoziationen im Kopf. Wilder Westen. Pferde. Roter Sand. Sexy Cowboys. Gut, Letzteres kommt jetzt vielleicht nicht jedem in den Sinn. Mir natürlich auch nicht. Wir erreichen die berühmte Region gegen Mittag und fahren vom Besucherzentrum aus die etwa 50 km lange, unbefestigte Straße durch das Tal, das mit seinen roten Monolithen und Felsnadeln die Kulisse für viele berühmte Western darstellte, etwa für den bekannten Filmklassiker „Spiel mir das Lied vom Tod". Es handelt sich nicht wirklich um ein Tal, denn um uns herum gibt es keine Berge. Vielmehr ist Monument Valley geprägt durch eine weite Wüstenlandschaft, in der kleine und große Steine und Felsen herumliegen und herumstehen, die sich wie aus dem Nichts überall aus der Erde erheben. Geografisch erklärt, handelt es sich um Überbleibsel einer Hochebene, die sich vor Jahrtausenden an dieser Stelle befand. Heute gehört es zum Reservatsgebiet der *Navajo Indianer* und ist Tourismushochburg. Für die Navajos ist es ein heiliger Ort, was angesichts der surrealen Szenerie und der Isolation des Gebietes sehr gut nachvollziehbar ist.

Da wir in den letzten Tagen viel Programm hatten, entscheiden wir uns, einen Tag zu pausieren, bevor wir weiterfahren nach Colorado. Wir campieren im Gooseneck State Park, am Rand einer tiefen Schlucht mit großartigem Ausblick auf den Mäander des San Juan River, wo wir den Tag im Wesentlichen mit Essen und Lesen zubringen. Heute ist es windig. Und zwar derart, dass man nahezu in Panik ausbricht, wenn man zum etwa 300 m entfernten Klo laufen muss, denn dieses befindet sich direkt am Rand der Schlucht. Und bei ungünstiger Windrichtung... naja, aus die Maus. Trotz dessen komme ich auf die nahezu brillante Idee, Pilates zu machen. Und zwar draußen. Ich bin während des 30-minütigen Sportprogramms allerdings mehr damit beschäftigt, die zur Sportmatte umfunktionierte Decke nicht wegfliegen zu lassen, als mit den eigentlichen Übungen. Als mir dann auch noch eine Wüstenblume ans Bein fliegt, dort hängen bleibt und beinahe chirurgisch entfernt werden muss, beschließe ich, es für heute gut sein zu lassen. Draußen windet es indes fleißig weiter, sodass der Bulli zwischenzeitlich bedrohlich zu schaukeln bedingt. Wir parken das Auto um, damit wir nicht so nah am Canyonrand stehen. Es wackelt nun etwas weniger. Bedrohlich ist das Ganze allerdings noch immer.

## Der mittlere Westen: von Colorado bis Mississippi

*Querweltreisetag 306, Cortez, Colorado.* Vor unserer Einfahrt in den Nationalpark Mesa Verde wollen wir noch schnell ein paar Einkäufe in der Stadt erledigen. Und dann begegnet uns Monika. Eine deutsche Auswanderin, die nach kurzem Nachhaken, woher wir kommen, wer wir sind und wenn ja, wie viele, zügig auf die interessantesten, wenn auch höchst abwegigen, mit Fremden eher selten diskutierten Themen zu sprechen kommt. So erzählt sie in irgendeinem Zusammenhang, der vermutlich keiner war (quasi in einem *Un*zusammenhang), von ihrem viele Jahre andauernden Epilepsieleiden. Dieses sei die Folge von Vergiftungen, die sie sich durch Zahnfüllungen zugezogen habe, als sie noch in Deutschland lebte, erklärt sie entrüstet. Gleich darauf erzählt sie jedoch, die Vergiftungen seien das Ergebnis ihrer jahrelangen Arbeit in einem Labor. Naja, vielleicht beides. Ohne eine Erwiderung unsererseits auf ihre interessanten Ausführungen zu erwarten, fährt sie unbeirrt fort: *„Ich werde mir die Zähne in Deutschland reparieren lassen. In den USA kann das kein Mensch bezahlen!"*. Sie sei zu diesem Zweck bereits bei einem Arzt in Deutschland gewesen, zum Vorgespräch. Allerdings hätten nun ihre Eltern jenen Zahnarzt angerufen, um diesem mitzuteilen, dass die Tochter keine derartige Behandlung brauche. Bei ihr handle es sich nämlich um ein psychisches Problem. Ein psychisch bedingtes Zahnfüllungs-Vergiftungs-Epilepsie-Problem. Ach so. Davon hatte ich, mit meinem offensichtlich unterentwickelten medizinischen Wissen, bislang noch gar nichts gehört. *„Ich kann meine Zähne nun nicht mehr in Deutschland reparieren lassen, denn der Zahnarzt will mich jetzt nicht mehr behandeln"*, erzählt sie weiter. Logisch, bedingt durch das dürftige deutsche Gesundheitssystem gibt es ja bekanntermaßen auch nur den einen deutschen Dentisten. Aber sie habe nun, erzählt Monika nun weiter, eine Möglichkeit gefunden, mit dieser Problematik umzugehen. Cannabis! Dies ist ja inzwischen in einigen US-Staaten legalisiert und lindere sowohl ihre Zahnschmerzen als auch die epileptischen Anfälle, erläutert sie freudestrahlend. Ein Zahnarztbesuch sei daher momentan nicht mehr dringlich. Problemlösung durch Drogen. Dass so etwas super funktioniert und sich immer schon als hervorragender Plan bewiesen hat, ist ja gemeinhin bekannt. Da Monika aber keine Egoistin sei und daher auch nicht alleine von diesem glänzenden Einfall profitieren wolle, hat sie nun eine brillante Idee, wie sie andere an ihrem Glück teilhaben lassen könne: So plane sie die Gründung eines Unternehmens, dessen Aufgabe die Produktion von Cannabis-Bonbons für an Epilepsie erkrankte Kinder sein werde. Sicher doch, eine brillante Idee. Das klappt bestimmt.

Westlich der Rocky Mountains gelegen, gehört der Nationalpark Mesa Verde zu den bedeutsamsten der USA. Nicht nur aufgrund seiner tollen Landschaft, sondern insbesondere wegen seiner kulturhistorischen Bedeutung. Ende des letzten Jahrhunderts entdeckte man hier die so genannten *Cliff Dwellings*: aus Stein errichtete Dörfer des Stammes der *Anasazi*, die vor etwa 800 Jahren unter den Überhängen von Hochplateaus gebaut wurden. Die Felsbehausungen wurden im Pueblo-Stil erbaut, eine vergleichsweise fortschrittliche Art des Häuserbaus. Die Häuser befanden sich überirdisch und waren bereits in Form eines Dorfes angelegt. Zuvor lebten die Anasazi ausschließlich in unterirdischen Höhlen, zumeist jede Familie für sich. Eine Dorfstruktur gab es zu diesem Zeitpunkt noch nicht. Doch noch vor der Entdeckung Amerikas wurden die Behausungen aufgegeben und der Stamm verschwand aus dieser Region. Der Grund dafür ist bis heute nicht bekannt. In der Region des *Spruce Tree House*, eines der besser erhaltenen Cliff Dwellings, lassen sich noch heute problemlos die einzelnen Häuser erkennen, in denen die Familien einst gewohnt haben sowie der große Innenhof, in dem sich tagsüber das alltägliche Leben vor hunderten von Jahren abspielte. Auch Kivas, unterirdisch angelegte Höhlen, in denen religiöse und feierliche Zusammenkünfte stattgefunden haben, sind noch hier zu finden.

*Querwelteinreisetag 309, Taos, New Mexico.* Schon mal in einem Raumschiff gewesen? Wir nicht, doch 15 Meilen entfernt von Taos liegt die Zentrale der *Earthship Company*. Und diese Erdschiffe ähneln optisch durchaus unserer Vorstellung von den in Roswell oder sonst wo eventuell (eventuell auch nicht) gelandeten unbekannten Flugobjekten. Es handelt sich um Gebäude, die mit dem Anspruch völliger Autarkie hinsichtlich Wärme, elektrischer Energie, Wasser und Abwasser gebaut werden. Sonnenenergie wird durch Solarzellen auf dem Dach des Gebäudes gewonnen und kann für lange Zeit gespeichert werden. Errichtet werden die Gebäude zu einem großen Teil aus Zivilisationsabfällen: Die Wände in nördlicher, östlicher und westlicher Ausrichtung bestehen aus Autoreifen. Sie werden wie Ziegelsteine aufeinandergelegt und in ihrem Inneren mit komprimierter Erde gefüllt, um mehr Stabilität zu gewährleisten – die so entstandene Wand ist zugleich thermischer Wärmespeicher. Die Südfassade eines Earthships ist vollständig aus Glas errichtet. Auf diese Weise wird Sonnenenergie aufgenommen und als Wärme gespeichert. Daher benötigen Earthships keine weitere Heizung. Die autarke Wasserversorgung wird durch das Sammeln von Regenwasser auf dem Dach des Gebäudes gewährleistet. Jeder Tropfen Wasser wird mehrmals wiederverwendet: als Trinkwasser, Spülwasser und Gießwasser für die Pflanzenbeete, die innerhalb des Gebäudes angelegt werden und die Versorgung seiner Bewohner mit Obst und Gemüse ermöglichen.

Die meisten der inzwischen über 3.000 Earthships, die dem Gedankengut eines amerikanischen Architekten entstammen, befinden sich in den USA. Doch auch in vielen europäischen Ländern gibt es sie inzwischen, sogar in Deutschland ist das erste Gebäude derzeit im Bau. Eine spannende, zukunftsweisende Idee!

*Querwelteinreisetag 311, Albuquerque, New Mexiko.* Bei wahren Serienfans müsste die Stadt Albuquerque jetzt Assoziationen von Kristallen, Schießereien und alten Wohnmobilen wecken. Nicht? Dann sind Sie offensichtlich kein Fan der Kultserie *Breaking Bad*, an deren Drehort wir uns gerade befinden. Die in Albuquerque spielende amerikanische Krimiserie handelt von einem biederen Chemielehrer, der angesichts seines drohenden Todes durch Lungenkrebs kurzerhand ins Drogengeschäft einsteigt, um seine Familie nach seinem Ableben finanziell abgesichert zu wissen. Und als ausgebildeter Chemiker ist er natürlich außerordentlich begabt in der Herstellung der synthetischen Droge Crystal Meth. Ziemlich praktisch, wenn man sich ein kleines Zubrot zum schnöden Lehrergehalt dazuverdienen will. Ich frage mich, warum ich eigentlich eine Sozial- und keine Naturwissenschaft studiert habe? Das Haus der Seriencharaktere, Familie White, ist inzwischen von einem Zaun umgeben. Wollten wohl schon ein paar Irre zu viel einen der Drehorte dieser erfolgreichen Serie besichtigen. Auch die Autowaschanlage, in der Walt vor seiner Drogenkarriere gearbeitet hat und die er (Achtung, Spoiler!) später kauft, schauen wir uns an. In einem Shop gegenüber kann man Süßigkeiten kaufen, die wie Crystal Meth aussehen. Hach, USA, du irres Land!

Nach dem Erkunden der Drehorte beschließen wir, dass uns etwas Bildung nach fast einem Jahr Herumgereise nicht allzu sehr schaden würde und gehen ins Museum. Im *National Atomic Museum*, gibt es alles über die Entstehung der Atombomben zu erfahren, die während des zweiten Weltkrieges auf Hiroshima und Nagasaki abgeworfen wurden. Zur Einstimmung zeigt eine Dokumentation die Herstellung der Atombomben mit den sympathisch klingenden Namen *Little Boy* und *Fat Man*. Eine Infragestellung des gesamten Atombomben-Unterfangens findet nicht statt. Ein kleines Täfelchen nimmt sich zwar des Für und Wider der Atombomben an. Die „Vorteile" überwiegen jedoch allein quantitativ deutlich die Nachteile. Und bei so überzeugenden Argumenten wie jenes, das unterstellt, das in die Atomforschung investierte Geld sei ja rausgeschmissen gewesen, hätte man die Atombombe nicht geworfen, kann natürlich kein logisch begründetes Gegenargument mehr punkten. Ein durchaus aufschlussreicher Museumsbesuch. Zum einen haben wir Vieles über Atomkraft und ihre Verwendung lernen können. Zum anderen hat es uns auch hinsichtlich der amerikanischen (Kriegs-) Kultur in vielerlei Hinsicht die Augen geöffnet.

Als wir Albuquerque tags darauf Richtung Osten verlassen wollen, um allmählich unserem letzten Ziel Florida näher zu kommen, erleben wir eine Szene wie aus einem typisch amerikanischen Film. Gemütlich fahren wir den Highway entlang, ordnungsgemäß natürlich stets unterhalb der Geschwindigkeitsgrenze, als wir im Rückspiegel ein Polizeiauto entdecken, das uns mit eingeschaltetem Blaulicht folgt. Hastig überlegen wir, welchen Vergehens wir schuldig gemacht werden könnten. Kaputte Bremslichter? Alkohol im Fahrerhaus? Natürlich nicht! Räusper. In einer Seitenstraße halten wir an, kurbeln vorbildlich das Fenster herunter, legen die Hände aufs Lenkrad. Also Leslie legt die Hände aufs Lenkrad. Da ich ja keines habe, bleibe ich lenkrad- und bewegungslos, stur geradeaus blickend und weitgehend entspannt, sitzen. Warten. Der Polizist steigt übertrieben gemächlich aus seinem Auto aus, beobachtet das unsrige eingehend, schlendert langsam voran. Die Spannung ist kaum auszuhalten. Er sei nun schon seit über zwanzig Jahren Polizist in Albuquerque, beginnt er seinen Satz, als er schließlich am Fahrerfenster angelangt ist, doch so etwas sei ihm noch nicht untergekommen. Oh Gott! *Ob wir denn überhaupt hier sein dürften? Ob wir legal seien?* Hält der uns für Mexikaner? Er kenne mexikanische Kennzeichen (Aha!) und kanadische, aber ein *deutsches* Auto in den USA? Er wisse nicht, ob das überhaupt erlaubt sei. Ach sooo. Erleichtert darüber, dass er uns wohl doch nicht über die südliche Grenze zurück in unser vermeintliches Heimatland Mexiko abschieben will, erklären wir nun, dass sowohl wir, als auch der Bulli durchaus legal in diesem Land sind und zeigen ihm die Fahrzeugpapiere. Unser Gegenüber lässt die böser-Bulle-Fassade fallen und fragt interessiert nach, woher genau wir kämen. Mit Bielefeld kann er, wenig überraschend, nichts anfangen. Er habe ein paar Jahre in Frankfurt gelebt, während er bei der Air Force gearbeitet habe, erzählt er uns strahlend. Dann spreche er ja bestimmt deutsch, haken wir nach. „*Yeah, kind of. I remember two words:* Weihnachtsmarkt *and the most important one,* Glühwein!", lautet seine aufschlussreiche Antwort. Keine Frage, das sind die wichtigsten Worte. Es habe Jahre gedauert, bis er endlich ein gutes Glühweinrezept gefunden habe, ergänzt er. Denn da es Glühwein in den USA nicht gibt, müsse er ihn nun alljährlich selbst herstellen. Deutscher Glühwein zum amerikanischen Weihnachtsfest. Es lebe die Globalisierung!

*Querwelteinreisetag 316, Dallas, Texas. Dörty Dörk! Dörty Dörk! Dörty Döööörk!* Wir sitzen im American Airlines Center in Dallas und erleben gerade unser erstes amerikanisches Basketballspiel. Dallas Mavericks gegen LA Clippers. Der Star ist und bleibt hier natürlich Dirk Nowitzki, der zu unserem Glück auch heute Abend spielt. Da Amerikaner ein „i" jedoch nicht wie wir Deutschen aussprechen, klingt es bei ihnen eher nach einem „ö". Daher spielt, aus amerikanischer Sicht, heute Abend *Dörk* Nowitzki, Spitzname „*Dörty Dörk*". Wir haben die absolut schlechtesten Plätze, die man in diesem riesigen Stadion hätte haben können. Ganz oben, ganz hinten, ganz weit weg. Aber sie haben halt auch nur 15 US-Dollar gekostet. Zudem geht es uns auch nicht darum, das Spiel aus nächster Nähe zu sehen, sondern vielmehr darum, die Stimmung bei einem solch typisch amerikanischen Ereignis mitzuerleben. Und die ist beispiellos!

Am laufenden Band wird das Publikum von einem Sprecher unterhalten, der in einem Moment in aggressivstem Ton die gegnerische Mannschaft ausbuht, im nächsten Moment die heimische anfeuert („*Defense!!!*"), um sodann lauthals darauf hinzuweisen, dass nach dem nächsten Viertel die *Wings-Minute* beginne: Eine Minute lang gibt es am Hühnchenstand Chicken Wings, gratis für alle! Yippie Yeah. Mit Voranschreiten des Spiels sowie des allgemeinen Alkoholpegels steigen auch die Laustärke und Intensität der Anfeuerungen und Ausbuhungen kontinuierlich an. Am lautesten wird es aber immer dann, wenn der Star des Abends einen Korb (ver-)wirft: „*C'mon Dörk!!*", johlt es dann aus allen Ecken. Das Sportereignis ist wahrlich ein Spektakel, das mich derart gefangen nimmt, dass ich dem Spielverlauf kaum folgen kann. Denn viel spannender als das kleine Spielfeld, ist der Rest des Stadions, in dem dauerhaft ein solches Trara veranstaltet wird, dass man selten überhaupt mitbekommt, wann ein Viertel vorüber ist oder ein neues angefangen hat. Denn zeitgleich mit dem Beginn eines neuen Viertels läuft gerade noch die Wings-Minute, es werden T-Shirts mithilfe einer Kanone ins Publikum geschossen oder aber die heiß begehrte Cheerleader-Truppe *Fun with Fat*, bestehend aus mittelalten, großzügig geformten Männern, die vermeintlich verführerisch die Hüften kreisen lassen und damit das Publikum in Wallung versetzen, beendet unter lautem Jubeln ihren Auftritt. Es lässt sich schnell der Eindruck gewinnen, das Basketballspiel sei hier nebensächlich. Daher hat sich auch meine Aufmerksamkeit häufig von Dörty Dörk auf das Brimborium im Stadion verlagert. Nun denn, am Ende jedenfalls haben die Dallas Mavericks (die *Mavs*, wie der Kenner sagt) knapp gewonnen. Habe ich mir jedenfalls sagen lassen.

Von diesem Ereignis abgesehen, hat Texas allerdings wenig zu bieten. Der an Mexiko grenzende Bundesstaat besteht im Wesentlichen aus einer endlosen Anzahl typisch amerikanischer Klein- und Großstädte, die unabhängig von ihrer Größe das gleiche Bild bieten: Eine unzählbare Menge Werbeschilder weist den Weg in die nächste Stadt, wo dann links und rechts der Straße die immer gleichen Restaurant-, Fast Food- und Motelketten auftauchen. Man kann sich in Texas (und in den meisten US-amerikanischen Bundesstaaten) problemlos von Stadt zu Stadt hangeln, ohne jemals einen kalten oder leeren Kaffeebecher in der Hand zu halten. Dieser Charakteristik bzw. *Nicht*-Charakteristik amerikanischer Städte ist es wohl geschuldet, dass viele Amerikaner vom „*old Europe*", vom alten Europa schwärmen. Sie sind fasziniert von der Individualität europäischer Großstädte, die einander wesentlich weniger stark ähneln, als hierzulande. Eines der Werbeschilder, das wir auf unserem Weg durch Texas entdecken, ist dann aber doch einzigartig. Denn es macht keine Werbung für die besten Burger der Stadt bzw. des Landes, wie sonst üblich, sondern für die Bibel: „*Call 859-4444 truth*". Das ist doch mal was anderes als „*Get the best burger in town at Best Burger!*".

## Der Süden: von Louisiana bis Florida

*Querwelteinreisetag 319, New Orleans, Louisiana.* Nachdem wir unseren letzten Abend in Texas gebührend in einem Motel gefeiert haben, mit Nudeln, die wir im Sicherheitsabstand vom Rauchmelder mit dem Gaskocher zubereiteten, ist unser nächster Stopp nun New Orleans im Bundestaat Louisiana. Die Stadt liegt im Delta des bekannten und kaum auszusprechenden bzw. auszuschreibenden Mississippi Flusses. New Orleans wurde auf Sedimenten errichtet, die der Fluss über die Jahre angeschwemmt hat und liegt somit inmitten von Sümpfen. Fast drei Viertel der Stadt befindet sich unterhalb des Meeresspiegels. Bekanntheit erlangte New Orleans vor allem aufgrund seiner Geschichte und seiner Musik. Im Zuge des Sklavenhandels kamen viele Menschen aus Afrika in diesen Teil der USA, die die hiesige Lebensart nachhaltig beeinflussten. So entstanden aus der „mitgebrachten" und der bereits dagewesenen Musik neue Richtungen: New Orleans wurde die Wiege des Jazz.

Den Campingplatz teilen wir uns mit den Schweizern Inga und Bert, die wir vor einigen Wochen in Moab während der Kloreinigung kennengelernt und die wir hier in New Orleans nun zufällig wiedergetroffen haben. Es handelt sich hierbei allerdings um den hässlichsten Campingplatz der USA. Ein geschotterter Parkplatz, bis zum Bersten voll mit amerikanischen Riesen-Wohnbussen, 33 US-Dollar pro Nacht, sieben Meilen von der Innenstadt entfernt. Und das Traurigste dabei: Es ist der günstigste Campingplatz in der Nähe der Innenstadt. Es gibt noch einen weiteren, der sich direkt im Zentrum von New Orleans befindet: 96 US-Dollar pro Nacht. Nun ja, Hauptsache wir können mal wieder etwas Körperpflege betreiben. Wenngleich diese nun äußerst kostenintensiv ist.

Wir lassen das Auto stehen und fahren mit dem Bus in die Stadt. Da wir außergewöhnlich beratungsresistent sind, hören wir nicht auf die Campingplatzbetreiberin, die Fahrt bis in die Innenstadt beim Busfahrer zu „bestellen" (unverschämte 25 Cent extra pro Person!), sondern landen letztendlich Gott weiß wo. Immerhin haben wir nun sagenhafte 50 Cent gespart, die wir als Gutschein für unsere nächste Busfahrt verwenden können, sollten wir jemals wieder nach New Orleans kommen. Denn Busfahrer wechseln hier kein Geld – passend oder Pech!

Wir laufen durch wenig vertrauenswürdige Wohngegenden, in denen wir Menschen in ihren Häusern grölen hören und weiße Plastiktüten einsam die seltsam verlassenen Straßen entlangwehen. Nach 20 Minuten erreichen wir den Louis-Armstrong-Park, wo heute ein Festival stattfindet. Daher ist der Park gefüllt mit essenden und trinkenden Menschen, die der Jazz-Livemusik lauschen, während sie die verschiedenen Varianten des hier typischen *Gumbo* kosten: ein Eintopf mit Krabbenfleisch und Reis und New Orleans' Nationalgericht. Auch wir genießen für einige Minuten die tolle Musik und setzen anschließend unseren Weg in die Innenstadt fort, wo wir mit den Schweizern zum Abendessen verabredet sind. Im French Quarter, dem Mittelpunkt der Innenstadt, suchen wir uns ein Lokal mit Live-Musik und einer variantenreichen Speisekarte, genießen das gute Essen und die Musik und daran anschließend das typische New Orleans: volle Straßen, betrunkene Menschen mit monströsen Cocktailgläsern, Live-Musiker an jeder Straßenecke und das bis tief in die Nacht hinein.

*Querwelteinreisetag 320, New Orleans, Louisiana.* Wer erinnert sich nicht an ihn? Groß, schlank, langhaarig, eine Schönheit mit einem Faible für Rattenblut. Ich spreche von dem, trotz seines ungesund blassen Erscheinungsbildes, äußerst ansehnlichen *Louis*, gespielt von dem im realen Leben noch viel ansehnlicheren (da durchbluteten) Brad Pitt, in einem meiner Lieblingsfilme, *Interview mit einem Vampir.* Der Film wurde zum Teil auf der *Oak Alley Plantage* in New Orleans gedreht und dies ist einer der Gründe, warum wir uns nun genau hier befinden. Diese und andere herrschaftliche Plantagen, auf denen noch im 19. Jahrhundert Sklaven lebten, reihen sich entlang der *Great River Road.* Erbaut im Jahr 1839, war Oak Alley eine typische Südstaaten-Zuckerrohrplantage. Und wie es zu dieser Zeit so üblich war, verrichteten Sklaven, in diesem Fall über 100 an der Zahl, die ganze Arbeit. Sie bestellten die Felder, bauten das imposante Haus und stellten dafür sogar die Steine selbst her.

Heute lassen sich sowohl das Haupthaus, in dem die Plantagenbesitzer lebten, als auch eine Rekonstruktion der Sklavenunterbringungen besichtigen. Obwohl das Gelände sehr touristisch anmutet (Souvenirladen sowie Restaurant sind äußerst bemüht, Besucher auszunehmen), sind die Führung im Haupthaus sowie die Erklärungen zur Geschichte der Plantage spannend. Beeindruckend ist auch die von 28 monströsen Eichen beherrschte Eingangsstraße zum Haupthaus. Wer diese imposanten Eichen aus welchem Grund vor über 300 Jahren hier pflanzte, ist bis heute unklar. Sie sind wohl der beeindruckendste Teil des gesamten Geländes. Vielleicht, weil man weiß, dass sie die ganze, für uns unbegreifliche Geschichte der Apartheid von ihren Anfängen bis zu ihrem Ende verfolgt haben. Sie waren schon vorher hier und sind es noch immer.

Zu New Orleans gehören auch die *Swamps*, die für Louisiana typischen Sumpfgebiete. In ihnen leben, neben den verschiedensten Insekten und anderen kleinen Tierchen, auch Alligatoren. Wir machen eine Bootstour, um einen Einblick in die modrige, in den verschiedensten Grüntönen leuchtende Natur zu erhalten. Es gibt keine schönere Art, die märchenhafte Sumpflandschaft des Mississippi-Delta zu erkunden als in einem kleinen Boot. Über das grüne Gewässer zu schippern, die mit spanischem Moos behangenen Zypressen zu beobachten, die sich träge im Wind wiegen – genau so habe ich mir die Sümpfe Louisianas vorgestellt. Die mächtigen alten Bäume spiegeln sich in dem durch Algen dunkelgrün gefärbten Wasser. Hier, zwischen tropischen Pflanzen und Sumpfeichen, Tümpeln und Wasserläufen, leben die Nachkommen der französischen Einwanderer in kleinen Hütten am Flussufer. Wir bekommen Wildschweine, Waschbären und einen Alligator zu sehen. Die Wildschweine werden mit Marshmallows und mystischen Rufen zum Boot gelockt, was zwar einerseits aufregend ist, da wir sie so aus der Nähe betrachten können. Andererseits ist es jedoch höchst bedenklich, da derartige Touren täglich stattfinden und Marshmallows sicher nicht die gesündeste Nahrung für Wildschweine darstellen.

*Querwelteinreisetag 321, irgendwo in Florida.* Obwohl wir nun ja bereits einige Wochen in diesem eigentlich wundervollen Nordamerika unterwegs sind, begegnen uns noch immer Dinge, die uns in Staunen versetzen. Die USA sind quasi wie der langjährige Ehepartner, der es auch nach Jahren noch schafft, einen zu überraschen. Während wir also entspannt den Highway entlangsausen, wie üblich einen Coffee-to-go-Becher in der einen und einen in Zuckerguss ertränkten Donut in der anderen Hand (gelenkt wird geübt mit den Knien), erblicken wir plötzlich ein Hinweisschild am Rande der Straße: „*Turn right for Drive In-Church*". Wie bitte? Drive In-Fastfood-Restaurants, Drive In-Apotheken und Drive In-Banken reichen nicht aus? Offenbar nicht, denn nun gibt es tatsächlich auch noch Drive In-Kirchen. Beten to go. God bless America!

Nun ist es also so weit. Der letzte Bundesstaat der USA und damit das letzte Ziel unserer Weltreise liegen unmittelbar vor uns. Wir sind auf der so genannten *Panhandle* im Nordwesten Floridas angekommen, ein etwa 370 km langer Streifen, der im Norden von Alabama und Georgia und im Süden durch den Golf von Mexiko eingefasst ist und in seiner geografischen Form einem Pfannengriff ähnelt. Wir wollen uns Seaside anschauen, eine kleine Stadt am Meer und Drehort des Films *Die Trueman Show*. Fußläufig erkunden wir die Stadt, schauen uns das Haus an, in dem der Film-Trueman gelebt hat, laufen über einen Bauernmarkt, der mit äußerst gruseligen Preisen aufwartet. Die Häuser in Seaside sind weiß oder maximal pastellfarben gestrichen und im viktorianischen Stil erbaut – diese Architektur ist in Seaside staatlich vorgegeben. Wir holen uns einen äußerst schmackhaften Kaffee und machen uns damit auf den Weg zum Strand. Der Sand ist leuchtend weiß, der Strand ewig lang und breit und nur wenige Menschen sind hier unterwegs.

Da es hier so schön ist, entscheiden wir, heute noch nicht weiterzufahren, sondern uns einen Stellplatz im nahe gelegenen State Park zu organisieren. Dort angekommen, heißt es dann aber leider: ausgebucht. Verdammt! Man schickt uns zu einem anderen State Park, der allerdings acht Meilen entfernt in der Richtung liegt, aus der wir heute Morgen gekommen waren. Nun ja. Dort angekommen, zunächst Erleichterung: Es gibt noch freie Plätze. Dieser anfänglichen Erleichterung folgt die Ernüchterung jedoch auf dem Fuße: 47 Dollar! Amerikanische! Unseren schockierten Blickwechsel wahrnehmend, erläutert der Ranger uns eifrig die Besonderheiten des Platzes, der sein Geld wert sei. Alle Wege sind geteert. Es gibt einen Swimming-Pool. Und Kabelanschluss. Um es kurz zu machen: Es gibt all das, was wir absolut nicht brauchen. Aber es gebe da auch noch einen anderen, nahegelegenen Platz, der nur die Hälfte koste und traumhaft schön sei, erzählt der Ranger weiter, unsere mangelnde Begeisterung korrekt deutend. Er schreibt uns die Adresse auf. Als wir diese in unser Navi eintippen, stellt sich heraus, dass der empfohlene Platz eine halbe Stunde entfernt liegt. Soviel also zu „nahegelegen". Scheinbar handelt es sich hierbei um spezifische, nordamerikanische Distanzbeschreibungen. Nach einer guten halben Stunde am beschriebenen Campingplatz angekommen, müssen wir zu unserem Leidwesen feststellen, dass der arme Ranger, der uns den Tipp für diesen Platz gab, sich entweder mit der Adresse vertan hat oder aber völlig befreit von jeglichem Geschmack durchs Leben gehen muss. Der Campingplatz ist nicht mehr als ein dröger Parkplatz, gelegen an einer Wasserstelle, die wie der Bielefelder Johannisbach anmutet. Für all jene, denen dieser Vergleich nichts sagt: nicht schön! Das Bemerkenswerteste aber ist der Preis: 37 US-Dollar. Plus Steuern. Mit einem müden Lächeln verlassen wir die Szenerie eilig.

Zurück auf dem Highway entdecken wir ein Schild, das eine „Primitive Camping Area", einen einfachen Übernachtungsplatz, ausweist. Wir folgen den Richtungsanweisungen des Schildes, durchqueren etliche Kilometer lang diverse Wälder, um am Ende des Weges auf ein verschlossenes Tor zu stoßen. Zum Öffnen des Tores benötigt man einen Schlüssel. Woher man diesen bekommt, entzieht sich gänzlich unserer Kenntnis. Als wir aus dem Auto steigen, starten Trilliarden von Mücken Luftangriffe auf die von Kleidung nicht verteidigten Gebiete. Wir kehren um und fahren zurück zum Highway. Nun haben wir zwei Stunden mit der vergeblichen Suche nach einem Campingplatz verbracht, sind umfassend frustriert und zu allem Überfluss fängt es nun auch noch an zu regnen. Wir wollen endlich irgendwo ankommen, doch zuvor müssen wir noch tanken. Bei Erreichen der Zapfsäule registrieren wir die Unpässlichkeit derselbigen, so dauert das Befüllen des Tanks 20 Minuten. Genau das, was einem an einem solchen Tag noch fehlt! Nachdem wir gefühlt unser halbes Leben an dieser Tankstelle verbracht haben, fahren wir nächstbesten Strand und trösten uns mit monströsen Blaubeermuffins über den anstrengenden und letztlich irgendwie erfolglosen Tag hinweg.

*Querwelteinreisetag 323, St. George Island, Florida.* Auf dem uns gegenüberliegenden Stellplatz steht ein VW T5 mit Schweizer Kennzeichen. Da müssen wir nachhaken. Wie sich herausstellt, gehört der Bulli Elli und Hanno, einem deutsch-schweizerischen Ehepaar, das zwei Jahre durch die USA und Mexiko reist. Die Jobs haben sie zu diesem Zweck gekündigt, ihr Haus in der Nähe von Zürich vermietet. Hanno hatte die Nase voll von seinem stressigen Job als Ingenieur in Zürich und stand, so erzählt er uns nun, kurz vor einem Burnout. Lange träumte er schon von einer Auszeit, einer langen Reise und ein bisschen Abenteuer. Elli hingegen war zufrieden in ihrem Job als Krankenschwester, konnte die Unzufriedenheit ihres Mannes jedoch auch nicht länger ignorieren. Hannos Reisepläne forcierten sich und Elli musste schließlich die Entscheidung treffen: mitkommen oder alleine in der Schweiz zurückbleiben? Sie entschied sich für die erste Option und kündigte ihren Job. Doch dann war da noch der Hund. Ein in die Jahre gekommener Golden Retriever stand zwischen den Plänen und ihrer Umsetzung. Ihn bei Freunden oder Familie zu lassen, wäre sichergegangen, erzählen die beiden. Doch bei zwei Jahren Reisen und einem sich in fortgeschrittenem Alter befindlichen Hund, wäre durchaus damit zu rechnen gewesen, dass es diesen bei der Rückkehr nicht mehr gibt. Also beschlossen Hanno und Elli, zusätzlich zum Gepäck und ihnen selbst auch noch einen vergleichsweise großen Hund in den T5 zu quetschen und ihn mit über den großen Teich zu fliegen. Es sei zwar oft stressig und ginge mit allerlei Einschränkungen einher – so könne man nicht auf jeden Campingplatz fahren, da manche Plätze Hunde nicht akzeptierten. Zudem ließe sich auch nicht auf Walmart-Parkplätzen übernachten, da der Hund in der Regel außerhalb des Bullis schlafe und das gestalte sich auf einem Supermarktparkplatz dann doch etwas schwierig. Somit sind die drei generell auf Campingplätze angewiesen, wodurch die Reisefreiheit eingeschränkt werde und die Reisekasse schneller schrumpfe. Trotzdem würden sie nicht auf ihn verzichten wollen, erzählen sie uns lächelnd.

Wir verbringen einige entspannte Tage auf St. George Island. Denn nun, gegen Ende unserer Reise, wollen wir es etwas ruhiger angehen lassen und verspüren nicht mehr das dringende Bedürfnis, jeden Tag woanders sein und etwas anderes erleben zu müssen. Wir machen lange Spaziergänge am Strand, essen viel und lassen die letzten Monate Revue passieren. Allmählich kommen wir auch nicht mehr umhin, mit einem Bein wieder in heimischen Gefilden zu stehen. Die Gedanken daran, wie es nach der Reise weitergehen soll, was sich vielleicht ändern wird oder was wir gerne ändern möchten, werden zunehmend dringlicher. Wollen wir in unser altes Leben zurückkehren? Zurück nach Deutschland? Zurück nach Bielefeld? Wieder den ganzen Tag arbeiten? Oder doch lieber etwas ganz Anderes? Surfbrettschnitzer auf Bali? Baumhausinnenarchitekten in Kambodscha? Hundeschlittenführer in Alaska? Oder Diavortragsreise-Experten-Abenteurer auf der ganzen Welt, quasi Michael Martin für Arme? Auf der einen Seite sehnen wir uns, nach inzwischen fast einem Jahr des ständigen Unterwegsseins, nach etwas Konstantem. Sicherheit, Beschaulichkeit, Bielefelder Alltagswahnsinn. Auf der anderen Seite fragen wir uns natürlich auch: Gibt es ein Zurück? Können wir nach einer so langen Zeit der totalen Selbstbestimmtheit diese problemlos acht Stunden täglich wieder abgeben und in ein Angestelltenverhältnis zurückkehren? Es sind schwierige Fragen, die uns umtreiben und auf die wir bisher keine Antworten haben.

*Querwelteinreisetag 333, Sarasota, Florida.* Es droht heute kein ausgeprägter Fußbrand. Denn *Siesta Key Beach,* ein Strand, der bekannt ist für seinen zu 99% aus Quarz bestehenden und dadurch auch bei höchsten Sommertemperaturen nie richtig heiß werdenden weißen Puderzucker-Sand, ermöglicht einem nicht das wohlige Fußsohlenbrutzel-Feeling, wie man es in diversen Kreta-Urlaube kennen und... nun ja, sowas wie lieben gelernt hat.

Die Stadt Sarasota und ihre acht vorgelagerten Inseln, von denen eine Siesta Key ist, befinden sich an der Golfküste, im Südwesten Floridas. Wir sind früh dran an diesem sonnigen Morgen und finden trotz der Tatsache, dass heute Thanksgiving und damit einer der wichtigsten Feiertage der USA ist, sofort einen Parkplatz. Eines der schönen Dinge in den USA: Parkplatzgebühren sind eine Seltenheit und werden in der Regel nur im Innenstadtbereich großer Städte erhoben. Dieser Parkplatz hingegen, der nur einige Schritte vom Strand entfernt liegt, kostet nichts. Wir stellen das Auto ab, überqueren den großen Parkplatz und treffen auf einen schmalen Weg, der direkt zum Strand führt. Die ersten Schritte auf dem weißen, pudrigen, kühlen Sand führen entlang üppiger Büsche, die den Blick auf den Strand verstellen. Dahinter wartet der weiße Sand, so weit das Auge reicht. Verschwitzte Jogger laufen entlang des Wassers, bemannte Maschinen ziehen den Sand glatt, um einen neuen Strandtag vorzubereiten. Noch ist es angenehm warm, man spürt aber bereits die Vorboten einer sich bald herabsenkenden Hitze. In der von Wolken unverstellten Morgensonne leuchtet der weiße Sand so grell, dass wir sofort unsere Sonnenbrillen aufsetzen müssen. Wir überqueren den breiten Strand, laufen bis zum Wasser und folgen der Küstenlinie. Nach einem ausgedehnten Spaziergang kehren wir um, holen unsere Campingstühle aus dem Auto und platzieren sie an vorderster Strandfront, nur wenige Meter entfernt vom Wasser, zwischen all die anderen, die sich inzwischen schon hier tummeln.

Wir verbringen einen herrlichen Tag am Strand und finden eine Übernachtungsmöglichkeit in der Einfahrt eines Ehepaares, das wir abends im Supermarkt kennenlernen. Schon nach wenigen Minuten Small Talk zwischen den Konservenregalen, bietet Albert uns seine Einfahrt als Stellplatz für die Nacht an. Während seine Frau unsicher lächelt und ihrem Mann vermehrt klar zu machen versucht, dass die beiden jungen Menschen sich ja bestimmt etwas Aufregenderes für heute Abend vorstellen können, als in der Auffahrt eines alten Ehepaares zu nächtigen, sitzen wir das Gespräch der beiden aus und machen deutlich, dass wir an diesem Abend absolut nichts Besseres vorhaben. Im Gegenteil, wir hatten uns mental bereits darauf vorbereitet, den Abend mit der Suche nach einem Stellplatz zu verbringen. Als Mary schließlich realisiert, dass sie ihren Mann nicht davon überzeugen kann, sein Angebot zurückzuziehen, findet sie sich damit ab, in dieser Nacht zwei Asoziale in ihrer Einfahrt in eine der teuersten Wohngegenden Sarasotas beherbergen zu müssen. Wir finden es super.

*Querwelteinreisetag 335, Everglades Nationalpark, Florida.* Es ist diesig, die Luftfeuchtigkeit ist unbeschreiblich hoch, das Atmen daher unbeschreiblich schwierig und die Mückendichte unbeschreiblich besorgniserregend. Die *Everglades* sind ein Gebiet tropischen Marschlandes im Süden Floridas, wovon ein Teil als Nationalpark geschützt wird. Ich stellte mir hierunter riesige Wasserflächen vor, von Krokodilen bevölkert, von Sumpfzypressen bedeckt. Tatsächlich aber ist beinahe die gesamte Fläche mit Gras bewachsen und das Wasser nur selten tiefer als einige Zentimeter. Die Landschaft gleicht eher einer überschwemmten Prärie als einem Sumpfgebiet. Ein großer Teil der ursprünglichen Fläche wird heute landwirtschaftlich oder als Trinkwasserreservoir für die angrenzenden Städte genutzt. Dies entzieht der Landschaft jedoch die lebensnotwendige Grundlage, wodurch die Everglades und die hier beheimateten Tierarten stark gefährdet sind. Die zunehmende Umweltverschmutzung in Form von Düngemitteln und Quecksilber sowie die Trockenlegung sind Grund dafür, dass die Everglades auf der Roten Liste des gefährdeten Welterbes geführt werden.

Um die Gegend näher kennenzulernen wollen wir wandern gehen. Gänzlich ummantelt von Mückenschutzspray fahren wir zu einem Parkplatz, wo einige Wanderwege durch den Nationalpark starten. Als wir dort jedoch ankommen, unser Auto zum Stehen bringen und aussteigen, nehmen wir etwas Merkwürdiges wahr. Jedes Auto, außer dem unsrigen, ist mit einer auffallenden, schwarzen Plastikplane abgedeckt. Am Rande des Parkplatzes liegt ein großer Haufen weiterer Planen. Ein Schild deutet mithilfe vielsagender Piktogramme auf die Existenz vieler, kleiner, fieser Vögelchen hin, die sich offensichtlich mit leidenschaftlicher Hingabe der äußeren Ausstattung der hier parkenden PKW bedienen. Antennen, Außenspiegel, Scheibenwischer – alles offenbar heiß begehrt. Fürs Vögeln braucht es Gummi. Ups, falsche Deklination. *Für Vögel* braucht es Gummi. So. Daher werden Wanderer dazu angehalten, ihr Auto mithilfe der Planen vor diesem illegalen Raubbau zu schützen. Wie lächerlich! Natürlich halten wir dies für völlig übertrieben (eben typisch amerikanisch) und machen uns daher angemessen lustig über diese Vorsichtsmaßnahme, als wir ein lautes Krachen vernehmen. Wir heben den Blick, denn das Geräusch scheint aus den Bäumen zu kommen. Und dort, direkt über unseren Köpfen sitzen sie. In freudiger Erwartung, aufgereiht wie die Orgelpfeifen hocken tausende (geschätzter Wert) Exemplare großer, schwarzer, kriminell dreinblickender Federviecher, die uns aus gelben Augen anfunkeln und jeden unserer Schritte genauestens zu beobachten scheinen. Wir schnappen uns sofort die Plane und bedecken notdürftig den Bulli, damit ihn nicht das gleiche Schicksal ereilt, wie viele vor ihm. Mit einem unguten Gefühl starten wir unsere Wanderung, jedoch nicht ohne noch einmal einen Blick zurückzuwerfen. Die Vögel sitzen noch immer hoch oben in den Bäumen. Sie bewegen sich nicht. Doch sie starren uns hinterher.

Der Wanderweg führt uns durch eine üppige Landschaft, feucht, intensiv nach Erde riechend und in den verschiedensten Grüntönen leuchtend. Um uns herum summt und zirpt es überall, wir sind umgeben von Leben. Wir erreichen einen Tümpel, in dessen dunklem, trübem Wasser sich zunächst nicht viel erkennen lässt. Doch dann beginnt das Gewässer sich zu bewegen. Die zuvor völlig stille Wasseroberfläche wird von kleinen Bewegungen in Unruhe versetzt und nur wenige Meter von uns entfernt taucht ein Alligator aus dem Wasser auf. Gemächlich schwimmt das etwa einen Meter lange Reptil durch den dunklen Tümpel, lässt sich dabei von unserer Anwesenheit und dem lauten Klicken unserer Kamera nicht im Geringsten aus der Ruhe bringen. Natürlich sind wir völlig fasziniert von diesem Anblick. Einem Alligator in freier Natur während eines Spaziergangs zu begegnen, gehört bekanntlich ja nicht unbedingt zu den alltäglichen Erlebnissen des gemeinen Ostwestfalen. Doch als wir nach dem Knipsen unzähliger Fotos endlich unseren Weg fortsetzen, bemerken wir schnell, dass Begegnungen mit Alligatoren hierzulande nicht unbedingt ein Ausnahmeerlebnis darstellen. Nur einen Meter entfernt vom Wanderweg, entdecken wir auf einer Wiese den nächsten Alligator. Wir könnten hingehen und ihn berühren. Zwar verspüren wir nicht das Bedürfnis, dies tatsächlich zu tun, doch allein die Möglichkeit zu haben, fühlt sich äußerst abenteuerlich an. Wir machen ein Foto und einen großen Bogen und kehren schließlich zum Auto zurück, das wir noch in einem Stück vorfinden. Sogar mit Außenspiegeln. Und auch das Gummi ist da, wo es sein sollte.

*Querwelteinreisetag 337, Florida Keys, Florida.* Was wäre Florida ohne die *Keys?* Das fragen wir uns auch, daher ist unser nächstes Ziel die berühmte Inselkette, bestehend aus über 200 Koralleninseln, die insgesamt etwa 290 km lang sind. Wir durchqueren Key Largo, namensgetreu die größte der Inseln und fahren, bis wir einen Campingplatz finden. Parzellenartig reihen sich die Stellplätze hier aneinander, jeder von dem anderen abgetrennt durch dichte Hecken zu beiden Seiten. Unmittelbar vor dem Platz beginnt der schmale Strandabschnitt, dahinter das Meer. Schnell parken wir den Bulli, reißen die Türen auf, holen die Stühle aus dem Kofferraum und platzieren sie auf unserem eigenen kleinen Strandabschnitt, um vor dem Essen noch eine Weile die warme Sonne zu genießen. Einfach herrlich, Anfang Dezember im Bikini am Strand sitzen zu können. In Bielefeld regnet es bei kühlen Temperaturen, wie wir vorhin erfuhren. Na sowas.

Der Weg nach Key West, dem berühmten Zipfel der Inselkette, besteht aus einer langen Brücke, welche die einzelnen Inseln miteinander verbindet. Es ist sonnig und die Luftfeuchtigkeit ist an der Grenze zur Unerträglichkeit. Vorgestellt hatten wir uns die Inseln als kleine, grüne Paradiese, weitgehend unberührt, abgesehen von der ewig langen, von Menschenhand geschaffenen Brücke, die sie alle miteinander verbindet. Während wir nun aber hier entlangfahren, realisieren wir erneut, wie sehr Vorstellung und Realität voneinander abweichen können. Man kann kaum ausmachen, wo die eine Insel aufhört und die nächste beginnt. Links und rechts der Hauptstraße reiht sich *Wendys* an *Arbys* an *Burger King*. Die Inseln sind in höchstem Maße zersiedelt, von Natur und Unberührtheit keine Spur. Am Vormittag endlich im berühmten Key West angekommen, intensiviert sich dieser Eindruck. Die bekannteste aller Inseln, näher an Kuba als am Rest der USA, ist ein touristischer Hotspot. Es wimmelt von Menschen, Geschäften und Besäufnissen. Charakter und Charme können wir hier nicht erkennen. Nichtdestotrotz sind wir neugierig auf diesen beliebten Flecken Erde und wandern durch volle Straßen und Wohngebiete, die mit Weihnachtsdekoration nicht geizen: mit Lichterketten behangene Palmen, weihnachtliche Leuchtfiguren in sommerlichen Vorgärten, Straßenbeleuchtung, die unter strahlend blauem Himmel und gleißendem Sonnenlicht „*Merry Christmas*" wünscht.

Da wir noch ein paar Kleinigkeiten für die Lieben daheim besorgen wollen, die wir ja schon bald wiedersehen werden, betreten wir einen Souvenirladen. Und werden dort umgehend mit einem „*Hallo, wie geht's euch?*" begrüßt. Denn der Betreiber des Souvenirshops entlarvt uns auf den ersten Blick als Deutsche und spricht uns daher direkt in gebrochenem Schuldeutsch an. Woher er denn wisse, dass wir aus Deutschland kommen, fragen wir nun leicht irritiert. Schließlich hatten wir seit Betreten des Geschäfts kein Wort miteinander geredet (immerhin sind wir seit 10 Jahren ein Paar, bilaterale Konversation stellt sich da irgendwann ein). Das sehe man sowohl am Verhalten als auch an der Kleidung, erwidert der Betreiber nun. Denn *der Deutsche* sei in seinem Verhalten stets sehr „*cautious*", vorsichtig. Er stürme nicht einfach in die Geschäfte hinein, als gebe es kein Morgen. Der Deutsche schaue erst einmal von außen in den Laden hinein. Überlege dann, ob es sich lohnen könnte, ausgerechnet *dieses* Geschäft zu betreten. Erst wenn die entsprechende Entscheidung positiv ausgefallen sei, betrete er den Laden. Doch auch jetzt sei er noch immer vorsichtig. Ein Schritt folge langsam dem nächsten, während das Sortiment genauestens in Augenschein genommen werde. Lohnt es sich, weitere Sekunden, gar Minuten zu investieren, um sich weiter umzuschauen? Oder hat der Deutsche bereits festgestellt, dass weitere 10 Sekunden seiner wertvollen Lebenszeit vergeudet wären, sollte er die Auslagenbetrachtung fortsetzen? Zeit ist bekanntlich schließlich Geld. Auch im Urlaub. Eine verhaltene Erwiderung á la „*Hello*" (meist mit einem intonierten Fragezeichen dahinter, so als sei man sich nicht ganz sicher, ob das ein wirklich geeigneter Weg der Kommunikationseröffnung bei Betreten eines Geschäftes ist) auf das vom stereotypisch stets gutgelaunten und äußerst extravertierten amerikanischen Souvenirshopbetreiber herausgerufene „*Hellooooo, how are youuuuu*", sei zumeist das Maximum an Small-Talk Konversation, das man dem Deutschen entlocken könne. Wird die vorsichtige Fortbewegung, gepaart mit rudimentärer Konversationsbereitschaft noch ergänzt durch einen dezenten, dunkle Farben bevorzugenden Kleidungsstil, sei die Sache klar: *Der Deutsche* ist zugegen!

Wir, zunächst völlig fassungslos angesichts dieser gänzlich oberflächlichen, vorurteilsbehafteten, gruselig verallgemeinernden und uns selbst natürlich keinesfalls inkludierenden Charakterisierung des germanischen Naturells, entgegnen sofort ein überzeugtes, stoisches und äußerst echauffiertes „*Mhm... oh... ok. I don't think so... maybe...*", blicken im selben Moment an uns herunter, registrieren, dass wir heute ausnahmsweise, wirklich nur *ausnahmsweise*, in den Frühlingsfarben dunkelgrün, dunkelblau und schwarz gekleidet sind, nuscheln ein „*Whatever*" und wollen nach Bezahlung von zwei Aufklebern flugs den Laden verlassen. Ist ja schließlich wertvolle Lebenszeit, die wir hier gerade verschwenden. Doch der verallgemeinernde Verkäufer fügt seinen Ausführungen unvermittelt hinzu, er selbst sei ja genauso. Er käme zwar nicht aus Deutschland, aber aus Texas und das sei ja quasi dasselbe. Ach so? Nun wird es doch noch spannend und wir investieren einige weitere Sekunden unserer Lebenszeit, gespannt ob der Erklärung, die nun folgen wird. „*People from Texas are different than other americans*", Texaner seien ganz anders als der Rest der USA, erzählt der Betreiber des Shops nun. Ok, so weit ist das vermutlich jedem, spätestens seit George (W.) Bush, klar. Denn auch Texaner seien, ähnlich wie Deutsche, eher zurückhaltend, vorsichtig, nahezu schüchtern. Ok, nein, das war uns bisher noch nicht aufgefallen. Anders als Kalifornier oder Floridianer seien aus Texas stammende Zeitgenossen weniger offensiv, fragten nicht jeden stets nach seinem Befinden, haben einen überschaubaren Freundes- und Bekanntenkreis und kleideten sich bevorzugt in dunklen Farben. Sie seien abschätzend, kalkuliert und handelten wohlüberlegt. Ein interessantes Soziogramm, das der Souvernirshopbetreiber uns da gerade von dem durch Fernsehserien wie *Dallas* und *Denver-Clan*, die George Büsche und spätestens durch Conny Reimann und seine Auswanderermischpoke bekannten Bundestaat zeichnet. Inwieweit diese Ausführungen der Realität entsprechen, sei dahingestellt. Eine interessante Unterhaltung war es aber allemal und wird uns sicher im Gedächtnis bleiben. Wir machen uns nun wieder auf unsere typisch deutschen, farbenunprächtigen Socken, um den Spielplatz Key West zu verlassen.

*Querwelteinreisetag 340, Florida Keys, Florida.* Wir schreiben den 3. Dezember 2015. Dies ist ganz offiziell unser letzter voller Tag auf Weltreise. Morgen wird unser Flieger in die regnerische, winterliche und graue Heimat gehen. Nach einer äußerst unruhigen Nacht – die Unruhe war weniger der Tatsache geschuldet, dass sich unsere Reise dem Ende nähert als vielmehr einem beängstigend rücksichtslosen Killer-Angriff von Sandfliegen, die sich ins Auto geschmuggelt hatten und uns durch Socken und Unterhosen hindurch kaputt bissen – machen wir nach dem Frühstück den Bulli versandfertig. Jeder Schrank wird durchsucht, jedes Teil inspiziert, ganz nach dem Motto: *„Ist das Kunst oder kann das weg?"*. Der Kühlschrank wird geleert, damit wir nicht unabsichtlich eine fragwürdige Kultur darin anlegen, die dann die Einreise des Autos nach Deutschland verhindern könnte. Der Wassertank wird geleert, damit dieser auf dem Weg ins kalte Deutschland nicht einfriert und das Klo gesäubert, damit... nun ja, das kann man sich denken. Nach drei Stunden härtester Arbeit, begleitet von Blut (die Sandfliegen unterlassen das Beißen nicht), Schweiß (es sind angenehme 35 °C bei traumhaften 127% Luftfeuchtigkeit) und Tränen (die Reise ist wirklich *schon* vorbei???), haben wir den Bulli soweit entrümpelt, dass wir ihn morgen beruhigt in die Obhut der Verschiffungsgesellschaft geben können. Wir treten die letzte gemeinsame Fahrt auf dem amerikanischen Kontinent an und begeben uns auf die Straßen nach Miami.

Unseren letzten Abend auf Weltreise wollen wir entspannt in einem Hotel verbringen, statt stundenlang umherzufahren, um im rappelvollen Miami mühevoll einen Bulli-Stellplatz aufzuspüren. *„Pläne sind das, was man macht, während das richtige Leben geschieht"*, oder wie war das? Denn am Abend stellt sich schnell heraus, dass die Hotelsuche nicht einfach wird, denn was wir bislang nicht wussten: In Miami findet an diesem Wochenende irgendein Kunstdingsda statt, wodurch die Hotels ausgebucht sind und die Innenstadt noch voller als normalerweise. Wir kurven durch die Stadt, hangeln uns von Hotel zu Hotel, fragen nach *„Vacancy"*, nach freien Zimmern, und erhalten überall die gleiche Antwort:

„*No, sorry, we're fully booked*!". Wir brauchen Ewigkeiten, um wieder aus dem Zentrum herauszufinden, getragen von der Hoffnung, abseits etwas Beschlafbares zu finden. Doch auch hier gestaltet sich die Zimmersuche ähnlich schwierig. Entweder sind keine Zimmer zu haben, sie sind um Welten zu teuer oder aber das Hotel hat ein freies Zimmer zu einem vergleichsweise moderaten Preis, doch die Rezeption befindet sich hinter schusssicherem Glas. Also auch nicht unbedingt einladend.

Inzwischen hat es angefangen zu regnen. Und das ist ein Euphemismus sondergleichen, vielmehr schüttet es wahrhaftig wie aus Eimern. Da macht es dann auch gleich noch viel weniger Spaß, von Bettenburg zu Bettenburg zu hetzen, um am letzten Weltreiseabend eine Bleibe zu finden. Das hatten wir uns alles ganz anders vorgestellt. Das geplante gemütliche Frühstück am Morgen wurde von bissigen Sandfliegen ruiniert, die Reinigung des Bullis hat viel länger gedauert, als geplant und damit unseren Zeitplan komplett durcheinandergebracht. Und zu guter Letzt wird auch noch unser Plan, den letzten Abend auf Weltreise mit einem Restaurantbesuch gebührend ausklingen zu lassen, vereitelt. Unsere Erwartungen wurden auf ganzer Linie enttäuscht und so landen wir spät am Abend schließlich völlig erschöpft im qualitativ fragwürdigsten und gleichzeitig teuersten Hotel unserer gesamten Reise. Zum Essen gehen ist es zu spät. Außerdem haben wir keine Lust mehr, in diesem monsunartigen Regen auch nur noch einen einzigen Schritt vor die Tür zu setzen. Wir bestellen Pizza, besaufen uns im Hotelzimmer mit selbstgemachten Cocktails und sind überdurchschnittlich schlecht gelaunt.

Auch wenn wir uns auf ein Wiedersehen mit Familie und Freunden freuen, können wir es einfach nicht glauben, dass die Weltreise, dieses große Projekt, das uns so viel Vorbereitung, Vorfreude und Nerven gekostet hat und von dem wir irgendwie dachten, es müsse ewig dauern (denn, oh mein Gott, *ein ganzes*

Jahr!) nun einfach so vorbei sein soll. Zurück in den Flieger, zurück nach Deutschland, zurück in unser altes Leben. Einfach so. Das erschien uns 12 Monate lang so unglaublich irrational. Und das tut es auch jetzt gerade, an unserem letzten Abend, noch immer. Umhüllt von diesen und ähnlichen Gedanken und leicht beschwipst fallen wir in einen äußerst unentspannten Schlaf.

*Querwelteinreisetag 341, Miami, Florida.* Der nächste, der letzte Morgen. Abreise. Unser Flug wird heute Abend von Fort Lauderdale starten. Wir werden nach Berlin fliegen und von dort aus mit dem Zug nach Bielefeld fahren. Zunächst aber müssen wir den Bulli noch loswerden. Die Verschiffungsgesellschaft erwartet unsere Ankunft am frühen Mittag.

Das Desaster beginnt bereits auf den ersten Metern in Richtung Hafen. Obwohl wir uns außerhalb des Zentrums von Miami befinden, sind die Straßen voll, wir kommen nur schleichend voran. Aber wir liegen noch im Zeitrahmen, also kein Grund zur Panik. Das Navi, kombiniert mit der Wegbeschreibung der Verschiffungsfirma, wird uns sicher ans Ziel führen. Am Ziel angekommen, zwingt uns eine Schranke zum Anhalten. Ein bärtiger Mann im danebenstehenden Häuschen fragt, wohin wir wollen und schüttelt ratlos den Kopf, als wir unser Ziel nennen. Von dieser Firma habe er noch nie gehört und auch die von uns genannte Hausnummer gebe es nicht. Die Zeit rennt uns allmählich davon, denn die Firma hat nur bis mittags, also nicht mal mehr eine Stunde lang geöffnet. Telefonisch lassen wir uns noch einmal den Weg erklären, ungeachtet der Roaming-Gebühren. Doch auch diesmal ist die richtige Straße in Kombination mit der richtigen Hausnummer nicht aufzutreiben. Links, rechts, wenden, Ratlosigkeit. Und das alles noch dazu mit zwei Autos. Denn ich fahre bereits den Mietwagen, der uns nachher vom Gelände der Verschiffungsfirma nach Fort Lauderdale bringen soll, wodurch die Kommunikation um ein Vielfaches erschwert wird und im

Wesentlichen aus Bremslichtern, Winken und kurzen Wortwechseln am dicht gedrängten Straßenrand bei laufendem Motor besteht. Doch dann, endlich, entdecken wir ein kleines Schild am Straßenrand, das uns mitteilt, uns in unmittelbarer Nähe der Verschiffungsfirma zu befinden. Wir hatten mit einem Hafengelände gerechnet, wo tausende Autos und andere Dinge bereits auf ihre große Reise warten. Doch handelt es sich lediglich um ein Bürogebäude, neu, ohne Klimbim, ohne offensichtliche weitere motorisierte Reiseteilnehmer und ganz sicher auch ohne Hafen. Immerhin ein Schild mit dem Firmennamen, was darauf hindeutet, dass wir hier weniger falsch sind, als es in den letzten zwei Stunden Kurverei der Fall war. Wir parken den Bulli, steigen aus und klingeln an der Tür.

Die Firmenchefin, Doris, erwartete uns bereits und empfängt uns in ihrem Büro. Aufgrund ihrer deutschen Wurzeln, können wir die Angelegenheit in unserer Muttersprache regeln. Wir sind abgehetzt und gestresst, denn die Panik, unser Auto vor dem Flug nicht mehr loszuwerden, steckt uns noch in den Gliedern. Doris hingegen ist tiefenentspannt an diesem Freitagnachmittag, kurz vor Feierabend. *„Dann reicht mal eure Papiere her"*, fordert sie uns nun auf. Durchorganisiert, wie man uns kennt (jedenfalls hin und wieder), haben wir im Vorhinein bereits alles zusammengestellt, was gebraucht werden könnte. *„Perfectly"*, stellt sie fest, nun brauche sie nur noch unsere Reisepässe. Leslie reicht ihr seinen und ich würde ihm gerne nacheifern, doch finde den meinigen nicht. Weder in meiner Tasche, noch in unserem Tagesrucksack, nicht in unseren Backpacks, nirgends. Unser Flug in die Heimat geht in ein paar Stunden und ich habe keinen Reisepass. Die nächste Panikattacke ist vorprogrammiert. Selten habe ich so viel Adrenalin produziert wie an diesem letzten Tag unserer Weltreise. Leslie schnappt sich die Schlüssel vom Bulli und durchsucht das ganze Auto nach meinem Pass – vergeblich! *„Guck doch mal im Mietwagen nach"*, schlägt Leslie nun vor. Was, zum Teufel, sollte er denn *da* machen, frage ich genervt, ob eines derartig bescheuerten Vorschlags. Trotzdem schnappe ich mir die Schlüssel des Mietwagens, ziehe dieses auf links, obwohl das ja eigentlich sinnlos ist, denn hier kann der Reisepass ja gar nicht sein. Ich greife in die Tasche der Rückenlehne des Beifahrersitzes und tadaaaaa: Reisepass gefunden! Mysteriös. Es gibt Dinge zwischen Himmel und Erde, die wir Menschen nicht erklären können. White Noise, den Bau der ägyptischen Pyramiden, das plötzliche Verschwinden der Inka aus Machu Picchu. Und der Fund eines Reisepasses in der Rückenlehnentasche des Beifahrersitzes eines Mietwagens, der bis dato quasi unbenutzt und ohne Gepäck durch Miami gehetzt wurde.

Freudig hüpfend kehre ich zurück ins Bürogebäude. Naja, vielleicht nicht direkt *hüpfend*, eher lässig beschwingten Schrittes. Hüpfen finde ich albern. Ich betrete das Büro, winke fröhlich mit meinem Pass und alle sind glücklich. Und wenn sie nicht gestorben sind… nee, so einfach ist es nicht. Auf so einer Weltreise geht es ja auch darum, sich Herausforderungen zu stellen und diese zu bewältigen. Organisationstalent und Problemlösekompetenz sind daher nur einige der vielen tollen Eigenschaften, von denen man in späteren Bewerbungen behaupten wird, sie sich in einem Jahr des im volkswirtschaftlichen Sinne definierten Nichtstuns angeeignet zu haben. Daher darf das Firmen- und Passaufspüren noch nicht der letzte Glockenschlag gewesen sein.

Ich reiche Doris also meinen Pass. Sie geht nun alle, vermeintlich vollständigen, Papiere durch, um dann zu bemerken *„Ah, da fehlt noch der Zollstempel aus den USA"*. Wer? *„Na, der Beweis, dass ihr das Auto über die Grenze von Kanada in die USA gebracht habt."*, ergänzt die Firmenchefin. Haben wir nicht. Als wir die Landesgrenze zwischen dem Yukon und Alaska überquerten, interessierte sich kein Toter für unser Auto. So gingen wir davon aus, dass es hier nichts Besonderes zu beachten gilt. Dass unser

Auto weder kanadischer noch amerikanischer Herkunft ist, war aufgrund der deutschen Kennzeichen ja auf den ersten Blick ersichtlich. Wird man darauf nicht gesondert angesprochen, nimmt man doch an, alles sei geklärt. Easy peasy, lemon squeezy.

Doch wie wir nun erfahren, lagen wir mit dieser Annahme gänzlich falsch. Der Bulli hätte, genau wie wir, in den USA einen Einreisestempel erhalten müssen. Nach kurzer Rücksprache mit dem Chef des Zollamts in Miami erklärt uns die Verschiffungschefin nun, dass unser Auto illegal in den USA sei. Na großartig! Und jetzt? Das wisse sie auch nicht. Noch großartiger! Wir werden nun vermehrt darauf hingewiesen, wie überaus ungeschickt es ist, weder einen Einreisestempel für die USA noch einen für Kanada vorweisen zu können. Nun haben wir jedoch das große Glück, dass sich die kompetente Doris in ihren Bemühungen nicht einmal davon abschrecken lässt, dass es Freitagnachmittag ist und sie eigentlich schon längst Feierabend hätte. So kontaktiert sie umgehend das kanadische Zollamt, um zu rekonstruieren, ob am Hafen von Halifax Unterlagen vorliegen, welche die legale Einreise unseres Bullis bestätigen. Wie wir es von Kanadiern nicht anders erwartet hätten, sind auch die Hafenmitarbeiter äußerst hilfsbereit und sichern zu, so lange in den Unterlagen zu wühlen, bis sie etwas finden. Nur wenige Minuten später schicken sie per E-Mail die eingescannten Formulare, die bestätigen können, dass unser Bulli ganz offiziell und legal im Juli 2015 in Halifax eingereist und vom Zoll freigegeben worden ist. Uns fällt ein Stein vom Herzen. Jetzt ist das Auto „nur" noch illegal in den USA. Ein Blick auf die Uhr sagt uns, dass unsere Zeit allmählich knapp wird und wir uns langsam auf den Weg nach Fort Lauderdale machen müssen, um unseren Flug rechtzeitig zu erreichen. Doris versichert uns, sich um alles Weitere zu kümmern und stimmt uns optimistisch: „*Ich werde schon einen Weg finden, euren Bulli zurück nach Deutschland zu bekommen*", sind ihre letzten Worte, bevor wir das Gelände verlassen, um nach Fort Lauderdale zu fahren und nach einem Jahr Weltreise den Heimweg anzutreten.

*USA: 83 Tage; 72 Tage im Bulli auf 63 Stellplätzen; 5 Nächte in Motels; 4 Nächte in privaten Einfahrten; 2 Nächte im Gästezimmer, 4 Nächte im Ashram; 1 illegal importierter VW T5*

## DEUTSCHLAND: BACK TO THE ROOTS. ODER?

Was hat die Reise nun „gebracht"? Würden wir es wieder tun? War es die Erfüllung eines Traums oder das Verfolgen einer naiven Spinnerei? Zunächst ist zu sagen: Es war nicht nur schön. Es war oft auch ziemlich unschön. Allein die Vorbereitungen haben uns manchmal den letzten Nerv gekostet und es gab sowohl vor der Reise als auch währenddessen Momente, in denen wir uns gefragt haben, ob es das alles wirklich wert ist. Beispielsweise, als uns in Chile der Rucksack und in Peru die Jacken gestohlen wurden. Als wir wochenlang mit der Beschaffung einer neuen Kreditkarte zubrachten, nur um dann wenige Tage später zu erfahren, dass die neue Karte versehentlich gesperrt und damit unbrauchbar wurde. Als in Alaska die Fensterscheiben unseres Autos zufroren. Von innen. Mehrmals. Und wir die Nächte bei Minusgraden verbrachten. Als im australischen Outback plötzlich das Auto zu qualmen begann und uns klar wurde: Damit kommen wir nicht mehr weit! Es gab durchaus Momente, in denen wir uns danach sehnten, zuhause auf dem Sofa im Warmen zu sitzen, eine Dusche und einen Wasserkocher wenige Meter entfernt zu haben und das Telefon zur Hand, um mal gerade die beste Freundin anzurufen. Doch angesichts des Gesamtprojekts waren dies nur flüchtige Momente, die beim Anblick der am Himmel Alaskas grün schimmernden Polarlichter schnell wieder vergessen waren.

Beruflich hat uns die Weltreise nicht ins Abseits geschossen. Die verheißungsvollen Weissagungen, denen zufolge wir mit dieser Reise unsere berufliche Zukunft über Bord werfen würden, da wir in dieser Zeit nichts „Sinnvolles" oder „Produktives" taten, haben sich in keiner Weise bewahrheitet. Wir sind in unseren neuen Jobs zufriedener als in den vorherigen. Schnell waren wir zurück im Arbeitsrhythmus und im Alltag. So schnell, dass es uns manchmal gruselt und wir es uns kaum mehr vorstellen können, dass es noch vor einiger Zeit ganz anders war. Als wir die Tage noch gänzlich nach unserem Belieben gestalten konnten, ohne Vorgaben, ohne Termine und ohne Verpflichtungen. Jedenfalls meistens. Doch genau dieses geregelte Leben war es, das wir nach der Weltreise wollten. Hin und wieder ereilte uns zwar auch der Gedanke, wir müssten nun irgendetwas Außergewöhnliches machen, dürften uns nicht *back to the Büroroots* bewegen. Denn schließlich waren wir ja schon einmal dem Kreislauf des alltäglichen Arbeitens, Essens und Schlafens entkommen. Fakt ist aber schlichtweg: Wir hatten gar keine Lust dazu! Unmittelbar nach der Reise wollten wir erst einmal nichts anderes als ein „normales" Leben und damit genau jene Routine, aus der wir ein Jahr zuvor mit Freuden ausgebrochen waren. Wir wollten einen geregelten Tagesablauf. Wir wollten morgens wissen, wo wir am Abend schlafen werden. Wir wollten eine Dusche, einen Kühlschrank und ein Sofa. Wir wollten eine Toilette in der Nähe und nicht immer wieder aufs Neue nach einer suchen müssen. In den ersten Monaten nach unserer Rückkehr haben wir sogar stets im selben Supermarkt eingekauft, da wir es toll fanden, zu wissen, in welchem Gang das Brot, der Saft und die veganen Möchtegern-Frikadellen zu finden sind. Auch das hatten wir 12 Monate lang nicht erlebt, da wir uns fast jeden Tag an einem anderen Ort befanden.

Hat uns die Reise nun also gar nicht verändert? Sind wir zwei Autisten, die froh darüber sind, das gruselige Projekt Weltreise überlebt zu haben, um nun jeden Tag in den gleichen Supermarkt und auf das gleiche Klo gehen zu können? Nein, definitiv nicht. Heute, zwei Jahre nach unserer Rückkehr, während ich die letzten Zeilen dieses Buches zu Papier bringe und die vergangenen Jahre Revue passieren lasse, bin ich mir sicher: Diese Reise hat uns verändert. Vielleicht nicht so offensichtlich, wie bei manch anderem Ex-Weltreisenden, denn wir haben kein Reisebüro auf den Fidschis gegründet, keine Kiteschule in Spanien gekauft und reisen auch nicht mit Diavorträgen durch die Republik. Doch wir haben Dinge wertzuschätzen gelernt, die wir zuvor als selbstverständlich wahrgenommen hatten. Ich weiß, das sagt jeder Ex-Weltreisende. Aber es stimmt! Und ich meine damit nicht nur das hochtrabende Zeug, wie soziale Gerechtigkeit, Korruptionsfreiheit und Demokratie. Das natürlich auch. Doch darüber hinaus lernt man eben auch die vielen kleinen Alltagsdinge zu schätzen. Eine solche Reise kann einem, neben all den schönen Dingen, die man *unterwegs* erlebt, bewusstmachen, welche schönen Dinge es *zuhause* gibt. Das ist wie nach dem dreiwöchigen Spanienurlaub, wenn man auf Luftmatratzen geschlafen und sich ausschließlich von Weißbrot ernährt hat, da die Erwähnung von „dunklem Brot" in südeuropäischen Gefilden eher entrüstetes Aufbegehren aufgrund von politischer Unkorrektheit, als Assoziationen von Getreideprodukten weckt. Zuhause ist es doch am schönsten. Naja, vielleicht würde ich persönlich nicht gleich den Superlativ verwenden. Doch zuhause ist es eben *auch* schön! Freunde und Familie wieder um uns zu haben, sich spontan auf einen Kaffee oder ein Glas Wein treffen zu können – diese Dinge haben wir während unserer Abwesenheit vermisst und nach unserer Rückkehr umso mehr wertgeschätzt. Ein weiterer Lerneffekt der Reise bestand in der Erkenntnis, dass wir nur wenige Dinge wirklich zum Leben brauchen. Ein paar T-Shirts, zwei Hosen, drei paar Schuhe, einige Pflegeprodukte und Unterhosen, die für eine Woche reichen (im optimalen Fall 7, oder 3,5 sofern man sich als Anhänger der „Umdrehen-ist-wie-neu"-Philosophie versteht). Außerdem eine Grundausstattung an Geschirr und Besteck sowie eine warme Jacke – ein Jahr lang haben wir nicht viel mehr als diese Dinge gebraucht. Daher fiel es uns nach unserer Rückkehr schwer, in dem über Jahre angesammelten Krimskrams noch einen Sinn oder Verwendungszweck zu erkennen. Wir kommen mit viel weniger Geld aus als früher und haben einen großen Teil unserer Sachen nach unserer Rückkehr verkauft, verschenkt und gespendet.

Darüber hinaus ist uns aber auch hochtrabendes Zeug klargeworden und viele Dinge sehen wir heute gelassener als vor der Reise. Natürlich haben die Länder, Kulturen und Menschen, die wir in dieser Zeit kennengelernt haben, ihre Spuren in unseren Köpfen hinterlassen. Auch wenn man es aus dem Fernsehen und aus Büchern weiß, ist es etwas anderes, mit eigenen Augen zu sehen, wie anders Andere leben. Uns wurde erst dadurch wirklich bewusst, wie sehr sich Lebenskonzepte von Land zu Land, Stadt zu Stadt und Kultur zu Kultur unterscheiden. So gibt es nun einmal nicht die *eine*, die *richtige* Art zu leben. Alles ist Interpretation und alles ist veränderbar. Das weiß man vielleicht auch ohne große Reise, theoretisch. Uns wurde dies jedoch erst durch diese Reise wirklich bewusst, eben nicht nur in Form einer theoretischen Erkenntnis, sondern in Form einer alltäglichen Lebensweise.

Die Dinge, die wir erlebt und die Menschen, die wir kennengelernt haben, sind eine bleibende Erinnerung, die uns niemand nehmen kann und die uns persönlich mehr wert ist, als eine neue Küche oder ein neues Auto. Viele der Dinge, die einem anfangs als Hindernisse erscheinen mögen, lösen sich oft in Luft auf: Geld kann angespart und die Arbeit häufig auf Eis gelegt werden. Und sollte eine Kündigung doch erforderlich sein, so gibt es eine Vielzahl anderer Arbeitsplätze. Die Wohnung oder das Haus können untervermietet werden. Einige Impfungen und einen Nachsendeantrag später sitzt man mit gepacktem Rucksack im Flugzeug, auf dem Weg in die Welt. Oft ist es viel einfacher, als man denkt, und es gibt nur drei Fragen, die nach der Landung noch wichtig sind: Wo schlafe ich? Wo bekomme ich etwas zu futtern her? Und wo finde ich das nächstbeste Klo? Denn, um es mit den Worten Paulo Coehlos zu sagen, ist es letztlich doch so: *„Wer denkt, Abenteuer seien gefährlich, sollte es mal mit Routine versuchen. Die ist tödlich."*

### *Anmerkung der Redaktion*

Wie sich im Nachhinein herausstellte, verblieb das vermeintlich gestohlene Spiel *Scrabble* in Bielefelder Gefilden. Die Autorin hatte vergessen, es einzupacken. Wir entschuldigen uns an dieser Stelle für ungerechtfertigte Beschuldigungen kanadischer Zollbeamter.

## Danksagung

Bei den Arbeiten zu diesem Buch haben mich folgende Menschen auf unterschiedliche, doch immer sehr hilfreiche Weise, unterstützt: Leslie Leimkühler, Helmut Wulf, Stephanie Weitermann, Anisat Adajew, Michaela Ries, Amrei Kerschling und Rolf Brocke. Ohne sie gäbe es dieses Buch nicht – oder es wäre qualitativ sehr viel schlechter. Ich stehe tief in eurer Schuld.

Die in diesem Buch geschilderten Erlebnisse sind höchst subjektiv. Alle Fakten sind nach bestem Wissen und Gewissen recherchiert. Namen wurden teilweise zum Schutz der Persönlichkeitsrechte geändert.